U0529287

本书为国家旅游局"万名旅游英才计划——研究型英才培养项目"（WMYC20151058）的研究成果，并受陕西省普通高校优势学科建设项目（0602）、咸阳师范学院"骨干教师"资助项目（XSYGG201622）和咸阳师范学院学术著作出版基金的经费支持

我国FDI与入境商务旅游的关系研究

基于时空视角

包富华 著

Foreign Direct Investment

中国社会科学出版社

图书在版编目（CIP）数据

我国 FDI 与入境商务旅游的关系研究：基于时空视角/包富华著.—北京：中国社会科学出版社，2017.9
ISBN 978-7-5203-1099-4

Ⅰ.①我… Ⅱ.①包… Ⅲ.①外商直接投资—影响—商务—旅游客源—研究—中国 Ⅳ.①F832.6②F592.6

中国版本图书馆 CIP 数据核字（2017）第 238497 号

出 版 人	赵剑英	
责任编辑	车文娇	
责任校对	王纪慧	
责任印制	王　超	
出　　版	中国社会科学出版社	
社　　址	北京鼓楼西大街甲 158 号	
邮　　编	100720	
网　　址	http：//www.csspw.cn	
发 行 部	010-84083685	
门 市 部	010-84029450	
经　　销	新华书店及其他书店	
印　　刷	北京明恒达印务有限公司	
装　　订	廊坊市广阳区广增装订厂	
版　　次	2017 年 9 月第 1 版	
印　　次	2017 年 9 月第 1 次印刷	
开　　本	710×1000　1/16	
印　　张	16.75	
插　　页	2	
字　　数	277 千字	
定　　价	89.00 元	

凡购买中国社会科学出版社图书，如有质量问题请与本社营销中心联系调换
电话：010-84083683
版权所有　侵权必究

导　言

外商直接投资（Foreign Direct Investment，FDI）在弥补我国投入要素不足、促进产业升级、提升技术水平、拉动就业以及加快我国经济发展等方面发挥了重要作用；2014年我国已经超过美国成为全球最大的FDI接收国。入境商务旅游（Inbound Business Tourism，IBT）[①]通过人和信息的跨国流动促进我国经济发展、进出口贸易增长、资本跨国流动和文化交流。由于入境商务游客具有"四高一长"的特点，因被称为"财富型超级旅游者"而备受关注。2015年，国家旅游局局长将商务旅游置于新旅游六要素（商、养、学、闲、情、奇）的首位，并认为它是旅游的基本要素；这说明旅游政府部门已充分认识到了商务旅游的重要性，已将商务旅游置于较高的地位，充分体现了商务旅游在旅游业乃至国民经济中的重要作用。而就IBT的规模而言，目前其已仅次于观光旅游，成为我国入境旅游的重要组成部分。随着我国FDI的不断发展，我国吸收的IBT也在不断增长。在二者均不断增长且对我国经济发挥重要作用的背景下，有关二者关系的研究却寥寥无几；FDI与入境旅游的协整或格兰杰关系已经被证实，在入境旅游的构成中，入境观光旅游是其重要组成部分，入境商务旅游虽然也占了很大一部分的比例，但是已有的研究并未探讨FDI与IBT的关系。已有的相关研究中，旅游（"人流"）与贸易（"物流"）的关系已得到证实，但"人流"特别是与投资、贸易直接相关的IBT，与

---

① 根据《入境旅游抽样调查资料》，本书的入境商务旅游包含了入境商务旅游、入境会议旅游和入境文体科技旅游三方面。为了更好地区分广义和狭义的入境商务旅游，本书将前者标注为IBT或ibt，将后者标注为ibt'以示区分。

FDI"资金流"是否关系紧密，是否也存在"人流"和"物流"般的互动关系？特别是在经济"新常态"的背景下，如何通过发展IBT以带动FDI的发展或如何通过吸收FDI促进IBT的持续发展成为当下我国亟待解决的重要问题。

在FDI的研究方面，国内外研究表明，一国的基础设施、市场规模、贸易开放度、生产成本、经济和政治的稳定程度、资源禀赋、制度和政策设计等是影响FDI的重要因素；同时，国内外学者对FDI给东道国带来的影响的讨论也较多，大多数学者的研究集中于讨论FDI对东道国的经济增长、贸易、产业发展、就业、工资收入、技术及环境等方面的影响。就研究内容而言，国内外学术界对FDI的影响因素及FDI对东道国的影响等方面的研究较多，但涉及FDI与旅游的关系的研究并不多见。

在IBT的研究方面，国外的相关研究关注了商务旅游的需求、影响因素、经济意义和目的地管理等方面，对于商务旅游的危机研究也有所涉及；国内有关入境商务旅游的研究关注商务旅游的内涵、发展现状与对策、城市的发展以及商务旅游市场开拓等方面。就研究内容而言，国内外学术界对商务旅游的研究较多，但对IBT特别是中国IBT的研究较少。从研究方法来说，国外相关研究涉及多个学科，研究层次较为深入；国内研究多使用定性分析，注重相关基础概念的研究。从研究角度来看，国外研究注重相关案例分析，研究视角比较微观，国内的研究则比较概括。从研究目的来说，国外研究重视学术的发展，国内研究更注重其研究在现实过程中的可应用性。国内外在IBT的研究方面涉及与FDI的关系的研究并不多见。

国内外有关FDI与IBT的关系研究，主要集中于旅游与贸易的关系、FDI与旅游的关系等方面；已有的相关研究已取得丰富的成果，但同时涉及FDI与IBT的研究较少。在研究内容上，大多学者在研究FDI与旅游的关系时证实了二者之间的协整或格兰杰因果关系，且少有的FDI与IBT的关系研究表明，二者具有一定的关联和互动作用，但并未进一步考虑二者之间的互动格局及机制等问题，研究内容不够深入；在研究视角上，国内外学者有关FDI与旅游关系的研究大多是基于时间序列的因果分析，缺乏空间维度，结合时空维度的分析寥寥无几，更没有基于时空视角的FDI与IBT的相关研究；在FDI指标选取方面，已往有关FDI与旅游的研究大多选取我国实际利用FDI的流量指标，缺乏从FDI主体出发的研究。因此，基于FDI主体视角结合时间维度和空间维度探讨FDI与IBT的互动关系具有一定的新意。结合时空维度的研究有助于全方面认识FDI与IBT的互动关系；基于FDI主体（外企）视角研究FDI与IBT的互动关系更具科学性，因为我国IBT的消费主体多为外商投资企业，而外企也是FDI的主体。基于此，本书选取1995—2014年我国31个省区市FDI（外企数量、外企投资）和IBT的时间序列数据，基于时空视角，沿着"全国—东部—中部—西部—典型省市"的思路采用格兰杰因果检验和重心模型分析法分析FDI与IBT的关系。理清FDI与IBT的关系问题，能为我国有序发展IBT、吸引FDI提供一定的决策参考。

本书在文献梳理和理论分析的基础上，通过对FDI和IBT在时间序列和空间维度上的理论分析，运用格兰杰因果关系分析、弹性系数分析、重力模型、重心重叠性和一致性模型以及推拉分析方法等，揭示FDI与IBT之间的内在关系，以期能为我国协调发展IBT、吸引FDI提供理论指导。具体研究内容包括：

（1）问题的提出，确定本书的方向。

（2）概念界定及文献回顾。在界定FDI和IBT概念的基础上，收集的相关文献，为本书做好理论铺垫。

（3）分析我国FDI与IBT的关系。主要从时间序列和空间重心两个视角探讨二者在我国的关系问题。

（4）分析东部地区FDI与IBT的关系。分别利用格兰杰因果检验法和重心模型等方法探讨二者在我国东部的关系问题。

（5）分析中部地区FDI与IBT的关系。分别利用格兰杰因果检验法和重心模型等方法探讨二者在我国中部的关系问题。

（6）分析西部地区FDI与IBT的关系。分别利用格兰杰因果检验法和重心模型等方法探讨二者在我国西部的关系问题。

（7）分别以北、上、广和江、浙、沪为例分析这些典型省市FDI

与 IBT 的关系。首先运用推拉分析初步判断二者之间的互动关系，随后运用格兰杰因果检验和弹性系数分析法进一步验证 FDI 与 IBT 间的互动关系，并进一步对比 FDI 与 IBT 互动关系的地区差异。

（8）提出我国吸引 FDI、发展 IBT 的对策。

本书得出的主要结论为：

（1）我国 FDI 和 IBT 具有相同的增长态势，二者互为格兰杰因果关系但二者的空间重心呈聚散演变态势。

（2）就东部地区而言，我国东部 FDI 和 IBT 具有相同的增长态势，二者之间具有一定的推拉关系；东部的 FDI 和 IBT 互为格兰杰因果关系；两类重心分别"东移北迁""东移南迁"，且具有一定的分离趋势。

（3）就中部地区而言，我国中部 FDI 和 IBT 具有相同的增长态势，二者之间具有一定的推拉关系。中部的 FDI 是 IBT 的单向格兰杰因果关系。中部地区两类重心间的平均距离是 79.20 千米，也具有一定的分离趋势。

（4）就西部地区而言，我国西部 FDI 和 IBT 具有相同的增长态势，二者之间具有一定的推拉关系。西部的 FDI 是 IBT 的单向格兰杰因果关系；西部地区两类重心间的平均距离是 360.55 千米，两类重心也具有一定的分离趋势。

（5）北、上、广的典型案例分析表明，IBT 是 FDI 的格兰杰原因在北、上、广三地均成立。但 FDI 是 IBT 的格兰杰原因在三地呈现出一定的差异性：北京的外企数量和外企投资均不是其 IBT 的格兰杰原因；上海的外企投资是其 IBT 的格兰杰原因，而外企数量不是；广州的外企数量是其 IBT 的格兰杰原因，而外企投资不是。FDI 对 IBT 的带动作用表现出广 > 上 > 北的地区差异，而 IBT 对 FDI 的拉动作用则表现出北 > 上 > 广的地区差异。

（6）江、浙、沪的典型案例表明，江、浙、沪的 FDI 与 IBT 之间存在互动关系，但 FDI 与 IBT 的互动关系存在地区差异性：上海的外商投资与 IBT 互为因果关系，IBT 是外企数量的单向格兰杰原因；江苏和浙江的外企数量与 IBT 互为因果关系，外商投资是 IBT 的单向格兰杰原因。在 FDI 对 IBT 的拉动作用方面，三地呈现出沪＞江＞浙的地区差异；在 IBT 对 FDI 的带动作用方面，三地呈现出浙＞江＞沪的地区差异。

笔者试图在以下三个方面做出新的探索：

（1）在研究内容上：以往的相关研究大多集中于从时间序列证实 FDI 和旅游的关系，结合时空视角讨论 FDI 与 IBT 的关系的研究很少。本书的出发点在于从"资金流"和"人流"的视角探讨二者的关系问题。

（2）在研究视角上：前人的相关研究大多数是基于时间序列从经济学视角进行的分析，结合时间维度和空间维度从地理学视角来讨论 FDI 与 IBT 关系的研究寥寥无几。本书结合时空视角的探讨对已有的研究是一种拓展。

（3）在研究方法上：将重心模型引入 FDI 与 IBT 的关系研究，丰富了前人关于 FDI 与旅游关系的研究。

本书的写作缘于笔者的博士学位论文研究，但同时包含笔者多年来对 FDI 和 IBT 关系的思考。因此，本书可以说是笔者多年研究的一个整体工作总结。但受本人水平所限，书中难免有不妥之处，敬请广大同行批评指正！同时，本书的粗浅见解只是一个阶段性研究成果，期望能起到抛砖引玉的作用，使更多的有识之士投入 FDI 和 IBT 的研究。

目　　录

第一章　绪论 …………………………………………………… 1
　　第一节　研究背景和研究意义 ……………………………… 1
　　第二节　研究目标和研究内容 ……………………………… 7

第二章　理论基础与文献回顾 ………………………………… 12
　　第一节　概念界定 ………………………………………… 12
　　第二节　理论基础 ………………………………………… 19
　　第三节　国内外研究综述 ………………………………… 29

第三章　我国 FDI 与 IBT 的关系分析 ……………………… 72
　　第一节　我国 FDI 与 IBT 的时序关系分析 ……………… 72
　　第二节　我国 FDI 与 IBT 的空间聚散及形成机制 ……… 84
　　第三节　本章小结 ………………………………………… 101

第四章　我国东部地区 FDI 与 IBT 的关系分析 …………… 103
　　第一节　我国东部地区 FDI 与 IBT 的时序关系分析 …… 103
　　第二节　我国东部地区 FDI 重心与 IBT 重心格局
　　　　　　演变对比 ………………………………………… 113
　　第三节　本章小结 ………………………………………… 123

第五章 我国中部地区 FDI 与 IBT 的关系分析 ………… 125

第一节 我国中部地区 FDI 与 IBT 的时序关系分析 ………… 125

第二节 我国中部地区 FDI 重心与 IBT 重心格局
演变对比 ………… 136

第三节 本章小结 ………… 146

第六章 我国西部地区 FDI 与 IBT 的关系分析 ………… 149

第一节 我国西部地区 FDI 与 IBT 的时序关系分析 ………… 149

第二节 我国西部地区 FDI 重心与 IBT 重心格局
演变对比 ………… 160

第三节 本章小结 ………… 171

第七章 典型省市 FDI 与 IBT 的关系分析 ………… 173

第一节 北、上、广 FDI 与 IBT 的关系分析 ………… 173

第二节 江、浙、沪 FDI 与 IBT 的关系分析 ………… 199

第八章 结论 ………… 228

第一节 研究结论 ………… 228

第二节 发展对策 ………… 237

第三节 创新与不足 ………… 241

参考文献 ………… 243

第一章 绪论

第一节 研究背景和研究意义

一 研究背景

随着全球经济一体化的发展,国家与国家间的经济贸易往来越频繁,相互间的依赖也越来越深,各国相继取消或放松对商品、劳务、资本和技术等方面国际流动的管制,为经济全球化创造了一个有利的制度环境,加快了国际资本流动的流动,进而使得国际投资与旅游得到了快速的发展。联合国贸易和发展会议(United Nations Conference on Trade and Development,UNCTAD)数据库统计的数据显示,1970年全球 FDI 流量为 132 亿美元,1980 年增长至 543 亿美元,1990 年攀升至 2049 亿美元,2000 年为 13588 亿美元,2010 年达到 13888 亿美元,2015 年上升至 17621 亿美元。联合国世界旅游组织(UNWTO)的统计数据显示,全球旅游人数也同步大幅度增长,1950 年为 0.25 亿人次,1980 年增长到 2.77 亿人次,1990 年达到 4.39 亿人次,2000 年达到 6.97 亿人次,2011 年达到 9.8 亿人次,2015 年达到 11.84 亿人次。从上述数据可以看出,FDI 与国际旅游的发展比较迅速,并且发展趋势具有同步性。国际旅游可以通过人的跨国流动促进国际文化的交流,加快信息的传播速度,增强相互间的了解,从而促进 FDI 的发展。

近年来,商务旅游已成为全球发展最快的旅游项目之一,成为世界旅游市场的重要组成部分(中国市场报告网)。在全球每年旅游业收入的 35000 亿美元中,有 4200 亿美元属于企业的商旅支出,占全部旅游收入的 12%,并且随着世界经济的发展和全球化进程的推进,这一比例仍会提高。目前,全球商务旅游规划人数约占旅游者总数的 1/3;国际连锁酒店的调查发现,商务客人已占全球住房游客的 53%,占连锁酒店的 60%。近年来,许多新兴的旅游项目也推动了商务旅游的发展。其中,增长最快的是奖励旅游,目前全球每年有 11 亿—18 亿人次通过奖励旅游出行。同样,发展很快的还有国际会议市场。国际会议自 20 世纪 70 年代中期以来就以其广泛的影响、高额的利润和巨大的市场潜力引起了广泛关注。据专家估计,随着世界经济的复苏,全世界每年的会议收入将在 2200 亿美元之上且每年以 8%—10% 的速度增长。21 世纪由于世界经济重心由西向东转移,亚太地区成为全球经济发展速度最快、潜力最大、合作最具生机的地区。经济重心的转移与跨国贸易的发展,为亚太地区,特别是为中国带来了大量的商务客源。

  作为全球最大的新兴市场,中国目前已成为全球最大的旅游市场。随着我国改革开放的不断深入,特别是加入世界贸易组织以来,我国 IBT 得到了快速发展。1997 年我国入境商务游客约为 157 万人次,2002 年达到 322 万人次,2012 年为 386 万人次,2014 年已增长至 539.57 万人次。伴随着入境商务游客的不断增长,越来越多的外国投资者将目光投向中国,极大地促进了我国外商直接投资(Foreign Direct Investment,FDI)的发展。据统计,1997 年共有 23.5 万家外商投资企业(以下简称外企)在华投资,投资总额(以下简称外企投资)达 7500 亿美元;而截至 2013 年年底,我国外企数量已达 44.6 万家,投资额达 35200 亿美元。1997—2012 年我国外企不仅数量倍增,而且每年的投资额也以 20% 的速度增长。目前,我国已经超越美国成为世界上吸收 FDI 最多的国家。古往今来,"旅""贸"密切相连。① 因此,FDI 带来大量入境"资金流"的同时也带来大量的入境商务游客,直接或间接促进 IBT 的发展,入境商务游客又通过相应的

---

① 陈宝良:《明代的商贸旅游》,《中州学刊》2007 年第 5 期。

商务活动直接或间接带来 FDI。1995—2014 年我国外商投资企业数、外企投资及入境商务会议旅游人次如表 1-1 所示。

表 1-1　外商投资企业数、外企投资及入境商务会议旅游人次

年度	外商投资企业数（万户）	外企投资（百亿美元）	入境商务会议旅游人次（万人次）
1995	23.36	63.90	83.99
1996	24.04	71.53	114.68
1997	23.57	75.35	156.88
1998	22.78	77.42	155.28
1999	21.24	77.86	171.61
2000	20.32	82.47	202.83
2001	20.23	87.50	198.48
2002	20.81	98.19	322.04
2003	22.64	111.74	290.20
2004	24.23	131.12	386.14
2005	35.30	146.40	459.81
2006	37.67	170.76	554.84
2007	40.64	210.88	596.05
2008	43.49	232.41	567.77
2009	43.42	250.00	583.72
2010	44.52	270.59	619.67
2011	44.65	299.31	632.64
2012	44.06	326.10	628.02
2013	44.60	351.76	619.40
2014	46.07	379.77	639.57

注：数据经四舍五入。下同。

资料来源：国家统计局数据库。

虽然 FDI 与 IBT 在我国的发展比较迅速，但是受国家政策以及各

地区经济状况、资源禀赋差异等方面因素的影响,二者的分布并不均衡。从FDI的分布来说,大部分集中在我国东部沿海经济较发达地区,占85%左右;相对而言,中西部地区的发展就比较落后。改革开放初期,由于国家政策的扶持以及东部沿海地区的区位优势使得东部地区经济得到了快速发展。同时,由于东部地区处于沿海地带,交通通达,与外部的交流比较方便,加上东部地区引进外资数量不断扩大,使其成为我国FDI最集中的地区。东部地区由于具有先天优势,使其经济实力得到了进一步增强,与中西部地区的差距在不断扩大。为了缓解东部地区与中西部地区间的发展不平衡的状况,我国先后实施了西部大开发战略和中部崛起战略,虽然中西部地区的发展有了一定的进步,但与东部地区的差距仍然存在。以西部地区为例,自实施西部大开发战略以来,西部地区对外贸易得到了空前的发展,对外贸易的规模在迅速扩大,增长速度在不断加快,贸易结构也在逐渐优化,在使用外资增速方面,也保持了较高增长。据统计,2016年1—9月,西部地区实际使用外资417.6亿元,同比增长18.2%。尽管如此,其与东部地区相比效果并不明显(见表1-2)。另外,各省份的FDI发展水平差距也较大,东部地区FDI较多的依次为江苏省、广东省、上海市、浙江省和辽宁省,约占东部地区FDI的80%,占我国FDI的50%左右。FDI在中部地区分布比较多的省份为湖北、江西、河南、湖南和安徽。而西部区域主要是四川、重庆、云南和陕西。FDI比较少的省份基本集中在西部地区,比如西藏、青海、宁夏、贵州、新疆等地。与此同时,中国入境商务旅游流的分布也不均衡,入境商务旅游者的流向主要是东部一些经济较发达的地区,比如上海、广州、北京、杭州等地。中西部地区分布相对较少,主要集中在西安、重庆、成都及昆明等地;西藏、青海、宁夏、新疆、内蒙古入境商务旅游流分布相对较少,东北三省的入境商务旅游流也很少。

在世界旅游区域重心向亚太地区转移的背景下,"一带一路"倡议的推进为我国经济和旅游业的发展带来了新的机遇。共建"一带一路"可以加强我国与中亚、东南亚等地区的交流,形成区域间的合

表1-2　　　　外企数量、外企投资占我国各区域的比重　　　单位：%

年份	外企数量			外企投资		
	东部	中部	西部	东部	中部	西部
1995	79.93	8.88	7.79	83.15	6.74	6.48
1996	80.04	8.70	7.78	82.98	7.04	6.07
1997	80.09	8.63	7.93	82.40	7.46	6.21
1998	80.51	8.50	7.64	82.31	7.14	6.25
1999	80.44	8.23	7.86	82.65	6.95	6.37
2000	81.15	7.81	7.73	82.67	6.81	6.10
2001	82.16	6.96	7.71	83.56	5.98	6.01
2002	83.50	6.47	7.50	82.83	6.28	5.80
2003	84.20	6.41	6.89	82.06	6.44	5.72
2004	85.29	6.44	6.23	81.50	6.53	5.89
2005	63.06	4.76	4.48	84.79	7.10	5.95
2006	62.67	4.67	4.35	84.06	7.34	5.10
2007	60.80	4.40	4.08	82.37	7.20	6.07
2008	80.65	8.77	8.21	81.82	7.18	6.87
2009	79.38	9.00	9.23	80.14	7.43	7.06
2010	79.21	8.99	9.48	79.24	7.77	7.35
2011	80.28	8.81	8.67	79.12	8.12	7.50
2012	80.77	8.74	8.33	78.78	8.24	7.87
2013	80.99	8.37	8.50	79.03	8.19	7.95
2014	80.96	8.43	8.57	81.10	8.87	8.55

资料来源：国家统计局数据库。

作，促进各种资源的自由流动，有利于经济的共同繁荣和中国全方位对外开放新格局的形成。"一带一路"建设贯穿了中国东部、中部和西部，全方位推进了地带间的相互合作，促使我国经济结构不断调整和升级，这有利于改善我国现阶段所面临的区域发展不平衡的现状。同时，"一路一带"倡议符合亚太地区的特点，将有力振兴亚太地区经济，引领亚太地区经济平稳高速增长，形成产业聚集，吸引国际资本在亚太地区投资，为中国吸引FDI创造条件。对旅游业的发展来说，"一带一路"将大幅度提升旅游的可达性，与沿途各国跨境区域旅游合作将极大地促进出入境旅游，尤其是入境旅游的发展；而我国与其他各国联合打造具有丝绸之路特色的国际精品旅游线路和旅游产品的计划,将会推动我国各地旅游业的升级与发展。"一带一路"合作发展倡议,旨在积极主动地发展与沿线国家的经济合作伙伴关系,共同打造政治互信、经济融合、文化包容的利益共同体、命运共同体和责任共同体。因此,这会推进贸易、投资以及生态环保等的合作,深化城市、港口、口岸与产业园区的合作,实现中国与沿线国家的共同发展,造成大量的商务往来,从而带动我国商务旅游的发展。"互联网+"时代的到来加速了信息的交流与传播,为我国经济的发展注入了新动力,也会带动我国商务贸易的发展;同时这也会加速提升中国旅游业发展水平,带动我国IBT的发展。因此,在良好的国际环境及我国经济快速发展的背景下,研究和讨论FDI与IBT的关系问题具有重要的理论和实践意义。

二 研究意义

(一) 理论意义

学术界关于FDI与IBT的相关研究比较少,并且大多是研究贸易与旅游的互动、FDI与旅游的关系,仅有少量研究提及商务旅游对FDI的作用。虽然国内外的相关研究在研究内容上取得了丰硕的成果,研究结论较为一致,但在研究视角上缺乏多样性。已有的研究大多基于经济学视角利用时间序列数据进行分析,缺乏地理空间思维,基于空间角度的研究很少,而从时空视角出发探讨FDI和IBT关系的研究寥寥无几,且大多数是利用FDI的指标从宏观角度进行的分析,缺少微观角度对FDI主体的研究。虽然有关FDI与IBT关系的研究是从空间视角出发的有益探索,但其研究内容并不全面,只涉及FDI与IBT的空间演变关系,且其研究只从宏观上考察了外企数量、外企投资总额与IBT的关系。本书从时间和空间维度研究FDI与IBT的关系,在一定程度上能够拓宽FDI与IBT的研究视野。传统的关于FDI与旅游关系的研究并没有加入空间维度,大多是从时间序列的角度研究FDI与旅游之间的关系,并没有将两者之间的关系与地理区域上的差异性相结合,因此研究结论与实际情况可能会存在一定的差距,不能很好地解释FDI和旅游之间的关系。本书同时从时间和空间两个维度进行研究,既关注FDI与IBT随时间变化的关系,又以地理空间为载体①关注 FDI 与 IBT 在空间上的演化关系。基于这样的假定和理论基础，本书所得出的结论会更加接近甚至符合实际，能够更好地解释 FDI 与 IBT 之间的关系，会在一定程度上弥补相关研究的缺陷，同时也拓宽了 FDI 与 IBT 研究的广度。

（二）实践意义

国际直接投资是国际贸易的重要组成部分，一直以来，FDI 在弥补我国国内资金和技术投入的不足、刺激经济增长等方面都发挥着重要的作用。而 IBT 更能引发国际贸易，有效带动进出口贸易的发展。IBT 作为我国入境旅游市场的重要组成部分，被称为"财富型超级旅游者群"，因而在我国旅游业中占据重要地位。在全球经济低迷、我国出口受限和国内经济增速放缓的"新常态"背景下，如何通过发展 IBT 以吸引更多的 FDI 进而促进我国产业升级、出口贸易的增长和经济可持续发展是当前亟待解决的现实问题。因此，研究两者之间的关系可以为政府更好地发展 IBT、吸引 FDI 以及缩小我国地区差距提供一定的决策参考。而这一问题的解决既需要学术界对 FDI 和 IBT 的关系开展创新性的研究，又需要中央和各地方政府根据本区域发展的实际，制定利用 FDI 与发展 IBT 的有效政策。由此可见，正确认识 FDI 与 IBT 的关系对于各地更加高效地吸引外资、有序发展商务旅游以促进地区产业升级、出口贸易增长和拉动经济增长具有重要的实践意义。

第二节 研究目标和研究内容

一 研究目标

本书通过选取 1995—2014 年我国 31 个省区市 FDI（外企数量、外企投资）和 IBT 的面板数据，分别从时间和空间维度定量分析 FDI 与 IBT 之间的关系，主要研究目标具体体现在以下三个方面。

---

① 这是因为，地理空间是多维要素发挥作用不可或缺的载体。

(1) 在文献梳理和理论分析的基础上，分别提出 FDI 和 IBT 的关系假设模型。通过对 FDI 和 IBT 在时间序列和空间维度上的理论分析，分别提出 FDI 和 IBT 在时间序列上的关系假设模型和其在空间上的关系假设模型。

(2) 在推拉分析、格兰杰因果关系分析以及弹性系数分析的基础上，检验 FDI 和 IBT 在时间序列上的关系假设模型。首先，利用推拉分析对 FDI 和 IBT 的时序相关性进行初步判定；其次，利用格兰杰因果关系分析来探讨二者的长期和短期作用关系；最后，利用弹性系数分析来研究 IBT 对 FDI 的弹性系数。

(3) 在重力模型、重心重叠性和一致性模型分析的基础上，检验 FDI 和 IBT 在空间上的关系假设模型。首先，利用重力模型分析 FDI 和 IBT 的空间演化特征；其次，利用重心重叠性和一致性模型分析二者的空间关联，证实二者在空间上的关系假设。

二 研究内容

本书在文献梳理和理论分析的基础上，通过对 FDI 和 IBT 在时间序列和空间维度上的理论分析，运用格兰杰因果关系分析、弹性系数分析、推拉分析、重力模型、重心重叠性和一致性模型等方法，揭示 FDI 与 IBT 之间的内在关系，以期能为我国协调发展 IBT、吸引 FDI 提供理论指导。具体研究内容安排如下。

第一章为绪论。本章主要介绍本书的研究背景和研究意义、研究目标和研究内容、研究方法和技术路线等。

第二章为理论基础与文献回顾。本章主要阐述本书的相关理论基础，分析和总结国内外关于 IBT、FDI 以及 FDI 与入境旅游关系的研究进展情况，该部分为后期研究的基础。

第三章为我国 FDI 与 IBT 的关系分析。本章首先运用格兰杰因果关系分析法和弹性系数分析法来探讨我国 FDI 与 IBT 之间的时序关系；然后用重心模型计算二者的重心并判断其空间分布，进一步研究其中的空间演变规律；最后总结二者空间聚散成因以及形成机制。

第四章为我国东部地区 FDI 与 IBT 的关系分析。本章首先对我国东部地区 FDI 与 IBT 的发展历程进行分析，建立两者之间的推拉方程；其次从时间序列上对 FDI 与 IBT 之间的关系进行分析；最后从空间分布上，利用二者重心的空间演变数据，对二者空间格局的变动进行分析，并进一步探析其中变动的原因。

第五章为我国中部地区 FDI 与 IBT 的关系分析。本章首先从规模上对我国中部地区 FDI 与 IBT 的发展态势进行分析；其次从实证角度对中部地区 FDI 与 IBT 之间的时序关系进行分析；最后从空间位置上对比二者重心演变轨迹，并探究其中变动原因。

第六章为我国西部地区 FDI 与 IBT 的关系分析。本章首先分析我国西部地区 FDI 与 IBT 的发展历程；其次选取时间序列上的数据对两者之间的关系进行实证分析；最后通过重心模型计算出 FDI 与 IBT 的重心演变轨迹，并探究其中变动的原因。

第七章为典型省市 FDI 与 IBT 的关系分析。本章以北、上、广和江、浙、沪为例。首先选取北、上、广三地的 FDI 和 IBT 数据，分别运用推拉分析、格兰杰因果关系检验和弹性系数分析对三地 FDI 与 IBT 间的互动关系进行验证，并对北、上、广 FDI 与 IBT 的互动关系进行地区差异对比。随后，选取江、浙、沪三地的 FDI 和 IBT 数据，运用推拉分析、格兰杰因果关系检验和弹性系数分析对三地 FDI 与 IBT 间的互动关系进行验证，并对江、浙、沪 FDI 与 IBT 的互动关系进行地区差异对比。

第八章为结论。本章从时间和空间上总结我国 FDI 与 IBT 之间的关系，在此基础上分别从不同的层面对我国 FDI 与 IBT 的发展提出相关建议与对策。

三 研究方法和技术路线

（一）研究方法

除了基础性的文献梳理、理论假设、收集文献资料和数据统计分析等方法，本书采用的主要定量方法如下。

（1）推拉分析。通过建立 FDI 与 IBT 的推拉方程，初步判断二者之间的推拉关系。以 IBT 为被解释变量，以外企数量、外企投资为解释变量，通过推拉方程初步判断外企数量、外企投资与 IBT 之间的关系。

（2）格兰杰因果关系检验和弹性系数分析。运用协整检验、误差修正模型、格兰杰因果关系检验分析 FDI（外企数量、外企投资）与 IBT 之间的因果关系，并判断其中的长期稳定协整关系和短期的动态调整关系。随后利用弹性系数分析法对比 FDI（外企数量、外企投资）对 IBT 的拉动作用。

（3）重力模型及重心重叠性和一致性模型。利用重力模型分析 FDI（外企数量、外企投资）与 IBT 的空间演化轨迹，并通过其重心重叠性和一致性模型判断出 FDI（外企数量、外企投资）与 IBT 的空间关联。重力模型基于两类重心的变化轨迹判断二者的空间演化关系，具体的计算见式（1-1）：

$$X = \sum_{m=1}^{n} O_i x_i \bigg/ \sum_{m=1}^{n} O_i, Y = \sum_{m=1}^{n} O_i y_i \bigg/ \sum_{m=1}^{n} O_i \qquad (1-1)$$

其中，X、Y 分别代表某区域中要素重心的经纬度；x_i、y_i 分别代表第 m 个次级区域中心的经纬度；O_i 代表第 i 个次级区域中某种属性的值。

通过重心重叠性模型和一致性模型可以分别计算得出两类重心的空间重叠性和一致性。重叠性数值的大小反映二者的空间位置的关联；一致性指数的变化反映二者空间角度的关联。两类重心的空间重叠性模型计算见式（1-2）：

$$S = 6371.004 \times \arccos(\sin(y_i) \times \sin(y_j) + \cos(y_i) \times \cos(y_j) \times \cos(x_i - y_j)) \qquad (1-2)$$

其中，S 代表两类重心之间的空间距离，其值越大，表示两类重心的重叠性越弱，即两类要素的空间耦合性越弱；相反，S 越小，表示两类重心之间的重叠性越强。

两类重心的一致性模型计算见式（1-3）：

$$E = \frac{\Delta x_m \Delta x_n + \Delta y_m \Delta y_n}{\sqrt{(\Delta x_m^2 + \Delta y_m^2)(\Delta x_n^2 + \Delta y_n^2)}} \qquad (1-3)$$

其中，E 表示两类重心角度的一致性，取值范围为 [-1, 1]。E 为正，表示两类重心角度变化一致，二者呈正向耦合，其值越大，表示两类要素的耦合性越强；E 为负，表示两类重心角度变化不一致，呈负向耦合，其绝对值越大，表示两类要素的耦合性越差。当 $E = 1$ 时，表示二者完全耦合，当 $E = -1$ 时，表示完全不耦合。Δx 和 Δy 分别表示重心较上一个时间点的经纬度变化值。

（二）技术路线

本书以 FDI 与 IBT 为研究对象，依据"文献资料和数据收集—二者时空关系的判别与验证—二者时空关系的地带差异—典型省市的案例分析—研究结论与对策"的思路，分别从时空维度和空间维度分析我国 FDI 与 IBT 的关系及演变，并探究其中的原因。具体的研究思路和框架如图 1-1 所示。

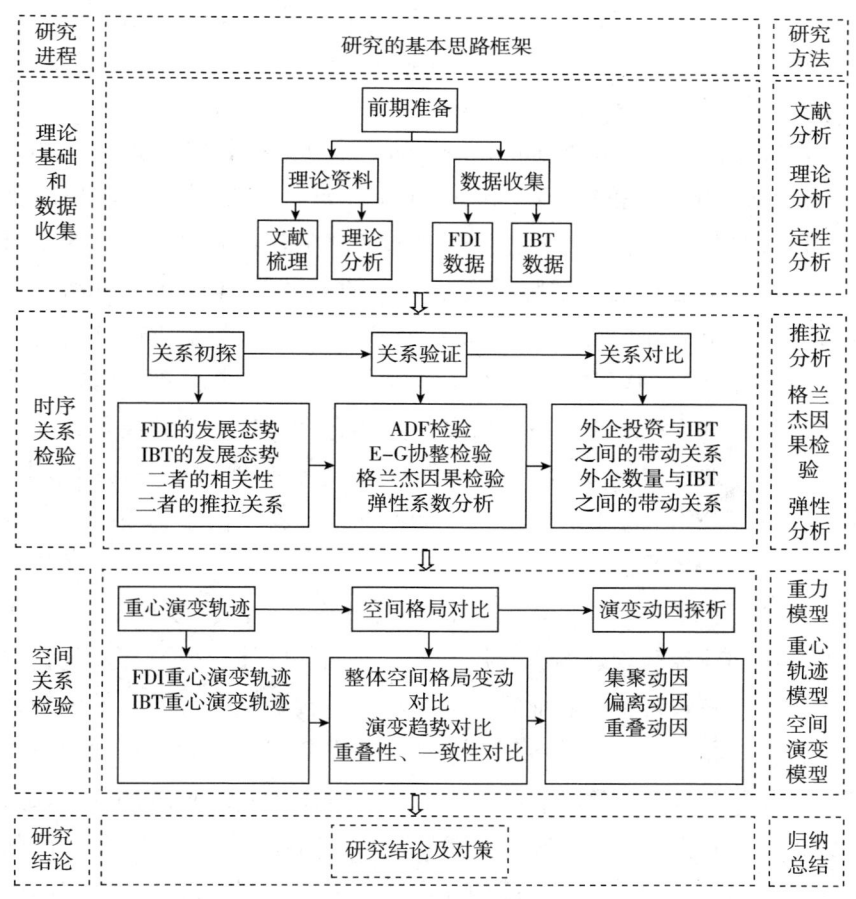

图 1-1　本书的研究思路和框架

第二章 理论基础与文献回顾

第一节 概念界定

一 国际直接投资

国际投资（International Investment），又称对外投资（Foreign Investment）或海外投资（Overseas Investment），是指个人、单位或公司等国际投资主体将其拥有的资本通过跨国界流动和营运的方式获取更多经济利益的行为。国际投资有外商直接投资（Foreign Direct Investment，FDI）和国际间接投资两种基本形式，二者具有很大的区别。FDI 的投资主体可以直接参与被投资企业的经营管理；国际间接投资的主体则无权干预被投资对象的具体运营及经营管理决策，国际间接投资是通过国际资本市场进行的，通过购买被投资公司的债券、金融债券或公司股票等各种有价证券以获取收益。由于其投资形式主要是购买各种各样的有价证券，因此它也被称为证券投资。两者的具体区别如下：第一，投资者是否拥有被投资企业的有效控制权。FDI 拥有外国企业经营管理的有效控制权，而国际间接投资没有。这种有效控制权主要表现在对企业股份的控制上，投资者占有的股份份额越多，其控制权越大。虽然各国对于被列入 FDI 所需要的股权比例没有统一的规定，但按国际惯例，一般认为超过企业 10% 股权的外国投资即为 FDI。第二，FDI 所涉及的资本形式较国际间接投资复杂。国际间接投资只涉及货币资本的跨国流动，而 FDI 不仅涉及货币资本的跨国流动，还涉及了物质资本（包括设备、原材料、劳动力等）的跨国流动，更涉及无形资产（包括商标、专利、技术和管理经验等）的跨国转移。第三，FDI 具有实体性，它一般通过投资主体在国外创设独资、合资、合作等生产经营性企业得以实现；而间接投资则通过投资主体购买有价证券或发放贷款等方式进行，投资者按期收取股息、利息或通过买卖有价证券赚取差价，其投资具有虚拟性。第四，由于 FDI 参与企业的生产经营活动，其收益周期较长，风险较大；而间接投资则更具流动性，风险也相对要小。

在我国，FDI 的规模远大于国际间接投资的规模，我国实际利用外商其他投资额的占比与实际利用 FDI 占比相比较很小（见图 2-1），因此，大部分研究均忽视国际间接投资而关注 FDI。综合考虑业务的可持续性和对经济的带动作用，FDI 比国际间接投资更为持久，对我国地区经济的作用更为明显，因此，本书只考察 IBT 对 FDI 的影响。

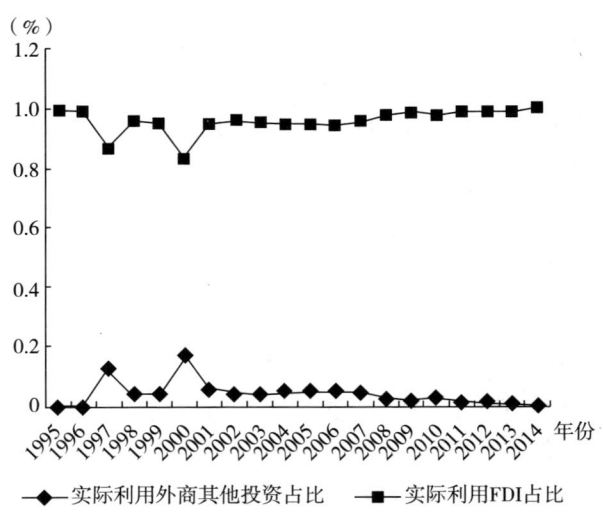

图 2-1 我国实际利用外资的占比

FDI 是现代资本国际化的主要形式之一，是以被投资企业经营管理权为核心、以获取利润为目的的一种投资活动。国际货币基金组织将其定义为：为了在其他国家企业经营中拥有持续利益而进行的一种投资，其目的在于拥有该企业经营管理的发言权。国际合作与发展组织（OECD）认为，FDI是指一国居民（直接投资者）在他国（东道国）进行的以获得持久利益为目的的投资活动。持久利益指的是直接投资者和被投资企业之间存在的一种长期利益关系，且直接投资者会对企业的管理及经营产生重大影响。本书使用的是《中国统计年鉴》中对外商直接投资的解释，即外国企业、经济组织和个人包括华侨、港澳台同胞以及我国在境外注册的企业按我国有关政策、法规，用现汇、实物、技术等在我国境内开办外商独资企业，与我国境内的企业或经济组织共同举办中外合资企业、合作经营企业或合作开发资源的投资。

从FDI的范围来说，中国的FDI是指外商直接投资，它不仅包括外国的FDI，而且包括来自我国港澳台地区的FDI。虽然港澳台地区和中国内地属于同一国家（中国），但社会经济制度不同，是相互独立的投资体系，又由于其发生在一个主权国家范围内，所以来自港澳台地区的FDI不属于外国投资，但属于外商投资范畴。因此，本书中的"外商"既包括来自外国的投资者，也包括来自港澳台地区的投资者。

从投资主体来说，FDI的主体一般指外商投资企业（简称外企）。从理论上讲，凡是发展对外直接投资的公司、企业、个人和其他经济组织均是FDI的主体。但在相关研究中FDI的主体主要是指大型跨国公司，因为其在国际直接投资领域占据主导地位，对外直接投资行为具有代表性。由我国官方对FDI的概念界定和表述可以看出，只要是在我国境外注册的，按我国法规政策投资的外商独资、中外合资、合作经营及开发的企业均属于FDI。由于我国对于跨国公司的统计是按外商投资企业的数量进行的，因此，本书中选取FDI的投资主体外企作为研究对象之一。

从FDI的属性来说，FDI的本质属性是为了追求长久利益。因此，在进行FDI的过程中，投资者或投资企业会关注并希望能够掌握企业经营活动的话语权。因为只有掌握了对被投资企业的话语权和控制权，投资主体才能获得长久的经济利益。同时，FDI 追逐经济利益的属性也决定了外企商务活动开展的持续性。

二 商务旅游

由于旅游业的实践发展比较快，旅游学科的建设目前还处于并不成熟的前范式阶段。尽管现在涉及旅游问题的研究比较多，但是与旅游相关的一些基本概念的界定并不够清晰，对商务旅游概念的界定也不够严谨。国内外学者在不同时期对商务旅游的理解和阐释基本上可以归纳为以下四类。

（1）动机视角的定义。这类定义强调商务旅游出游的原始动机，是以商务为目的。联邦德国出版的《旅游经济手册》将商务旅游定义为所有因职业原因进行的旅行。[①] 世界旅游组织认为商务旅游是人们出于商业目的到达并在非居住地停留的活动。罗伯·戴维森等认为商务旅游是以商务为目的的旅行，是人类最古老的旅游类型之一，它涉及那些因为工作关系而旅行的人们。[②] 若泽·塞伊杜认为凡是出于专业动机旅行和在异地停留的活动即为商务旅游。[③] 匡林认为商务旅游是以商务活动为目的，把商业经营与旅行、观光相结合的旅游形式。[④] 俞海滨则认为商务旅游是仅有的将游憩活动与谋生手段（或获取经济利益）紧密结合的产品形式。[⑤] 刘春济等认为商务旅游是一种具有工作性质的专项旅游形式，建立在商务活动基础之上[⑥]，其作为一种专项旅游，从目的上而言不同于一般的观光休闲旅游。

（2）消费视角的定义。在《英国旅游卫星账户中有关"商务旅游"的处理意见》中，伊恩·麦克尼科尔认为商务旅游是一种符合商

---

① 参见曹诗图、许黎《对商务旅游概念的质疑与澄清》，《地理与地理信息科学》2016 年第 2 期。
② ［英］罗伯·戴维森、比尤拉·库佩：《商务旅行》，吕宛青、赵书虹译，云南大学出版社 2006 年版，第 14 页。
③ ［瑞士］若泽·塞伊杜：《旅游接待的今天和明天》，冯百才、刘振卿编译，旅游教育出版社 1990 年版，第 47 页。
④ 匡林：《香港商务旅游前景的喜与忧》，《经济论坛》1996 年第 6 期。
⑤ 俞海滨：《我国商务旅游市场现状及可持续发展》，《商业时代》2005 年第 3 期。
⑥ 刘春济、朱海森：《我国商务旅游及其市场开发策略探讨》，《旅游科学》2003 年第 3 期。

务旅行出差标准与访问有关的消费。徐进认为商务旅游是商务游客通过金钱购买旅游、商品和服务的综合消费过程。① 高爱民认为商务旅游是与商务旅行密不可分的闲暇活动，是服务于商务交流及其消费、贯穿商务旅行整个过程的活动。②

（3）分类视角的定义。这类定义关注商务旅游范畴和类型的划分。Jafar 认为商务旅游是旅游市场细分的一种，指因为直接工作及与其相关联的活动所引发的具有偶然性的非自由支配的旅行，包括与日常会议有关的旅行与表彰员工的奖励旅游。Fred 按出游动机认为商务旅游包括三种类型：会议旅游、展览旅游以及出于工作或社会目的的奖励旅游。匡林从参与者的目的、手段及辅助活动等方面入手，认为商务旅游包括会议旅游（Meeting）、奖励旅游（Incentive）、大型会议（Convention）和展览（Exhibition）旅游。

（4）综合视角的定义。基于综合视角的定义不仅关注商务旅游的"商务"动机，还关注商务旅游的范畴和类型的划分。Medlik 认为商务旅游是公司雇员及其他人在工作过程中的旅行、访问活动，包括会议和展览等。③ 厉新权等认为商务旅游是指商务客人通过旅行社进行的以商务目的为主的旅游，由一般商务散客旅游市场、会议旅游市场和奖励旅游市场三部分组成。④ 吴必虎提出商务旅游就是因为进行商务而产生的旅游活动，包括一般商务旅游、政务旅游、会议旅游、奖励旅游、大型活动与节事旅游以及购物旅游。⑤ 阎友兵等认为商务旅游包括所有因工作原因在异地从事与商业贸易有关的个人或集体活动，主要表现为商务散客、商务会议、奖励旅游以及展览交易会四种

---

① 徐进：《现代旅行社运行及管理实务全书》，燕山出版社 2000 年版，第 82 页。
② 高爱民：《关于中国商务旅游问题的若干思考》，《北京第二外国语学院学报》2002 年第 6 期。
③ Medlik, S., "Dictionary of Travel, Tourism and Hospitality", *International Journal of Contemporary Hospitality Management*, Vol. 15, No. 7, 2003, pp. 413 – 414.
④ 厉新权、程小敏：《关于拓展我国商务旅游市场的思考》，《北京第二外国语学院学报》2004 年第 3 期。
⑤ 吴必虎：《区域旅游规划原理》，中国旅游出版社 2001 年版，第 94 页。

形式。① 王慧轩认为商务旅游是商务与旅游行为有机结合的一种复合性旅游方式，包括商务旅行、政务旅行、会议旅游、展览旅游、奖励旅游等多种类型。②

以上是国内外不同学者在不同时期基于不同的视角提出的关于商务旅游的界定和表述。虽然学者对于商务旅游的界定侧重点不同，但对商务旅游应该具备的特征的认识具有较好的一致性，都认为商务旅游具有以下几个特征：①异地性，商务旅游的产生必须是基于人的移动而实现的，以一定的空间转换为前提；但这种空间转换是基于企业的业务需要而非个人意愿。②目的性，以商务为目的或出于工作缘由而产生的旅游活动。虽然商务旅游者不是以愉悦和休闲为目的而出游的，但他们在旅途过程中进行了一般意义上的旅游活动。③重复性，由于商务旅游与商务活动（如业务谈判、投资考察和会议洽谈等）相关，且商务活动并不是只进行一次，其连续性使得商务旅游活动也具有较高的重复性。④拉动性，指商务旅游者的活动不仅容易引起探亲访友旅游及与此相关的观光旅游和休闲度假旅游，也容易拉动相关的贸易和经济发展。

商务旅游与一般旅游活动（观光旅游、探亲访友和休闲度假等）最大的不同是其本质上所具有的"商务"属性，该属性决定了商务旅游的整体特征。正是由于它是以商务为导向的，因此其空间位置的转移不受个人意志行为的控制，从而使得商务旅游者在相关安排的选择上带有很强的商务性，比如目的地、旅游线路、住宿、餐饮和交通等方面。结合实际而言，商务游客的选择首先会受到公司业务的限制，个人必须服从公司的安排，使得其空间位移受到很大的制约，因此商务游客在异地的空间位移是有前提条件的，以公司业务开拓的范围为边界。另外，由于公司业务经营并不只进行一次，其行为具有持续性，因此商务活动的开展也具有持续性，使得商务旅游的目的地有可

---

① 阎友兵、黄旱水：《浅谈我国商务旅游开发》，《资源开发与市场》2000 年第 4 期。
② 王慧轩：《城市商务旅游运行系统研究》，博士学位论文，天津大学，2010 年，第 45 页。

能多次选择同一地方。同时，商务活动的持续性也容易引发口碑效应，增加亲朋好友的到访率，引发探亲访友旅游，间接地促进观光旅游和休闲度假旅游的发展。而商务活动的持续性始终与经济利益密切相关，目的在于实现公司的盈利需求，因此可以促进经济与贸易的发展；相关研究表明，商务旅游引发贸易的马可波罗假设已被证实，商务旅游对贸易和地区经济的带动作用日益凸显。由此可见，商务旅游的商务性是其内在特质，决定了其整体特征。

商务旅游的内在特征决定了其消费特征和档次。由于商务旅游目的地的选择受到制约，其在旅游线路、住宿、餐饮和交通等方面的安排均会受到其商务性的影响因为商务游客的住宿、餐饮和交通等费用由公司支付，而为了公司的利益，商务旅游者可能更多考虑消费的便捷性和安全性以及服务的效率，会趋向于选择方便、快捷的旅游和住宿方式，因此商务旅游者的消费会比普通游客更高。又由于商务活动具有持续性，商务旅游也具有持续性，具体表现在行为上是重访率比较高；同时，其出游主要是以商务为目的，由于商业活动的开展需要一定的时间，商务旅游者的逗留时间会比较长。另外，商务活动的开展是一项比较复杂的综合性事务，需要能力比较好的工作人员去执行，并且企业所投入的资本也比较高，因此商务旅游的主体多为高学历人员，并且有较高的收入。由此可见，商务游客的商务属性特征决定了商务旅游者"四高一长"（高学历、高收入、高消费、高重访率和停留时间较长）的行为特征。

同时，商务旅游与商务旅行之间既有区别也紧密相连。就商务旅游本质视角而言二者存在很大的区别：商务旅行仅仅是一个空间位移的过程，并没有产生旅游行为；商务旅游是在空间位移的过程中产生了旅游审美、体验等旅游行为或旅游消费。但事实上，要将商务旅游与商务旅行严格分开来却很难，这与二者的发生条件和体验场景的难以割裂性有关。就发生条件而言，商务旅行是前提，它产生了旅游的前提——空间位移，商务旅游是延伸，围绕商务活动产生一定的观光、游览、餐饮和住宿等旅游消费行为；但在现实生活中，发生条件和体验场景往往不可分割，商务旅行者在旅行过程中往往免不了对目的地的人文、自然景观及民俗风情等产生一定的审美和愉悦性的体验，在完成商务任务的同时或多或少也释放了心情，不自觉地由商务旅行者转变成一个商务旅游者。因此，完全区分商务旅游与商务旅行的边界比较困难，这需要统计部门采取科学的方法通过对某地区宾馆、酒店等行业的"商务旅行者"进行抽样调查，提取其中参加了旅游活动的游客的比例数据，才能有效估算该地区商务旅行者中的实际商务旅游者的数量。因此，本书认为商务旅游是以商务为导向，离开惯常环境在有条件约束的目的地的旅游活动。

第二节　理论基础

一　FDI 相关理论

（一）要素禀赋论

要素禀赋（Factor Endowment）即 H－O 理论（赫克歇尔—俄林理论），又被称为新古典贸易理论，是瑞典的两位经济学家赫克歇尔和俄林为了解释李嘉图比较优势理论提出的。该理论是现代国际贸易理论的新开端，它认为在相同的技术水平下各国的资源配置不同，生产的同一产品所使用的生产要素的供给情况不同，这种差别是导致国际贸易产生的基础；它突破了从技术差异角度解释国际贸易产生的原因、结构和结果的局限性。一个国家的某种生产要素的供给比较丰裕而且价格比较低廉，则该国家应出口密集使用这种生产要素生产的产品，而进口一些该国相对稀缺的产品，比如，劳动力充足的国家出口劳动密集型产品，而进口资本密集型产品；相反，资本充裕的国家出口资本密集型产品，而进口劳动密集型产品。由于该理论主要讨论的是生产要素，这种理论也被称为狭义的要素禀赋论。而广义的要素禀赋论指出，当参与国际贸易的国家的产品市场价格与生产要素价格均相同，并且技术水平也一致的情况下，国际贸易取决于各国生产要素的禀赋；各国的生产结构表现为，每个国家专门生产密集使用本国具有相对禀赋优势的生产要素的商品。

(二) 区位论

（1）成本学派。成本学派是古典区位论的一种，其所关心的问题是如何确定厂商经营的最佳位置，其最具代表的是杜能的农业区位论和韦伯的工业区位论。德国经济学家杜能早在19世纪初就注意到区位对运输费用的影响，在1826年出版的《孤立国与农业和国民经济的关系》中，他提出了以城市为中心呈蜂窝状分布的正六边形农业地带理论，即著名的"杜能圈"，从理论角度系统地研究了运输成本和土地租金对农业土地利用方式和农作物布局的影响。但其研究具有一定的局限性，忽略了自然条件、技术进步以及实际经营等方面的影响。德国经济学家韦伯对杜能的农业区位论进行了扩展，在20世纪初期创立了工业区位论。他将区位因子概念引入自己的研究，以寻求工业最佳区位和降低生产成本为目的，研究运费、劳动力成本和聚集效应这三个重要因素对区位格局的影响。他认为运费能够决定工业区位的基本方向，最优工业区位是运输距离和运输容量最低的地方。除运输费用以外，他又增加了劳动力成本和聚集效应，认为这两个因素会改变根据运费所选择的区位。但韦伯的理论过于强调运输费用、劳动成本等的作用，忽视了其他因素对区位选择的影响，因此该理论也存在一定的局限性。

（2）市场学派。德国地理学家克里斯塔勒通过对德国南部城市的研究将聚落分布和市场研究扩展到区位理论中，他分析了城市空间的分布规律，并指出中心地空间分布受到市场、交通和行政三个因素的影响，并在此基础上建立了六边形市场区域模型。他提出的中心地理论是市场学派最具代表性的理论之一，奠定了城市地理学和商业地理学的基础。但是，该理论难以和现实结合，并且忽视了对商品供给范围下限的分析和聚集效益。和中心地理论不同的是，廖什将市场需求作为变量，探讨市场规模和需求结构对区位和产业布局的影响。他将利润和销售联系起来作为考察项，认为最佳区位是能够获得最大利润的地点，从而建立了以市场为中心的工业区位论。

（3）OIL。OIL三优势模型即国际生产折中理论，其中，"O"是所有权优势（Ownership Advantages），即投资者拥有的无形资本、技术、管理等资产优势和有形的设备、工厂等方面的资产优势；"I"是内部化优势（Internalization Advantages），投资企业可以通过内部市场将无形资产和中间产品进行交换和运用，克服外部交易市场的失灵现象，降低交易成本；"L"是区位优势（Location Advantages），在投资企业所在国家的投资环境恶化的情况下，选择对其投资具有自然禀赋优势以及政治经济制度、政策法规和基础设施优势的东道国进行投资。该理论是约翰·哈理·邓宁于1977年提出的，他认为只有当企业具备了所有权优势、内部化优势和区位优势后才能满足对外投资的条件。他的生产折中理论将过去对外投资的理论进行了全面、系统的分析，他还从动态角度对国际投资进行了研究，建立了集国际贸易、对外直接投资和国际协议安排三者于一体的理论体系。虽然该理论在一定程度上弥补了以前对外直接投资理论的不足，但并不是动态的、宏观的理论，且不是完全意义上的折中，仍有其侧重点，所以在实际应用中也具有一定的局限性。

（三）*产品生命周期理论*

1966年美国经济学家雷蒙德·弗农首次在《产品生命周期中的国际投资与国际贸易》中提出了产品生命周期理论。他认为产品和人一样具有生命周期，所以产品也会经历初创期、成长期、成熟期和衰退期。而这个周期在发展水平不同的国家中，其发生的过程及时间会存在一定的差异，而这种差异会反映出产品在市场上的竞争地位，从而使国际贸易和国际投资发生变化。产品的生命周期具体描述如下。

初创期，是指新产品刚刚生产并投入市场的阶段。此时企业虽然在产品技术上拥有垄断地位，但由于生产技术方面的原因，产品种类较少，生产批量较小，制造成本高，所以产品的价格会定得比较高，而顾客对产品也不够了解，因此仅有少数追求新奇的顾客会购买该产品，所以产品的销量也比较少。而生产者为了扩大销售量，会大力提高对产品的宣传。该阶段企业通常不会获利，还会因为高额的宣传费用和生产成本而亏损，因此初创期企业一般不会对外进行投资。

成长期，是指产品通过了市场检验，不会被淘汰，并且顾客慢慢适应了该产品，产品销量有所改善的阶段。在这个阶段，产品的需求量不断扩大，销售额快速增长。同时，生产技术进步，规模扩大，生产成本也大幅度下降，利润增长速度较快。但此时，其他竞争者会纷纷进入同一市场，导致该类产品的垄断优势消失，价格开始随着供给量的增加而下降，这会降低企业利润的增长速度，最后达到产品利润的最高点。面对国内市场竞争日益激烈、原材料成本上升等情况，此时企业最后转向一个新市场以继续扩大生产规模，通过降低生产成本以抵御市场竞争；而一个很好的办法即选择一个与本国发展水平接近、消费结构类似的国家进行直接投资，既快速占领国外市场，又可绕过关税壁垒，有利于产品的销售出口。

成熟期，是指产品的生产技术等各方面已完全成熟，并逐步趋于标准化和批量化生产，生产规模大且成本低的阶段。但同时，由于同类型产品比较多，市场需求已趋于饱和状态。所以，企业间的市场竞争更加依赖价格竞争，价格甚至成为企业是否能存活于市场的关键。在此阶段，企业在国内的生产成本逐步升高，经济收益却逐步下降，为了进一步降低产品的生产成本，企业应该将其生产转向原材料和劳动力价格更为廉价的发展中国家。除了在发展中国家扩大产品销量，企业还可以利用产品的价格优势将其销售到其他国家，甚至返销回国内。

衰退期，是指产品进入了淘汰阶段。随着科技的进步以及人们消费观念、方式等发生改变，产品的销量和利润不断下降，已经不能适应市场需求，并且已有更具优势的其他替代性产品可以满足顾客的需求。此时，企业应选择停止生产或者转入其他行业，该类产品的生命周期也会随之结束，并完全退出市场。

弗农的产品生命周期理论是对国际直接投资理论的一种有力推动。他从时间角度分析了产品生命历程的变化，但是这一理论也具有一定的缺陷。因为该理论主要以发达国家为研究对象，可能不适合发展中国家；同时，随着科技的进步，产品的更新速度较快，有的产品尚未发展至成熟阶段就已经被市场淘汰，所以该理论也不适用于生命周期较短的产品。

二 旅游需求理论与旅游空间相互作用理论

(一) 旅游需求理论

经济学意义上的需求是指在一定的时期内，在某一价格水平下，消费者愿意并能够购买的商品数量。旅游需求指在一定的时间段内，具备一定购买能力和闲暇时间的旅游者，在旅游欲望的驱使下，愿意在某一价格下购买旅游产品的数量。与消费者需求一样，旅游需求也会受到价格和可自由支配收入的影响。但是，旅游需求需要占用消费者长段的闲暇时间，而消费者需求较为容易满足且不必占用很长时间；同时，随着现代消费方式的改变，消费者对所需产品的获得更为便利，相对而言，旅游行为的实现则比较复杂，由于旅游产品的不可移动性和生产与消费的同一性，旅游需求的满足必须建立在旅游者空间位移的基础上，因而会导致其异地消费，而异地消费则需要大量的闲暇时间。因此，我们可以得出旅游需求的产生必须具备三个条件：旅游动机、一定的购买能力和闲暇时间。其中，购买能力和闲暇时间是客观因素，而旅游动机是旅游需求产生的主观因素。

心理学认为动机是促使人产生某种行为的内在动力，而动机的产生是由于人的需求没有得到满足。因此，可以认为需求是动机产生的原因，需求只有转化为动机才有可能使个体产生相应的行为。旅游动机则是激发个体产生旅游行为的内在驱动力，但是如果人们没有旅游的需求，即使客观条件再充分，人们也不会产生旅游动机，所以旅游需求是旅游动机产生的必要条件。马斯洛需要层次理论将人的需求分为七个等级：生理需要、安全需要、归属和爱的需要、尊重的需要、认知的需要、审美的需要和自我实现的需要。他认为旅游需求属于高层次的精神方面的需要，外出旅游是为了满足人们探新求异、逃避现实、开阔眼界和增长见识等的需要。美国学者罗伯特·麦金托什将旅游动机划分为四类，即身体方面、文化方面、交际方面、地位与声望方面的动机。美国学者丹恩认为旅游行为受推动因素和拉动因素两个基本因素的影响，并由此提出了旅游动机的推拉理论。推动因素是指由于不平衡或紧张的生理和心理状态产生旅游愿望的内在因素，拉动因素解释为什么旅游者会选择该目的地。

购买能力和闲暇时间是影响旅游需求产生的两个重要的客观因素。在旅游者产生外出旅游动机的情况下，其购买能力的大小和闲暇时间的多少可以对旅游者出游目的地距离的选择、旅游产品结构的优劣以及旅游服务质量的高低等产生影响。在旅游动机的推动下，旅游者只有同时具备一定的购买力及闲暇时间等客观因素才会产生外出旅游的行为，这样才能将旅游需求转化为现实；如果只具备旅游动机而没有购买力和闲暇时间，则被称为是潜在的旅游需求。所以就其主观和客观因素而言，可将旅游需求分为现实状态和潜在状态。而就旅游行为的实现程度来说，旅游需求可以分为已经满足和未满足两种。

旅游需求具备以下几个特征：第一，指向性，包括旅游需求的时间指向性和地域指向性。时间指向性表现为在时间的选择上有明显的季节性，即人们外出旅游大多会选择气候比较舒适的季节，比如春季，而比较少选择气候相对恶劣的季节，如冬季。地域指向性具体为空间选择上冷热性较强，在同等条件下，多数游客会选择去交通设施发达、旅游基础设施相对健全、旅游资源比较丰富的目的地。第二，整体性。这是指旅游需求的实现具有立体性或多面性，需要满足的是旅游者多方面的需求，比如食、住、行、游、购、娱等多个方面的需要。第三，敏感性。这是指旅游需求容易受到外界环境或突发事件的影响，例如，动荡的社会环境、金融危机等政治社会环境以及地震、洪水等自然环境都会使旅游者的旅游需求发生变化。第四，多样性。这是指人们在目的地、交通方式、景点级别、旅游时间和旅游类型等方面的选择存在差异。首先，来自同一客源地的旅游者，其出游方式、旅游时间和旅游目的地等的选择可能并不同；其次，不同批次的旅游者可能对同一目的地的选择和旅游产品的体验方式也不相同，具体表现为旅游者的行为各不相同。所以，旅游需求的多样性会使得旅游者的出游距离和出游空间不断扩大。

旅游需求理论考虑到了旅游动机、购买能力及闲暇时间对于旅游者出游行为的重要性，强调了旅游行为是个体的主观愿望和客观事实共同作用的结果。从本书的研究角度来看，旅游需求理论有助于进一步分析 FDI 和 IBT 的互动关系，对于二者的格局演化和形成机制提供了有利的理论依据。

（二）旅游空间相互作用理论

空间是人们对事物认识和理解后所提出的一种抽象概念，区域是它的一个组成点，因此空间与区域总是联系在一起的。美国地理学家 E. L. 厄尔曼（E. L. Ullman）于 1956 年首次提出空间相互作用理论，用以描述两个地理区域之间的相互依赖关系。空间相互作用（Spatial Interaction），是指区域之间商品资金、人口与劳动力、资源和技术、信息等的相互传输过程。海格特认为，空间相互作用可以通过对流（如材料、人口的流动）、传导（如贸易往来、资金流动）和辐射（如信息的流动）的形式进行。

一方面，空间相互作用可以对区域间的经济联系产生加强作用，能够进一步开拓空间，从而获得更多发展的机会。另一方面，空间相互作用可能会带来区域之间各种要素资源以及发展机会等的竞争，甚至有可能对一些区域的发展带来消极影响。空间相互作用依赖于交通运输、通信设施等媒介，需要具备以下三个条件：互补性、中介机会和可运输性。

一般来说，两区域间的空间相互作用程度高低与其自身规模呈正相关，其规模越小，空间相互作用程度越低；反之，其规模越大，两地之间空间相互作用程度越高。两地之间空间相互作用的强弱可以通过两地间的货物、人口、信息和技术等的传输量进行测算。在 1923 年，Reilly 通过对贸易市场的研究，发现一个城市从其周围城镇吸引的零售顾客数量与该城市的人口规模成正比，而与该城市到相应城镇的距离成反比。这一规律与牛顿万有引力定律有相似之处，物理学家 Stewart 最先指出了这种"同型"关系。1966 年 Crampon 首次明确表达了牛顿定律对于旅游研究的作用，1972 年 R. L. Wblfe 在修正 Crampon 模型的基础上又提出了旅游引力模型：

$$F_{mn} = G \frac{P_m A_n}{P_a} [D_{mn}^{(\log D_{mn}/i)j}]$$

其中，F_{mn} 表示旅游者在客源地 m 和目的地 n 之间的旅游度量；G 和 a 表示需要计算的系数，G 代表调节其他变量的比例常数，a 是一种阻尼因素，代表距离对旅游影响的相对程度；P_m 表示客源地的人口规模、财富或旅游嗜好的量度；A_n 表示目的地的接待能力或对旅客的吸引力；D_{mn} 表示客源地 m 到目的地 n 之间的距离，其中，m 和 n 分别代表估计系数。

旅游业是一项综合性产业，旅游业要素之间客观存在旅游空间的相互作用关系，这也是空间相互作用的表现形式。旅游空间相互作用的方式是通过旅游客流的空间位移来实现的；在 O – D 对接中，人的流动会产生物质流、能量流、资金流、信息流和技术流等。旅游的前提必须是人从客源地位移至目的地，因此，旅游客流是客源地（O）、目的地（D）和连接 O – D 交通廊道共同作用的结果。若两地之间的推拉力量有差别，就会产生旅游空间之间的相互作用。

国内外很多学者利用旅游空间相互作用理论并结合旅游流的流向和流量进行旅游研究，先后构建了旅游引力模型、旅游市场域分析模型、旅游感应空间模型和旅游距离衰减模型等。其中，旅游引力模型最为经典，它利用了牛顿定律的原理，即将旅游客源地和旅游目的地视为两个物体，二者之间的引力与两地之间的人口规模（或其他类似于可以表示质量的变量）成正比，与二者之间的距离成反比。

在既定的区域中，由于存在空间相互作用，位于空间中的设施、企业等作为供给中心主要供应的市场范围均被称为市场域。王铮利用 GIS 手段基于 Wilson 提出的引力模型建立了中国风景名胜区与城市间的空间相互作用模型，具体如下所示：

$$f_{mn} = p_m R_n \exp(-0.00322 r_{mn})$$

$$a_{mn} = [f_{mn}(r)] / [\sum_m f_{mn}(r)]$$

其中，$f_{mn}(r)$ 代表国家级风景名胜区 m 对城市 n 的旅游吸引力；p_m 代表城市 m 的人口规模；R_n 为 n 景区的资源强度；r_{mn} 代表景区 m 至城市 n 之间的距离，一般指铁路的长度；a_{mn} 代表城市 n 的游客到景区 m 的到访率。根据该公式可以推出到访率的取值，在此基础上就可以判断城市 n 所属的具体市场域（一级、二级或三级）。

以上均是基于引力模型的推导和运用，二者均是基于目的地吸引力视角的探索，但也有学者认为旅游目的地的吸引力在一定程度上取决于旅游者对该地的感应空间。李山通过上海的案例研究发现，市民的旅游感应强度与感应对象的位序之间并不存在线性关系，而是具有指数形式的位序—强度关系，并由此构建了基于旅游者感应强度的旅游空间相互作用模型：

$$F(x) = Q\exp(-0.00129L)$$

其中，$F(x)$ 代表旅游感应强度，Q 代表各地区的旅游资源规模，L 代表上海与各省会城市间的球面距离。

以上三个模型分别从目的地视角和客源地视角进行模型构建。在此基础上，吴必虎、Taylor 和张捷等又分别基于出游距离从客源地和目的地视角提出了旅游距离衰减模型。吴必虎构建了客源地居民出游衰减模型，认为一个城市的出游市场的 37% 分布在距城市 15 千米的范围内，24% 的市场分布在 15—50 千米范围内，21% 的市场分布在 50—500 千米范围内。Taylor 基于目的地视角构建了目的地的市场引力衰减模型，他认为距离衰减模式可以分为三种类型：

第一类：一般模式，即 $\ln Fz = p - q \cdot f(az)$，当 $f(az) = az$ 时，$\ln Fz = p - q \cdot az$。

第二类：双对数模式，即 $\ln Fz = p - q \cdot [\ln(az)]n$，当 $n = 1$ 时，$\ln Fz = p - q \cdot \ln az$，当 $n = 2$ 时，$\ln Fz = p - q \cdot [\ln(az)] \cdot 2$。

第三类：指数模式，$\ln Fz = p - q \cdot (az)n$，当 $n = 2$ 时，$\ln Fz = p - q \cdot (az) \cdot 2$，当 $n = 1/2$ 时，$\ln Fz = p - q \cdot (az) \cdot (1/2)$。

其中，Fz 代表客源地和目的地之间的作用指标，p、q 是系数（其中，q 代表距离衰减指数），az 代表距离，$f(az)$ 代表距离函数。张捷和都金康通过九寨沟的案例对上述三类模式进行了衰减模式的相关分析，并以此为基础建立了相应的距离衰减数学模型：$\log y = m - n \log x$，其中 y 代表游客规模，x 代表距离。在此基础上，他们还利用游客和人口的距离累计曲线有效揭示了目的地游客行为、吸引力、客源潜力等的空间结构和距离特征。

空间相互作用和旅游空间相互作用理论关注到了客源国与东道国推拉力量以及两国距离的重要性。对于本书而言，空间相互作用和旅游空间相互作用理论为分析 FDI 和 IBT 的空间关系的形成提供了理论支撑。

三 克鲁格曼新经济地理理论

克鲁格曼的新经济地理理论主要研究市场和地理之间的相互联系，其以工厂所建的地理位置不同，研究报酬递减和报酬递增对产业空间聚集的影响，得出"报酬递增"是导致产业在空间上不均匀分布的原因。他还建立了"核心—外围"模型，分析产业集聚产生的原因，认为初始的产业集聚并不是人为控制的，而是偶然发现某一区位具有发展优势，然后导致了生产区位的变化，而地理区位的不断集中会使该地区某种力量一直积累，对经济的分布产生影响，继而使该地区形成产业集聚，促进聚集经济的快速发展，强化该地区的区位竞争优势，形成垄断竞争。

克鲁格曼在综合前人相关理论的基础上构建了一系列能够解释经济活动空间分布的模型，使其成为新经济地理学的开创者，他的重大贡献也使其荣获了2008年的诺贝尔经济学奖。他提出的新经济地理理论的主要内容包括以下几个方面：①本地市场放大效应，指某一区域的需求若受到外部冲击，则会吸引众多企业涌入，促使该区域形成经济集中的态势，而本地市场放大效应就是促使经济集中的一种聚集力。②循环累积因果关系，指研究区域的本地市场效应和价格指数效应互为因果关系。受外部冲击，企业向某一区域集中，而受收益最大化影响，该区域会吸引更多的企业集中于此，形成市场接近效应。区域企业的集中会增加本地产品的生产量，减少外地输入的产品，由于运输成本的减少，市场上产品的价格会降低，相对而言区域的工资显得更高，形成价格指数效应，由此使得本地市场效应和价格指数效应互为因果，共同构成研究区域经济空间活动的聚集力。③内生的非对称性，指随着交易成本的不断降低，最初对称的两个区域会逐步发展为不对称；这种地区差异是市场发展的结果，无法永久消除。④区位的黏性，指路径依赖。经济活动具有一定的路径依赖，外部的冲击力大于经济系统内在的约束力才能打破系统内在的均衡；由于区域具有黏性，区域经济在短期内会保持相对稳定。⑤"突变"的逻辑，指当贸易自由度达到某一临界值时，要素流动的动力与其约束力相当，若贸易自由度再提高，则会引起可流动要素向其他区域转移，即突破了原有的对称分布结构。⑥预期的自我实现，指当人们的预期发生变化时，人们会根据变化后的预期选择某一区域作为其工作和居住区，而每个人都认为大多数人的选择是有效的，因而都会跟随大多数人做出同样选择，以此实现自己的预期。⑦产业聚集带来"聚集租金"。"聚集租金"指工人从中心区转向外围区的过程中遭受的损失，它是贸易自由度的凹函数；随着贸易自由度的不断变化，"聚集租金"的曲线会呈现出先升后降的驼峰状。"聚集租金"对于提出明确的经济政策具有重要意义，因为当经济处于稳定的中心—外围均衡状态时，政策的边际变动不会引起经济的变化。

克鲁格曼的新经济地理理论开创了经济地理学研究的新时代，突破了运输成本为零的传统国际贸易理论的假定，提出了经济与区位的联系，但是新经济地理理论并没有对聚集现象进行深入研究，也未讨论内在要素对经济演进的影响，更没有考虑国际社会环境。

第三节 国内外研究综述

一 FDI 相关的国内外研究现状

一个国家在进行对外直接投资时需要解决三个问题，即投资产业、投资区位和投资主体。因此，国内外围绕这几个话题在 FDI 的理论和实证研究方面取得了丰富的成果。本书主要讨论我国 FDI 与 IBT 之间的关系，围绕本书的主题，以下梳理 FDI 影响因素方面的相关研究。

（一）国外 FDI 影响因素方面的相关研究

一个国家为什么进行对外直接投资？受哪些因素影响？国外学者对于 FDI 的影响因素的探讨从未停止过，FDI 的很多理论都涉及了对于这一问题的探讨。例如，H - O 理论模型和 MacDougall - Kemp 理论模型认为东道国廉价的劳动力、不断发展壮大的经济和较低的外汇风险等是促进 FDI 投资的决定因素。产品差异化理论认为不完全的竞争市场使得跨国 FDI 的企业更具市场优势。产品周期理论认为产品的生命周期决定 FDI 的流向，当产品处于成长期时，投往发达国家的 FDI 可以促进其生产和销售，当产品处于成熟和衰退期时，FDI 则可以转向发展中国家。行为经济学理论认为母国激烈的竞争可以刺激企业的 FDI 行为，使其保持竞争优势。内部化理论认为 FDI 的动机是通过内部化优势降低市场交易成本。国际生产折中理论认为跨国公司具有所有权、区位和市场内部化优势时将进行 FDI。新贸易理论认为市场规模、运输成本、进入壁垒以及资源禀赋等均会对 FDI 产生影响。制度经济学思想认为东道国的法律和政策也会对 FDI 产生重要的影响。

国外学者在进行 FDI 理论探讨的同时也借助大量的实证数据来探讨 FDI 的相关决定因素。国外研究表明，一国的基础设施、市场规模、贸易开放度、生产成本、经济和政治的稳定程度、资源禀赋、制度和政策设计等是影响 FDI 的重要因素。

东道国良好的基础设施条件是吸引 FDI 的良好条件，基础设施和 FDI 之间的关系紧密。基础设施条件对吸引 FDI 的相关研究受到国外学者关注。Biswas 认为基础设施的改善可以吸引更多的 FDI。[1] Root 在研究发展中国家制造业 FDI 的决定因素时发现，基础设施与 FDI 呈正相关。[2] Wheeler 和 Mody 探讨了美国企业 FDI 的区位选择决定因素，其研究表明，不同产业在发展程度不同的国家的决定因素并不相同，基础设施质量是发展中国家吸引 FDI 的最显著因素，专业化配套能力是发达国家吸引 FDI 的最重要因素。[3] Cheng 的研究表明，影响日本 FDI 的选择因素是良好的生活条件和配套能力。[4] Coughlin 等以美国制

---

[1] Biswas, R., "Determinants of Foreign Direct Investment", *Review of Development Economics*, Vol. 6, No. 3, 2002, pp. 492–504.

[2] Root, F. R., "Empirical Determinants of Manufacturing Direct Foreign Investment in Developing Countries", *Economic Development and Cultural Change*, Vol. 27, No. 4, 1979, pp. 751–767.

[3] Wheeler, D., Mody, A., "International Investment Decisions: The Case of US Firms", *Journal of International Economics*, Vol. 33, No. 2, 1992, pp. 57–76.

[4] Cheng, S., "Structure of Firm Location Choices: An Examination of Japanese Greenfield Investment in China", *Asian Economic Journal*, Vol. 21, No. 1, 2007, pp. 47–73.

造业为例研究表明，交通条件是决定 FDI 流向的重要因素。① Tatoglu 和 Glaister 研究表明影响土耳其吸收 FDI 的长期因素是东道国的基础设施。② 但也有部分研究表明二者之间并没有太强的相关性，如 Cleeve 的研究认为基础设施的改善并不一定能够促进 FDI 的发展。③ 甚至有研究表明二者存在负相关关系，如 Botric 和 Skuflic 以互联网表征基础设施时，它对 FDI 会产生负向影响。

对于市场规模方面而言，Mohamed 等认为随着东道国市场规模的扩大以及经济的增长，吸引 FDI 的能力也会越强。④ Goldberg 在分析美国对欧盟的投资时发现，市场的增长速度可以决定 FDI 的流入。⑤ Wheeler 和 Mody 认为集聚经济对几乎所有国家吸引美国 FDI 均有显著效果，而发展中国家吸引美国 FDI 的决定因素是不断增长的市场。⑥ Coughlin 等以美国制造业为例的研究表明人均收入水平是吸引国外投资者的主要原因。⑦ Tatoglu 和 Glaister 认为土耳其吸收 FDI 的长期影响因素是其国内市场容量。⑧ Culem 认为 FDI 的重要决定因素是东道国

---

① Coughlin, C. C., Terza, J. V., Arromdee, V., "State Characteristics and the Location of Foreign Direct Investment within the United States", *Review of Economics & Statistics*, Vol. 73, No. 73, 1991, pp. 675–683.

② Tatoglu, E., Glaister, K. W., "Determinants of Foreign Direct Investment in Turkey", *Thunderbird International Business Review*, Vol. 40, No. 3, 1998, pp. 279–314.

③ Cleeve, E., "How Effective are Fiscal Incentives to Attract FDI to Sub-Saharan Africa?" *Journal of Developing Areas*, Vol. 42, No. 1, 2008, pp. 135–153.

④ Mohamed, S. E., Sidiropoulos, M. G., "Another Look at the Determinants of Foreign Direct Investment in MENA Countries: An Empirical Investigation", *Journal of Economic Development*, Vol. 35, No. 2, 2010, pp. 75–95.

⑤ Goldberg, M. A., "The Determinants of U. S. Direct Investment in the E. E. C. : Comment", *American Economic Review*, Vol. 62, No. 4, 1972, pp. 692–699.

⑥ Wheeler, D., Mody, A., "International Investment Decisions: The Case of US Firms", *Journal of International Economics*, Vol. 33, No. 2, 1992, pp. 57–76.

⑦ Coughlin, C. C., Terza, J. V., Arromdee, V., "State Characteristics and the Location of Foreign Direct Investment within the United States", *Review of Economics & Statistics*, Vol. 73, No. 73, 1991, pp. 675–683.

⑧ Tatoglu, E., Glaister, K. W., "Determinants of Foreign Direct Investment in Turkey", *Thunderbird International Business Review*, Vol. 40, No. 3, 1998, pp. 279–314.

的市场规模和市场增长率。① Summary 等的研究表明，与发展中国家和新兴工业化国家相比，市场规模作为 FDI 的决定因素在发达国家更为显著。② 部分学者认为市场规模或经济增长速度成为 FDI 的决定因素是需要一定条件的，如 Schneider 等的研究发现，美国在欧盟投资时主要考虑其市场规模，而在拉丁美洲投资时则主要考虑其市场增长速度。③ Loree 和 Guisinger 在研究美国对外直接投资的决定因素时发现，在 1977 年东道国的人均 GDP 是决定 FDI 流入的主要因素，而到了 1982 年则不是。④

在贸易开放度对 FDI 的影响方面，Mohamed 等认为，贸易开放度代表一国的对外经济联系度，其研究结果表明一国贸易开放度越高，越有利于吸引 FDI，贸易开放度的值越高，企业越容易参与国际生产分工中。⑤ Culem 认为影响企业 FDI 行为及其绩效的重要决定因素是贸易流动。⑥ Chen 对发达国家 FDI 的研究表明贸易开放度与 FDI 之间存在正相关关系。⑦ Asiedu 在对流入发达国家的 FDI 进行研究后也得出了相似的结论。⑧ Cheung 和 Qian 指出影响中国对 31 个国家直接投

---

① Culem, C. G., "The Locational Determinants of Direct Investments among Industrialized Countries", *European Economic Review*, Vol. 32, No. 4, 1988, pp. 885 – 904.

② Summary, R. M., Summary, L. J., "The Political Economy of United States Foreign Direct Investment in Developing Countries: An Empirical Analysis", *Quarterly Journal of Business & Economics*, Vol. 34, No. 3, 1995, pp. 80 – 92.

③ Schneider, F., Frey, B. S., "Economic and Political Determinants of Foreign Direct Investment", *World Development*, Vol. 13, No. 2, 1985, pp. 161 – 175.

④ Loree, D. W., Guisinger, S. E., "Policy and Non – Policy Determinants of U. S. Equity Foreign Direct Investment", *Journal of International Business Studies*, Vol. 26, No. 2, 1995, pp. 281 – 299.

⑤ Mohamed, S. E., Sidiropoulos, M. G., "Another Look at the Determinants of Foreign Direct Investment in MENA Countries: An Empirical Investigation", *Journal of Economic Development*, Vol. 35, No. 2, 2010, pp. 75 – 95.

⑥ Culem, C. G., "The Locational Determinants of Direct Investments among Industrialized Countries", *European Economic Review*, Vol. 32, No. 4, 1988, pp. 885 – 904.

⑦ Chen, C., The Location Determinants of Foreign Direct Investment in Developing Countries, Ph. D. Dissertation, Australian National University, 1997.

⑧ Asiedu, E., "On the Determinants of Foreign Direct Investment to Developing Countries: Is Africa Different?" *World Development*, Vol. 30, No. 1, 2002, pp. 107 – 119.

资的因素是东道国的出口。① Buckley 等对中国的 FDI 行为进行了研究，认为贸易联系度是影响中国 FDI 流出的重要因素。② Wilamoski 和 Tinkler 分析了东道国和投资国之间贸易协定与外资流动的关系，其研究表明，加入北美自由贸易协定的国家之间进行的 FDI 流入有效促进了两国之间的贸易，而两国频繁的贸易往来也会带动 FDI 的大量涌入，二者之间存在正相关的关系。③ Morck 等也研究了贸易对中国对外直接投资的影响。④ 也有学者的研究表明贸易开放度并不影响 FDI，如 Tolentino 认为人均收入、技能、利率以及开放度等不是中国带动 FDI 的重要原因。⑤

在生产成本对 FDI 的影响中，人力资本是 FDI 生产成本的重要构成，其高低直接影响到企业的生产成本。Dunning 和 Rugman 认为很多国家进行 FDI 时会考虑到劳动力成本和企业的生产成本。⑥ Brooks 等认为人力资本可以通过促进技术、生产率的提高来促进 FDI 的吸收。⑦ Coughlin 等以美国制造业为例进行的研究表明，决定 FDI 流向的重要因素是劳动力市场。⑧ Culem 认为决定 FDI 的重要因素是投资目的地的单位劳动成本。⑨ Cheung 和 Qian 分析了中国对 31 个国家的直接投

---

① Cheung, Y. W., Qian, X., "Empirics of China's Outward Direct Invesrtment", *Pacific Economic Review*, Vol. 14, No. 3, 2009, pp. 312 – 341.

② Buckley, P. J., Clegg, L. J., Cross, A., et al., *The Determinants of Chinese Outward Foreign Direct Investment*, Edward Elgar, 2011, p. 86.

③ Wilamoski, P., Tinkler, S., "The Trade Balance Effects of U. S. Foreign Direct Investment in Mexico", *Atlantic Economic Journal*, No. 2, 1999, pp. 24 – 40.

④ Morck, R., Yeung, B., Zhao, M., "Perspectives on China's Outward Foreign Direct Investment", *Journal of International Business Studies*, Vol. 39, No. 3, 2008, pp. 337 – 350.

⑤ Tolentino, P. E., "Home Country Macroeconomic Factors and Outward FDI of China and India", *Journal of International Management*, Vol. 16, No. 2, 2010, pp. 102 – 120.

⑥ Dunning, J. H., Rugman, A. M., "The Influence of Hymer's Dissertation on the Theory of Foreign Direct Investment", *American Economic Review*, Vol. 75, No. 2, 1985, pp. 28 – 32.

⑦ Brooks, D., Hasan, R., Lee, J. W., et al., "Closing Development Gaps: Challenges and Policy Options", *General Information*, Vol. 27, No. 2, 2010, pp. 1 – 28.

⑧ Coughlin, C. C., Terza, J. V., Arromdee, V., "State Characteristics and the Location of Foreign Direct Investment within the United States", *Review of Economics & Statistics*, Vol. 73, No. 73, 1991, pp. 675 – 683.

⑨ Culem, C. G., "The Locational Determinants of Direct Investments among Industrialized Countries", *European Economic Review*, Vol. 32, No. 4, 1988, pp. 885 – 904.

资，其研究结果表明无论东道国是发达国家还是发展中国家，FDI 的流入在很大程度上受工资水平影响。[①] Wells 等的研究表明中国对外投资的一个主要目的是为了获得较低的劳动力，因此东道国的人力成本是吸引中国 FDI 的重要因素。[②] Buckley 等的研究表明欧盟新成员国的低成本是吸引 FDI 的重要导向。[③] Reb 研究了一国工资水平与该国 FDI 流入和流出之间的关系，他认为工资水平较高会使得企业的成本上升和利润降低，在这种情况下会促使企业用其他资本来代替劳动力，反而会进一步促进资本需要的增加。[④] 然而，Botrić 和 Škuflić 的研究表明在一些工资处于较高水平的国家，其劳动力工资的增加并不会对 FDI 造成负面影响。[⑤] Biswas 的研究表明企业的生产成本对 FDI 的影响具有不确定性。[⑥]

经济和政治的稳定程度对 FDI 也有重要影响。经济和政治的稳定程度不仅直接影响 FDI 的流入，也通过影响产品价格、人员的就业间接影响 FDI。Cleeve 认为一国吸引 FDI 的优势条件是其具有稳定的经济和政治环境。[⑦] Tatoglu 和 Glaister 的研究表明影响土耳其吸收 FDI 的长期因素是其经济稳定性。[⑧] Wang 和 Swain 也认为政治稳定性会对

[①] Cheung, Y. W., Qian, X., "Empirics of China's Outward Direct Invesrtment", *Pacific Economic Review*, Vol. 14, No. 3, 2009, pp. 312 – 341.

[②] Wells, L. T., Hago, W., "Third World Multinationals: An Interview with Louis T. Wells, Jr", *Harvard International Review*, Vol. 4, No. 7, 1982, pp. 44 – 45.

[③] Buckley, P. J., Clegg, L. J., Cross, A., "The Determinants of Chinese Outward Foreign Direct Investment", *Edward Elgar*, Vol. 38, No. 4, 2011, pp. 499 – 518.

[④] Reb, L., "On the Determinants of Foreign Direct Investment: Evidence from East and Southeast Asia", *World Development*, No. 6, 1993, pp. 391 – 406.

[⑤] Botrić, V., Škuflić, L., "Main Determinants of Foreign Direct Investment in the Southeast European Countries", *Transition Studies Review*, Vol. 13, No. 2, 2006, pp. 359 – 377.

[⑥] Biswas, R., "Determinants of Foreign Direct Investment", *Review of Development Economics*, Vol. 6, No. 3, 2002, pp. 492 – 504.

[⑦] Cleeve, E., "How Effective are Fiscal Incentives to Attract FDI to Sub – Saharan Africa?" *Journal of Developing Areas*, Vol. 42, No. 1, 2008, pp. 135 – 153.

[⑧] Tatoglu, E., Glaister, K. W., "Determinants of Foreign Direct Investment in Turkey", *Thunderbird International Business Review*, Vol. 40, No. 3, 1998, pp. 275 – 314.

FDI 的流入产生有利影响。① Wheeler 和 Mody 认为吸引美国 FDI 的决定因素是发展中国家稳定的国际关系。② Deseatnicov 和 Akiba 的研究表明日本的对外直接投资与政治稳定性之间的关系很敏感。③ Botrić 和 Škuflić 以东南欧国家为例探讨了通货膨胀率对 FDI 的不利影响。④ Rasciute 和 Pentecost 分别从国家、产业和企业层面对中欧和东欧地区进行了探讨,其研究结果表明,传统产业的 FDI 不受高失业率的影响,但是外商的投资意愿会因为东道国的高工资而降低。⑤ Dunning 和 Rugman 均认为失业率对 FDI 的影响具有双面性,一方面失业率的上升会降低劳动力成本,从而促进 FDI 的吸收,另一方面攀升的失业率会使得经济不稳定从而阻碍 FDI 的发展。⑥ 在经济的稳定性方面,汇率波动对 FDI 的影响也是学界探讨的重要话题。Karimpoor 等的研究表明并不是在所有研究中汇率波动与 FDI 的关系均显著⑦;Mody 和 Srinivasan 的研究表明两者在有些产业部门呈正相关关系,而在另外一些产业部门则呈负相关关系⑧。Dunning 也认为汇率波动在大部分的研究中是 FDI 最显著的影响因

---

① Wang, Z. Q., Swain, N., "Determinants of Inflow of Foreign Direct Investment in Hungary and China: Time – Series Approach", *Journal of International Developmewt*, Vol. 9, No. 5, 1997, pp. 695 – 726.

② Wheeler, D., Mody, A., "International Investment Decisions: The Case of US Firms", *Journal of International Economics*, Vol. 33, No. 2, 1992, pp. 57 – 76.

③ Deseatnicov, I., Akiba, H., "Reconsideration of the Effects of Political Factors on FDI: Evidence from Japanese Outward FDI", *Review of Economics & Finance*, Vol. 3, 2013, pp. 35 – 48.

④ Botrić, V., Škuflić, L., "Main Determinants of Foreign Direct Investment in the Southeast European Countries", *Transition Studies Review*, Vol. 13, No. 2, 2006, pp. 359 – 377.

⑤ Rasciute, S., Pentecost, E. J., "The Location of Foreign Direct Investment in the Central and Eastern European Countries: A Nested Logit and Multilevel Data Approach", Discussion Paper, November 2, 2008, p. 1.

⑥ Dunning, J. H., Rugman, A. M., "The Influence of Hymer's Dissertation on the Theory of Foreign Direct Investment", *American Economic Review*, Vol. 75, No. 2, 1985, pp. 28 – 32.

⑦ Karimpoor, R., Nasiri, P., Moqaddam, Z. K., et al., "Analyze of the Effect of Exchange Rate Fluctuation on Foreign Direct Investment", *Advances in Environmental Biology*, Vol. 8, No. 11, 2014, pp. 206 – 214.

⑧ Mody, A., Srinivasan, K., "Japanese and United States Firms as Foreign Investors: Do They March to the Same Tune?" *Canadian Journal of Economics*, Vol. 31, No. 4, 1998, p. 778.

素，因为投资主体的目标和战略的差异汇率的重要性也会产生变化。①

资源禀赋也是影响 FDI 的重要方面。Asiedu、Cheung、Mohamed 和 Sidiropoulos 等的研究表明自然资源禀赋丰富更有利于企业进行 FDI。Wells 等的研究表明获得自然资源是中国对外投资的主要目的之一，吸引中国 FDI 的重要因素是东道国的自然资源。② Deichmann 等以波兰、匈牙利和波罗的海诸国的实证研究表明，FDI 的一个必要条件是具有良好的资源禀赋。③ Ledyaeva 在对独联体国家的案例进行研究后也得出了相似的结论。④ 当然，也有学者的研究结论与之相反，如 Head、Ries 和 Swenson 在研究了 751 家日本企业对美国的投资分布后认为对日企投资产生作用的影响因素并不是资源禀赋或熟练工人等，而是产业集聚。⑤ Kolstad 和 Wiig 将自然资源和制度因素相结合的研究表明二者存在替代关系，他们认为，在制度环境差的国家，若自然资源比较丰富也越能吸引更多的投资。⑥ Ramasamy 等在对中国上市公司的 FDI 行为进行研究后认为国企在 FDI 时更关注自然资源丰富的国家。⑦ Yamakawa 等认为东道国的品牌等资源因素可以促进新兴国家 FDI 的流入。⑧ Buckley 等在研究了中国的 FDI 行为后得出结论，中国

---

① Dunning, J. H., "The European Internal Market Programme and Inbound Foreign Direct Investment", *JCMS: Journal of Common Market Studies*, Vol. 35, No. 1, 1997, pp. 1 – 30.

② Wells, L. T., Hago, W., "Third World Multinationals: An Interview with Louis T. Wells, Jr", *Harvard International Review*, Vol. 4, No. 7, 1982, pp. 44 – 45.

③ Deichmann, J. I., Eshghi, A., Haughton, D. M., "Foreign Direct Investment in the Eurasian Transition States", *Eastern European Economics*, Vol. 41, No. 1, 2003, pp. 5 – 34.

④ Ledyaeva, S., "Spatial Econometric Analysis of Foreign Direct Investment Determinants in Russian Regions", *World Economy*, Vol. 32, No. 4, 2009, pp. 643 – 666.

⑤ Head, K., Ries, J., Swenson, D., "Agglomeration Benefits and Location Choice: Evidence from Japanese Manufacturing Investments in the United States", *Journal of International Economics*, Vol. 38, No. 4, 1995, pp. 223 – 247.

⑥ Kolstad, I., Wiig, A., "What Determines Chinese Outward FDI?" *Journal of World Business*, Vol. 47, No. 1, 2009, pp. 26 – 34.

⑦ Ramasamy, B., Yeung, M., Laforet, S., "China's Outward Foreign Direct Investment: Location Choice and Firm Ownership", *Journal of World Business*, Vol. 47, No. 1, 2012, pp. 17 – 25.

⑧ Yamakawa, Y., Peng, M. W., Deeds, D. L., "What Drives New Ventures to Internationalize from Emerging to Developed Economies?" *Entrepreneurship Theory and Practice*, Vol. 32, No. 1, 2008, pp. 59 – 82.

FDI 流出的重要因素是东道国的资源。① Ramasamy 等的研究也表明对中国的 FDI 具有很强的吸引力的是自然资源禀赋。② Cheung 等研究了中国在非洲的 FDI 行为后，认为企业资源寻求动机对中国企业对非洲的 FDI 产生了影响。③

在制度和政策设计对 FDI 的影响研究方面，Agnès 等认为良好的制度以及腐败的减少可以在一定程度上提升 FDI 的投资环境，降低企业的成本。④ 同时，Mhlanga 等对非洲的研究表示即使一国拥有丰富的自然资源，但其制度的恶化依然会使 FDI 的流入量减少。⑤ 而 Sahu 的研究则表明制度缺陷（如腐败等）会对经济政策的实施产生负面作用，会使得企业 FDI 的成本升高，从而减少 FDI 的流入。⑥ Asiedu 认为国家法律的完善会对吸引 FDI 产生重要作用。⑦ Biswas 利用腐败、官僚和政策风险等研究了制度和政策设计对 FDI 的作用，结果表明完善的制度和政策可以对增加 FDI 的规模产生显著作用。⑧ Cheng 的研究表明优惠政策对日本 FDI 产生了很大影响。⑨ Buckley、Devinney 和

---

① Buckley, P. J., Clegg, L. J., Cross, A., "The Determinants of Chinese Outward Foreign Direct Investment", *Edward Elgar*, Vol. 38, No. 4, 2011, pp. 499–518.

② Ramasamy, B., Yeung, M., Laforet, S., "China's Outward Foreign Direct Investment: Location Choice and Firm Ownership", *Journal of World Business*, Vol. 47, No. 1, 2012, pp. 17–25.

③ Cheung, Y. W., Haan, J. D., Qian, X., "China's Outward Direct Investment in Africa", *Review of International Economics*, Vol. 20, No. 2, 2012, pp. 201–220.

④ Agnès, B., Maylis, C., Thierry, M., "Institutional Determinants of Foreign Direct Investment", *World Economy*, Vol. 30, No. 5, 2007, pp. 764–782.

⑤ Mhlanga, N., Blalock, G., Christy, R., "Understanding Foreign Direct Investment in the Southern African Development Community: An Analysis Based on Project–Level Data", *Agricultural Economics*, Vol. 41, No. 4, 2009, pp. 337–347.

⑥ Sahu, M., "Inverted Development and Oil Producers in Sub–Saharan Africa: A Study", Working Paper, University of Mumbai, 2008, p. 43.

⑦ Asiedu, E., "Foreign Direct Investment in Africa: The Role of Natural Resources, Market Size, Government Policy, Institutions and Political Instability", *World Economy*, Vol. 29, No. 4, 2006, pp. 63–77.

⑧ Biswas, R., "Determinants of Foreign Direct Investment", *Review of Development Economics*, Vol. 6, No. 3, 2002, pp. 492–504.

⑨ Cheng, S., "Structure of Firm Location Choices: An Examination of Japanese Greenfield Investment in China", *Asian Economic Journal*, Vol. 21, No. 1, 2007, pp. 47–73.

Louviere 通过对投资主体的结构试验表明,投资管理者愿意接受正规合理的政策和制度。① 在制度和政策设计的探讨上,关于东道国税收政策对 FDI 流入的影响的讨论也很多。Brooks 等用税收以表征经济政策的研究发现,税收是政府用以调节经济刺激并影响 FDI 的重要因素。② Coughlin 等以美国制造业为例的研究表明决定 FDI 流向的重要因素是税收。③ 但也有学者的研究表明,税收的减免并不一定能使 FDI 的流入增多。如 Root 和 Ahmed 的研究表明企业可能会因为担心东道国的税收减免政策具有暂时性或随时会被取消的可能性,所以在对外直接投资时并不将税收减免列入其优势因素的考虑范围。Root 等的实证研究表明,与税收高的国家相比,税收低的国家在吸引 FDI 上具有优势,但税收低并不是决定性因素,其国家廉价劳动力、丰富的资源禀赋等因素才有可能是企业 FDI 的决定因素。④

另外,也有学者研究集聚经济、技术、管理经验以及与东道国的距离等因素对 FDI 流入的影响。Cheng 分析了中国 764 家日企区位选择影响因素后发现,吸引日本投资者的一个显著因素是日企的集聚。⑤ Coughlin 等通过对美国制造业进行研究,认为决定 FDI 流向的重要因素是聚集经济。⑥ Culem 认为影响 FDI 行为及其绩效的重要决定因素

---

① Buckley, P. J., Devinney, T. M., Louviere, J. J., "Do Managers Behave the Way Theory Suggests? A Choice – Theoretic Examination of Foreign Direct Investment Location Decision – Making", *Journal of International Business Studies*, Vol. 38, No. 7, 2007, pp. 1069 – 1094.

② Brooks, D., Hasan, R., Lee, J. W., "Closing Development Gaps: Challenges and Policy Options", *General Information*, Vol. 27, No. 2, 2010, pp. 1 – 28.

③ Coughlin, C. C., Terza, J. V., Arromdee, V., "State Characteristics and the Location of Foreign Direct Investment within the United States", *Review of Economics & Statistics*, Vol. 73, No. 73, 1991, pp. 675 – 683.

④ Root, F. R., Ahmed, A. A., "The Influence of Policy Instruments on Manufacturing Direct Foreign Investment in Developing Countries", *Journal of International Business Studies*, Vol. 9, No. 3, 1978, pp. 81 – 94.

⑤ Cheng, S., "Structure of Firm Location Choices: An Examination of Japanese Greenfield Investment in China", *Asian Economic Journal*, Vol. 21, No. 1, 2007, pp. 47 – 73.

⑥ Coughlin, C. C., Terza, J. V., Arromdee, V., "State Characteristics and the Location of Foreign Direct Investment within the United States", *Review of Economics & Statistics*, Vol. 73, No. 73, 1991, pp. 675 – 683.

是规模经济。① Cheung 和 Qian 的研究表明集聚效应影响中国 FDI 的流出。② Wheeler 和 Mody 的研究表明决定美国企业在发展中国家的区位选择因素是集聚经济和市场规模，集聚因素是基础设施、工业化水平及外资存量等因素的函数。③ Wells 等的研究表明中国与目标市场的距离会影响发展中国家吸收中国投资的能力。④ Wheeler 等的研究发现地理位置是中国对外 FDI 的重要影响因素。⑤ Lecraw 的研究表明，影响印度尼西亚对发达国家投资的显著因素是技术和管理经验，而在发展中国家，市场因素对印度尼西亚 FDI 的吸引力较大。⑥ Yamakawa 等认为东道国的技术因素对促进新兴国家向发达国家 FDI 的效果显著。⑦

（二）国内 FDI 影响因素方面的相关研究

国内在 FDI 的影响因素研究方面，大多数学者的研究也主要考察东道国的基础设施、市场规模、贸易联系、生产成本、经济和政治稳定程度、资源禀赋、制度和政策设计、集聚经济、技术以及距离等对 FDI 的影响等方面，另外，还有学者研究东道国的管理经验及投资国的经济发展水平等对 FDI 的影响。

国内学者认为基础设施是影响 FDI 的重要方面。李小建在对香港投资于内地的 55 家公司的业务进行调查后发现，认为香港公司投资

---

① Culem, C. G., "The Locational Determinants of Direct Investments among Industrialized Countries", *European Economic Review*, Vol. 32, No. 4, 1988, pp. 885 – 904.

② Cheung, Y. W., Qian, X., "Empirics of China's Outward Direct Invesrtment", *Pacific Economic Review*, Vol. 14, No. 3, 2009, pp. 312 – 341.

③ Wheeler, D., Mody, A., "International Investment Decisions: The Case of U. S. Firms", *Journal of International Economics*, Vol. 33, No. 2, 1992, pp. 57 – 76.

④ Wells, L. T., Hago, W., "Third World Multinationals: An Interview with Louis T. Wells, Jr", *Harvard International Review*, Vol. 4, No. 7, 1982, pp. 44 – 45.

⑤ Morck, R., Yeung, B., Zhao, M., "Perspectives on China's Outward Foreign Direct Investment", *Journal of International Business Studies*, Vol. 39, No. 3, 2008, pp. 337 – 350.

⑥ Lecraw, D. J., "Outward Direct Investment by Indonesian Firms: Motivation and Effects", *Journal of International Business Studies*, Vol. 24, No. 3, 1993, pp. 589 – 600.

⑦ Yamakawa, Y., Peng, M. W., Deeds, D. L., "What Drives New Ventures to Internationalize from Emerging to Developed Economies?" *Entrepreneurship Theory and Practice*, Vol. 32, No. 1, 2008, pp. 59 – 82.

内地的重要影响因素是良好的运输条件。① 魏后凯、贺灿飞和王新对秦皇岛市吸引的 135 个外企投资影响因素进行分析后发现，生产投入和市场动机、生产服务动机、文化联系动机、利用优惠政策动机以及出口贸易动机等都是外商来华投资的动机，其中，城市经济文化环境和生产投入供给是影响外商投资秦皇岛市的主要因素之一。② 金相郁、朴英姬的研究表明，外商在华直接投资的一个决定因素是基础设施条件。③ 张川川、徐程对山东 FDI 流入的影响因素进行研究后发现，影响 FDI 的重要因素是当地的公路交通运输状况和邮电通讯设施。④ 董艳等对中国企业对非洲直接投资进行研究，结果表明当地基础设施水平对吸引中国企业对非洲的投资产生了明显的影响。⑤ 李巧基于"C－D 缺口"模型的研究表明，非洲国家基础设施水平的不完善降低了中国 FDI 的流入量。⑥ 张娟对中国对 34 个国家和地区的直接投资行为进行了研究，结果发现影响中国对外直接投资区位分布的因素是基础设施条件，二者之间具有正相关关系。⑦

国内学者也认为市场规模对 FDI 也具有重要影响。鲁明泓以人均 GDP 表示东道国的经济发展水平，研究结果表明市场规模对我国 OFDI 有正向影响。⑧ 金相郁、朴英姬的研究表明，外商在华直接投资的

---

① 李小建：《香港对大陆投资的区位变化与公司空间行为》，《地理学报》1996 年第 3 期。
② 魏后凯、贺灿飞、王新：《外商直接投资动机与区位因素分析》，《经济研究》2001 年第 1 期。
③ 金相郁、朴英姬：《中国外商直接投资的区位决定因素分析：城市数据》，《南开经济研究》2006 年第 5 期。
④ 张川川、徐程：《FDI 在山东省区位选择影响因素的实证分析》，《商场现代化》2007 年第 8 期。
⑤ 董艳、张大永、蔡梅梁：《走进非洲——中国对非洲投资决定因素的实证研究》，《经济学》2011 年第 1 期。
⑥ 李巧：《非洲投资环境的因子分析以及对中国企业对非洲直接投资决策的启示——基于"C－D 缺口"模型的研究》，硕士学位论文，山东大学，2010 年，第 51 页。
⑦ 张娟：《中国企业对外直接投资的区位选择研究——基于价值链的视角》，博士学位论文，复旦大学，2007 年，第 150 页。
⑧ 鲁明泓：《制度因素与国际直接投资区位分布：一项实证研究》，《经济研究》1999 年第 7 期。

一个决定因素是市场规模的大小。① 陈恩等认为影响中国对外直接投资的重要因素是东道国的市场规模和经济增长速度。② 文玫的研究认为，东部较高的市场化水平能够吸引更多的 FDI 及固定资产投资，而这些投资反过来又可以促进东部地区的发展。③ 魏后凯、贺灿飞和王新的研究表明影响外商在秦皇岛市投资的一个主要因素是市场。④ 王娟、方良静的研究表明，东道国的市场规模对 FDI 有积极影响。⑤ 张川川、徐程的研究表明，影响 FDI 的重要因素是地区生产总值。⑥ 张惠通过对中国对非洲的直接投资进行研究，发现市场规模和 GDP 对国际直接投资的效应为正。⑦ 项本武对中国对外直接投资的影响因素进行分析时发现，东道国的市场规模对中国对外投资有明显的抑制作用，这从侧面说明中国企业只有投资于亚、拉美等小市场规模的国家（而不是发达国家）才能保持其竞争优势。⑧ 但也有学者的结论与之相反，马先仙通过对 28 个投资目标国的实证分析表明，东道国 GDP 水平与我国的 OFDI 发展呈负相关关系。⑨ 徐雪、谢玉鹏认为东道国人均 GDP 是吸引 FDI 的负向决定变量，这与母国的投资类型密切相关，

---

① 金相郁、朴英姬：《中国外商直接投资的区位决定因素分析：城市数据》，《南开经济研究》2006 年第 5 期。
② 陈恩、王方方：《中国对外直接投资的影响因素分析——基于 2007—2009 年国际面板数据的考察》，《商业经济与管理》2011 年第 8 期。
③ 文玫：《外商直接投资及地理和市场状况对区域发展的贡献——一个基于中国地区平行数据的研究》，《经济学报》2005 年第 1 期。
④ 魏后凯、贺灿飞、王新：《外商直接投资动机与区位因素分析》，《经济研究》2001 年第 1 期。
⑤ 王娟、方良静：《中国对外直接投资区位选择的影响因素》，《社会科学家》2011 年第 9 期。
⑥ 张川川、徐程：《FDI 在山东省区位选择影响因素的实证分析》，《商场现代化》2007 年第 8 期。
⑦ 张惠：《中国对非洲直接投资的决定因素研究》，硕士学位论文，暨南大学，2012 年，第 47 页。
⑧ 项本武：《东道国特征与中国对外直接投资的实证研究》，《数量经济技术经济研究》2009 年第 7 期。
⑨ 马先仙：《我国企业对外直接投资的区位选择》，《对外经济贸易大学学报》2006 年第 1 期。

其结论与马先仙的分析一致。①

　　国内学者也认为贸易联系对 FDI 具有重要影响。杨成平认为我国与东道国之间的贸易联系会促进我国对外投资的发展。② 项本武的研究认为，我国出口贸易的上升会导致对外直接投资的增加，其研究结果表明我国对外直接投资是出口促进型；同时，其研究也表明我国与不同东道国之间的贸易水平会对两国之间的投资往来产生不同的影响。③ 许小龙的研究也表明我国对某一个东道国对外直接投资的增加会促进我国对该国的出口贸易；而东道国的出口贸易水平与其吸引的 FDI 呈负相关关系。④ 徐雪、谢玉鹏以出口额表征对外贸易联系，研究结果表明影响当期对外直接投资的一个正向决定因素是出口额。⑤ 朴杉杉的研究表明对外直接投资与进出口贸易的关系类型可以分为出口创造、出口替代、进口创造和进口替代⑥；同时，其实证研究表明对外直接投资与进出口贸易之间是促进或创造关系，而非替代关系。张川川、徐程的研究表明，影响 FDI 的重要因素是对外贸易依存度。⑦ 项本武的研究发现，因为出口贸易可以促进中国将剩余的劳动力转移至东道国，同时也可以规避其中的贸易壁垒，所以中国对非洲出口额的增长能推动对非洲地区的直接投资。文玫的研究表明，外商在华直接投资对三大地带的出口作用各不相同。东部的出口优势吸引了大量 FDI 的流入，同时，FDI 的流入也促进了东部出口贸易的发展；而流

---

　　① 徐雪、谢玉鹏：《我国对外直接投资区位选择影响因素的实证分析》，《管理世界》2008 年第 4 期。

　　② 杨成平：《我国企业对外直接投资区位选择的影响因素分析》，《黑龙江对外经贸》2009 年第 11 期。

　　③ 项本武：《东道国特征与中国对外直接投资的实证研究》，《数量经济技术经济研究》2009 年第 7 期。

　　④ 许小龙：《中国对外直接投资影响因素实证研究》，《合作经济与科技》2008 年第 2 期。

　　⑤ 徐雪、谢玉鹏：《我国对外直接投资区位选择影响因素的实证分析》，《管理世界》2008 年第 4 期。

　　⑥ 朴杉杉：《中国对外直接投资的贸易效应研究》，硕士学位论文，山东大学，2010 年，第 38 页。

　　⑦ 张川川、徐程：《FDI 在山东省区位选择影响因素的实证分析》，《商场现代化》2007 年第 23 期。

入中部的 FDI 大多面向国内市场，对出口具有负面的影响；流入西部的 FDI 由于规模不大，其影响难进行评估。①

国内学者也认为生产成本是影响 FDI 的重要方面。国内大多数学者认为劳动力因素与 FDI 呈负相关关系或并不决定 FDI 的流入。曾国军研究发现，中国劳动力成本对 FDI 的影响在逐渐降低，而工业化水平对外商的集聚作用越来越大。② 金相郁、朴英姬认为劳动力成本并不是外商在华直接投资的决定因素。③ 黄肖琦、柴敏认为用劳动力成本并不能很好地解释外企在我国境内的区位分布。④ 冼国明、杨长志的研究表明劳动力成本与我国 OFDI 呈负相关关系。⑤ 王鹏飞的研究也证实了东道国劳动力成本与两国间的 FDI 流量呈负相关关系。⑥ 李巧的研究表明非洲国家劳动力质量较低限制了中国 FDI 的流入量。⑦ 王凯、王永乐的研究表明节约交易成本有利于跨国公司发挥其竞争优势。⑧ 贺灿飞、魏后凯讨论了信息成本对中国吸收 FDI 的影响，其研究表明外商倾向于选取我国的经济中心、沿海地区和已经大量利用 FDI 的地区进行投资，其目的是减少外部的不确定性，以降低信息成本。⑨ 何本芳、张祥利用引力模型的研究表明劳动成本会对我国对外投资的区

---

① 文玫：《外商直接投资及地理和市场状况对区域发展的贡献——一个基于中国地区平行数据的研究》，《经济学报》2005 年第 1 期。
② 曾国军：《外商直接投资在华区位选择的影响因素研究》，《学术研究》2005 年第 8 期。
③ 金相郁、朴英姬：《中国外商直接投资的区位决定因素分析：城市数据》，《南开经济研究》2006 年第 5 期。
④ 黄肖琦、柴敏：《新经济地理学视角下的外商在华直接投资区位选择——基于中国省际面板数据的实证分析》，《管理世界》2006 年第 3 期。
⑤ 冼国明、杨长志：《中国外商直接投资的区位决定——基于地区数据的空间计量分析》，《世界经济研究》2009 年第 1 期。
⑥ 王鹏飞：《我国对外直接投资区域选择的影响因素分析》，《统计与决策》2014 年第 12 期。
⑦ 李巧：《非洲投资环境的因子分析以及对中国企业对非洲直接投资决策的启示——基于 "C－D 缺口" 模型的研究》，硕士学位论文，山东大学，2010 年，第 51 页。
⑧ 王凯、王永乐：《外商在华直接投资区位选择与产业集聚及其启示》，《武汉金融》2007 年第 8 期。
⑨ 贺灿飞、魏后凯：《信息成本、集聚经济与中国外商投资区位》，《中国工业经济》2001 年第 11 期。

位选择产生影响。① 张娟的研究表明东道国的职工报酬会对中国对外直接投资的区位分布产生影响，二者具有正相关关系。② 王丽的研究发现，美国劳动力工资水平与中国对美国投资规模呈负相关关系。③

国内学者也认为经济和政治稳定程度对 FDI 具有重要影响。贺灿飞等指出，影响中国对外直接投资选择的重要因素是其与东道国之间密切的政治、社会、经济关系等。④ 同时，汇率的波动对 FDI 的影响也受到了国内学者的关注。亓科元主要分析了人民币汇率与对外直接投资之间的关系，结果表明：人民币汇率变动与对外直接投资的规模呈正相关关系，人民币的汇率越大，对外直接投资的规模就越大。⑤ 项本武的研究发现，中国的对外投资活动会受汇率变动的影响，对外直接投资可以减轻人民币升值的压力。⑥ 蒋冠宏和蒋殿春的研究表明人民币升值不会对中国的对外直接投资产生显著的影响。⑦ 李俊江等对中国对美国的直接投资行为进行了分析，其研究表明人民币的升值和其庞大的外汇储备为中国对美国直接投资提供了有力支撑。⑧ 政治因素对中国对外投资的影响也是国内学者探讨的一个重要话题。贺书锋、郭羽诞分析了政治因素对 FDI 的影响，他通过对政治关系、政治摩擦、政治信仰和国际地位的实证分析表明，中国的 FDI 偏好于选择

---

① 何本芳、张祥：《我国企业对外直接投资区位选择模型探索》，《财贸经济》2009 年第 2 期。
② 张娟：《中国企业对外直接投资的区位选择研究——基于价值链的视角》，博士学位论文，复旦大学，2007 年，第 150 页。
③ 王丽：《中国对美国直接投资的宏观经济影响因素实证分析》，《经营管理者》2012 年第 8 期。
④ 贺灿飞、郭琪、邹沛思：《基于关系视角的中国对外直接投资区位》，《世界地理研究》2013 年第 4 期。
⑤ 亓科元：《人民币汇率变动对中国对外直接投资的影响及对策》，硕士学位论文，辽宁大学，2012 年。
⑥ 项本武：《东道国特征与中国对外直接投资的实证研究》，《数量经济技术经济研究》2009 年第 7 期。
⑦ 蒋冠宏、蒋殿春：《中国对外投资的区位选择：基于投资引力模型的面板数据检验》，《世界经济》2012 年第 9 期。
⑧ 李俊江、薛春龙、史本叶：《中国对美国直接投资的内在动因、主要障碍与应对策略》，《社会科学战线》2013 年第 12 期。

政治关系定位高、摩擦小以及政治信仰和国际地位与我国相似的国家。① 张惠通过研究中国对非洲的直接投资发现，东道国的高政治风险会对吸引中国的投资（特别是非金融类投资）产生抑制效应。② 韩剑、徐秀军在国际政治经济学和国际经济学的分析框架下，利用中国对美国各州的 FDI 数据，实证分析了党派政治对外资选择的影响。③ 张丽娟、郭若楠的研究表明中国企业在美国的并购考量会受"国家安全"因素的制约，同时美国联邦政府对涉及"国家安全"的并购审核也较为审慎。④

国内学者也认为资源禀赋是影响 FDI 的重要方面。张弢认为中国对美国的直接投资在 2016—2030 年应大力发展资源开发性投资，主要选择美国的资源富集区，如西海岸地区。⑤ 湛泳、薛毅在研究资源禀赋、技术创新与中国对美直接投资的空间布局时，也发现美国西部地区的资源禀赋对中国对美国直接投资的影响力度更为显著。⑥ 胡博和李凌通过选取矿产和燃料等资源占东道国总出口的比例来代表东道国的自然资源禀赋的发展水平的研究表明，发展中国家丰富的能源资源是吸引我国 FDI 的重要决定因素。⑦ 邱立成和王凤丽在研究我国企业海外直接投资的影响因素时发现，我国的对外直接投资与我国的能源消费总量呈正相关关系。⑧ 黄静波和张安民

---

① 贺书锋、郭羽诞：《中国对外直接投资区位分析：政治因素重要吗》，《上海经济研究》2009 年第 3 期。

② 张惠：《中国对非洲直接投资的决定因素研究》，硕士学位论文，暨南大学，2012 年，第 50 页。

③ 韩剑、徐秀军：《美国党派政治与中国对美直接投资的区位选择》，《世界经济与政治》2014 年第 8 期。

④ 张丽娟、郭若楠：《中国对美国直接投资：特征、认知与成因》，《国际论坛》2015 年第 6 期。

⑤ 张弢：《我国对美国的直接投资及区域选择问题探讨》，《襄樊学院学报》2002 年第 6 期。

⑥ 湛泳、薛毅：《资源禀赋、技术创新与中国对美直接投资的空间布局》，《湘潭大学学报》（哲学社会科学版）2016 年第 3 期。

⑦ 胡博、李凌：《我国对外直接投资的区位选择——基于投资动机的视角》，《国际贸易问题》2008 年第 4 期。

⑧ 邱立成、王凤丽：《外资银行进入对东道国银行体系稳定性影响的实证研究》，《南开经济研究》2011 年第 3 期。

的研究也表明对中国对外直接投资影响最大的因素是能源需求，而且后者是前者的格兰杰原因。① 王凯、王永乐的研究表明资源分包协作有利于跨国公司发挥其竞争优势。② 董艳等对中国企业对非洲直接投资的偏好进行了分析，其研究表明资源禀赋显著影响中国企业对非洲的投资行为。③ 刘再起、王阳的研究发现影响中国对欧洲直接投资的主要因素是资源禀赋。④ 蒋冠宏和蒋殿春对中国对 95 个国家的直接投资进行了研究，发现中国对发展中国家的投资具有资源寻求动机，且东道国制度因素对中国资源寻求型投资具有显著的正向影响。⑤ 王璐瑶、罗伟在研究中国企业对美国直接投资的影响因素时发现，"资源观"影响因素的显著性不仅肯定了传统对外直接投资理论，而且能合理解释中国企业对美的直接投资行为。⑥

国内学者也认为制度环境和优惠政策对 FDI 具有重要影响。金相郁、朴英姬的研究表明，外商在华直接投资的决定因素之一是制度因素。⑦ 魏后凯、贺灿飞和王新的研究表明影响外商投资于秦皇岛市的主要因素之一是制度环境（包括教育水平、研究条件、地方金融发展水平和对外开放程度）。⑧ 赵春明、何艳将影响直接投资的因素分为制度因素和非制度因素两类，其中的制度因素包括国际经

---

① 黄静波、张安民：《中国对外直接投资主要成因类型的实证研究——基 1982—2007 年的外向投资流向分析》，《国际经贸探索》2009 年第 6 期。
② 王凯、王永乐：《外商在华直接投资区位选择与产业集聚及其启示》，《武汉金融》2007 年第 8 期。
③ 董艳、张大永、蔡梅梁：《走进非洲——中国对非洲投资决定因素的实证研究》，《经济学》2011 年第 1 期。
④ 刘再起、王阳：《中国对欧盟直接投资的区位选择动因》，《学习与实践》2014 年第 8 期。
⑤ 蒋冠宏、蒋殿春：《中国对外投资的区位选择：基于投资引力模型的面板数据检验》，《世界经济》2012 年第 9 期。
⑥ 王璐瑶、罗伟：《中国企业对美国直接投资影响因素的实证分析》，《国际经贸探索》2015 年第 10 期。
⑦ 金相郁、朴英姬：《中国外商直接投资的区位决定因素分析：城市数据》，《南开经济研究》2006 年第 5 期。
⑧ 魏后凯、贺灿飞、王新：《外商直接投资动机与区位因素分析》，《经济研究》2001 年第 1 期。

济的制度安排、企业运行的便利性、法律制度和经济制度等内容。① 周健、方刚对东道国制度环境对 FDI 的影响进行了研究，认为东道国制度环境与我国对外投资流量呈正相关关系。② 陈恩等研究认为影响中国对外直接投资的主要参考因素并不包括东道国的制度风险和金融风险。③ 陈松、刘海云的研究认为治理水平较低的东道主国家可能存在较大的风险，因而不容易吸引投资。④ 李巧的研究表明，限制中国 FDI 在非洲流入量的因素是其国家的政府腐败。⑤ 宗芳宇、路江涌和武常岐通过对 92 家上市公司在 60 个国家的投资的实证研究表明，双边投资协定对投资国有显著正向作用，它能够弥补投资国制度支持不足的缺陷，促进 FDI 流入至协议国。⑥ 曾国军的研究表明，中国的优惠政策对 FDI 的影响逐渐缩小，而工业化水平对外商的集聚作用越来越明显。⑦ 黄肖琦、柴敏认为地区优惠政策在解释外企在我国的区位和布局时并不能起到很好的作用。⑧ 李小建的研究认为影响香港企业投资内地的重要因素是内地的优惠政策。⑨ 邱立成、赵成真的研究则表明东道国完善的法律制度会对我国直接

---

① 赵春明、何艳：《从国际经验看中国对外直接投资的产业和区位选择》，《世界经济》2012 年第 11 期。

② 周健、方刚：《东道国制度环境对我国外向 FDI 的影响分析》，《经济与管理研究》2010 年第 7 期。

③ 陈恩、王方方：《中国对外直接投资的影响因素分析——基于 2007—2009 年国际面板数据的考察》，《商业经济与管理》2011 年第 8 期。

④ 陈松、刘海云：《东道国治理水平对中国对外直接投资区位选择的影响——基于面板数据模型的实证研究》，《经济与管理研究》2012 年第 6 期。

⑤ 李巧：《非洲投资环境的因子分析以及对中国企业对非洲直接投资决策的启示——基于"C-D 缺口"模型的研究》，硕士学位论文，山东大学，2010 年，第 51 页。

⑥ 宗芳宇、路江涌、武常岐：《双边投资协定、制度环境和企业对外直接投资区位选择》，《经济研究》2012 年第 5 期。

⑦ 曾国军：《外商直接投资在华区位选择的影响因素研究》，《学术研究》2005 年第 8 期。

⑧ 黄肖琦、柴敏：《新经济地理学视角下的外商在华直接投资区位选择——基于中国省际面板数据的实证分析》，《管理世界》2006 年第 3 期。

⑨ 李小建：《香港对大陆投资的区位变化与公司空间行为》，《地理学报》1996 年第 3 期。

投资产生负向影响。①

　　国内学者也认为集聚经济对 FDI 具有重要影响。黄肖琦、柴敏认为外商在华直接投资的聚集能很好地解释外商在华的直接投资行为。② 王凯、王永乐和柴敏的研究认为，产业集聚的经济外部性有利于跨国公司发挥其竞争优势，并为自身的发展争取更大的空间。③ 贺灿飞、魏后凯探讨了集聚经济对中国吸收 FDI 的影响，其研究表明，外商在进行投资时偏好选择已经大量利用 FDI 的地区，因为集聚经济增强了外商在华直接投资的吸引力。④ 张娟的研究认为，影响中国对外直接投资区位分布的是东道国的集聚因素，二者具有正相关关系。⑤ 王疆和陈俊甫基于社会影响因素视角的研究发现，美国某个州的华人移民网络越发达，则中国企业投资该州的可能性越大；同时，在中国企业对美 FDI 的区位选择中也存在组织间模仿行为，新企业投资会更多地参照以往同类企业的决定。⑥ 陈瑛等针对中国对美国的直接投资展开了一系列的研究，分析了中国对美国直接投资的空间分布，结果显示专利数量和研发支出因素是影响其区位选择的主要因子之一。⑦

　　国内学者也认为技术对 FDI 有重要的影响。张弢认为中国对美国的直接投资在 2015 年之前是为了扩张市场和获取先进技术，投资区位应重点选择人口密集的大中型城市、商业中心、港口及高新技术集

---

① 邱立成、赵成真：《制度环境差异、对外直接投资与风险防范：中国例证》，《国际贸易问题》2012 年第 12 期。

② 黄肖琦、柴敏：《新经济地理学视角下的外商在华直接投资区位选择——基于中国省际面板数据的实证分析》，《管理世界》2006 年第 3 期。

③ 王凯、王永乐、柴敏：《新经济地理学视角下的外商在华直接投资区位选择——基于中国省际面板数据的实证分析》，《管理世界》2006 年第 3 期。

④ 贺灿飞、魏后凯：《信息成本、集聚经济与中国外商投资区位》，《中国工业经济》2001 年第 11 期。

⑤ 张娟：《中国企业对外直接投资的区位选择研究——基于价值链的视角》，博士学位论文，复旦大学，2007 年，第 150 页。

⑥ 王疆、陈俊甫：《移民网络、组织间模仿与中国企业对美国直接投资区位选择》，《当代财经》2014 年第 11 期。

⑦ 陈瑛、马斌：《中国民营企业对美国直接投资的区位选择及其影响因子分析》，《世界地理研究》2016 年第 1 期。

中区。① 谭飞燕和刘辉煌认为以技术创新为导向的投资方式将逐渐成为一种新的发展方式并得以快速发展；结合产业升级理论的分析表明，东道国对技术的吸收和整合能力能够影响对外投资的形式。② 姜萌萌和庞宁在"三缺口"理论的基础上增添了"技术缺口"，在影响FDI的重要因素中加入了东道国的技术优势，并以此解释了我国的对外直接投资行为。③ 官建成和王晓静在研究我国对外直接投资的影响因素时发现，技术因素并不能对我国的对外直接投资产生显著影响，这表明我国的对外直接投资还不具备技术导向优势。④ 黄肖琦、柴敏认为技术外部性可以合理地解释外商在华的直接投资行为。⑤ 刘再起、王阳发现影响中国对欧洲直接投资的主要因素是技术水平。⑥ 张娟研究认为影响中国对外直接投资区位分布的是东道国的专利权申请数量，二者具有正相关关系。⑦ 葛振宇和湛泳利用中国对美国直接投资的时间序列数据证实，影响中国对美国投资的一个主要因素是美国的高新技术水平和研发投入，二者之间具有明显的正效应。⑧ 王璐瑶、罗伟的研究发现，对美直接投资的倾向与企业的研发能力之间存在明显的正相关关系。⑨

---

① 张弢：《我国对美国的直接投资及区域选择问题探讨》，《襄樊学院学报》2002年第6期。

② 谭飞燕、刘辉煌：《以技术创新为导向的我国对外直接投资形式与效应机制探讨》，《科技进步与对策》2010年第17期。

③ 姜萌萌、庞宁：《技术缺口与技术寻求型对外直接投资——发展中国家对外直接投资分析》，《黑龙江对外经贸》2006年第3期。

④ 官建成、王晓静：《中国对外直接投资决定因素研究》，《中国软科学》2007年第4期。

⑤ 黄肖琦、柴敏：《新经济地理学视角下的外商在华直接投资区位选择——基于中国省际面板数据的实证分析》，《管理世界》2006年第3期。

⑥ 刘再起、王阳：《中国对欧盟直接投资的区位选择动因》，《学习与实践》2014年第8期。

⑦ 张娟：《中国企业对外直接投资的区位选择研究——基于价值链的视角》，博士学位论文，复旦大学，2007年，第113页。

⑧ 葛振宇、湛泳：《中国对美国直接投资的影响因素研究》，《亚太经济》2015年第2期。

⑨ 王璐瑶、罗伟：《中国"文化赤字"的影响因素——基于引力模型和面板数据的实证分析》，《国际经济合作》2010年第5期。

国内学者也认为距离对 FDI 有重要影响。李小建的研究认为，影响香港企业投资内地的重要因素是距离。① 程惠芳、阮翔的研究发现，投资国与东道国之间的距离和区位分布之间呈负相关关系。② 何本芳、张祥认为我国与东道国首都之间的距离与两国之间的投资流量呈负相关。③ 綦建红、杨丽的实证研究也验证了这一关系，但他们认为随着交通运输条件的不断完善，距离对 FDI 的影响在不断地降低，当两国之间的距离超过一定限度时，两国间的投资流量甚至会增加。④ 陈恩等的研究表明，两国之间的地理距离并没有对中国企业的投资产生明显的影响。⑤ 蒋冠宏和蒋殿春研究认为，距离是影响中国对外直接投资的负面因素。⑥

　　另外，还有学者研究东道国的管理经验以及投资国经济发展水平对 FDI 的影响。李莉对全球范围内第二产业的 58 个跨国并购和 54 个新建投资的案例进行了研究，其结果表明管理经验丰富、水平较高的跨国企业倾向于选择并购方式进行投资；随着我国市场规模、人力和资本市场及制度的不断完善，越来越多的管理经验丰富、水平高的企业将以并购方式进入我国。⑦ 王璐瑶、罗伟的研究发现，与对美直接投资的倾向之间存在明显正相关关系的是管理专业化和国际经验。⑧ 杨健全、杨晓武和王洁对我国对外直接投资进行了 IDP 检验和趋势分

---

　　① 李小建：《香港对大陆投资的区位变化与公司空间行为》，《地理学报》1996 年第 3 期。
　　② 程惠芳、阮翔：《用引力模型分析中国对外直接投资的区位选择》，《世界经济》2004 年第 11 期。
　　③ 何本芳、张祥：《我国企业对外直接投资区位选择模型探索》，《财贸经济》2009 年第 2 期。
　　④ 綦建红、杨丽：《中国 OFDI 的区位决定因素——基于地理距离与文化距离的检验》，《经济地理》2012 年第 12 期。
　　⑤ 陈恩、王方方：《中国对外直接投资的影响因素分析——基于 2007—2009 年国际面板数据的考察》，《商业经济与管理》2011 年第 8 期。
　　⑥ 蒋冠宏、蒋殿春：《中国对外投资的区位选择：基于投资引力模型的面板数据检验》，《世界经济》2012 年第 9 期。
　　⑦ 李莉：《跨国公司因素对 FDI 进入方式的影响——基于 Logistic 模型的实证分析》，《经济与管理研究》2010 年第 11 期。
　　⑧ 王璐瑶、罗伟：《中国"文化赤字"的影响因素——基于引力模型和面板数据的实证分析》，《国际经济合作》2010 年第 5 期。

析，其结果表明影响我国企业进行海外投资的决定因素是我国的经济发展水平。① 彭博对中国对美国直接投资影响因素的实证研究表明，我国人均国民收入增长会对对美国直接投资产生明显的促进作用，这是因为人民币升值增加了中国企业的海外购买力，因而促进了对美国直接投资的增加。②

总体而言，国内学者在研究 FDI 的决定因素方面大多是以实证方法为主。在 FDI 的影响因素研究方面，国内的研究大多也主要考察东道国的基础设施、市场规模、贸易联系、生产成本、经济和政治稳定程度、资源禀赋、制度和政策设计、集聚经济、技术以及距离等方面对 FDI 的影响。

二 IBT 的国内外研究现状

国内外对 IBT 相关的研究主要关注对商务旅游这一主题的探讨与分析，关于 IBT 的研究很少，仅有少数学者涉足对我国 IBT 的直接研究。由于商务旅游发展比较快，但与其相关的研究相对而言比较落后，尤其是国内有关 IBT 的研究更为滞后。对相关研究进行对比分析可见，国内外关于商务旅游的研究各有其侧重点。国外研究大多注重实例分析，从现实出发通过构建相关理论模型研究商务旅游对社会发展的影响；而国内的相关研究多数从商务旅游的内涵出发，研究商务旅游的现状以及发展对策等。基于此，可以将国内外关于商务旅游的研究结合起来，在此基础上分析关于 IBT 的研究现状。

（一）国外有关 IBT 的相关研究

1. 商务旅游的需求研究

旅游需求的多寡决定着市场发展的趋势，因此，国外学者比较关注对于商务旅游的需求研究。Lawson 对不同类型的商务旅游需求的影响因素进行了分析，在此基础上预测了未来会议、酒店以及展览设备

---

① 杨健全、杨晓武、王洁：《我国对外直接投资的实证研究：IDP 检验与趋势分析》，《国际贸易问题》2006 年第 8 期。
② 彭博：《中国对美直接投资影响因素的实证研究》，《技术经济与管理研究》2013 年第 6 期。

等的发展趋势。① Owen 的研究表明商务旅游市场中游客的成本意识等发生了变化,但对交通和酒店服务质量的要求在不断提高;同时,他认为未来增长速度比较快的是企业的商务旅游和奖励旅游,而会议旅游市场将向小型化和专业化方向发展。② Sheldon 在对奖励旅游需求进行研究后认为,企业的地理位置、市场占有率和企业差旅部的员工数量是影响企业奖励旅游的主要因素,他同时对奖励旅游的需求进行了预测。③ Kulendran 等将商务旅游需求特征变量引入了前人度假旅游需求预测模型中,对其模型进行了扩展和修正,增强了原模型的预测能力,同时也可以为商务旅游管理决策的实施提供一定的帮助。④ 罗伯·戴维森等研究了商务游客的消费购买过程,并对商务旅游需求的使用者、购买者和决策者对旅游产品购买决策的影响进行了探讨。⑤

2. 商务旅游的影响因素研究

国外对于商务旅游影响因素的研究涉及政治、社会、经济和交通等多个方面。Bull 认为企业自身的经济周期会从企业负担商务旅行成本的能力和企业想要限制员工外出进行商务旅游的愿望两方面对商务旅游产生影响;同时,他也讨论了政府税收政策对商务旅游的影响,其研究表明政府减免税收会影响商务的需求,减免程度越大,越能增加商务旅游需求。⑥ Middleton 认为商务旅游比一般的旅游更具稳定性,很少受到其他因素的影响。⑦ Rogers 通过引用来自会议部门的案

---

① Lawson, F. R., "Trends in Business Tourism Management", *Tourism Management*, Vol. 3, No. 4, 1982, pp. 298 – 302.

② Owen, C., "Changing Trends in Business Tourism", *Tourism Management*, Vol. 13, No. 2, 1992, pp. 224 – 226.

③ Sheldon, P. J., "The Demand for Incentive Travel: An Empirical Study", *Journal of Travel Research*, Vol. 33, No. 4, 1995, pp. 23 – 28.

④ Kulendran, N., Witt, S. F., "Forecasting the Demand for International Business Tourism", *Journal of Travel Research*, Vol. 41, No. 2, 2003, pp. 265 – 271.

⑤ [英] 罗伯·戴维森、比尤拉·库佩:《商务旅行》,吕宛青、赵书虹译,云南大学出版社 2006 年版,第 35—36 页。

⑥ Bull, A., *The Economics of Travel & Tourism*, Longmans, Green & Co. Ltd., 1995, p. 123.

⑦ Middleton, Victor T. C., "Profile of Tourism Degree Courses in the UK 1993", *Tourism Management*, Vol. 15, No. 1, 1994, p. 79.

例对 Middleton 的观点进行了进一步的证实，他认为会议行业具有一定的弹性，即使经济处于低迷时期也不会对一些会议的召开产生影响。John Swarbrooke 和 Susan Horner 认为来自宏观环境的政治、社会、经济和技术四个方面的因素会对商务旅游的经营及管理等产生重要的影响。① Xiang 等在构建认知地图的基础上从政治、经济、技术、文化和管理等方面对影响奖励旅游的因素进行了分析，其结论表明商务环境的变化是影响奖励旅游的主要因素，同时提出了一些与其研究结果相关的商务旅游管理策略。② Westwood 等认为引发商务旅游不断增长的主要因素有市场的日益全球化、跨国公司的迅速发展、全球通信技术的飞速发展及新型的经济体制等。③

因为商务游客外出选择交通工具多数为航空，所以国外学者比较关注航空对商务旅游的影响。Evangelho 等以巴西为例讨论了廉价航班对商务旅游的影响，并对比了使用廉价航班和使用服务周全航班的两类商务游客的异同点。④ Mason 的研究表明，由于需要考虑企业效益，因而中小企业倾向于选择廉价航班，而中小企业数量较多，因此商务游客已成为廉价航班的主要客源。⑤ Goh 和 Uncles 通过实地调研分析了航空公司的全球联盟行为给商务游客带来的益处。⑥ 同时，国外学者还从航空商务旅游市场对女性商务游客进行了研究，Foster 和 Botterill 的研究表明性别歧视、缺乏安全性以及设

---

① ［英］John Swarbrooke、Susan Horner：《商务旅游》，程尽能等译，旅游教育出版社 2004 年版，第 19—22 页。

② Xiang, Z., Sandro Formica, S., "Mapping Environmental Change in Tourism: A Study of the Incentive Travel Industry", *Tourism Management*, Vol. 11, No. 28, 2001, pp. 1193 – 1202.

③ Westwood, S., Pritchard, A., Morgan, N. J., "Gender – Blind Marketing: Business Women's Perceptions of Airline Services", *Tourism Management*, Vol. 21, No. 4, 2000, pp. 353 – 362.

④ Evangelho, F., Huse, C., Linhares, A., "Market Entry of a Low Cost Airline and Impacts on the Brazilian Business Travelers", *Journal of Air Transport Management*, Vol. 11, No. 2, 2005, pp. 99 – 105.

⑤ Mason, K. J., "The Propensity of Business Travellers to Use Low Cost Airlines", *Journal of Transport Geography*, Vol. 8, No. 2, 2000, pp. 107 – 119.

⑥ Goh, K., Uncles, M., "The Benefits of Airline Global Alliances: An Empirical Assessment of the Perceptions of Business Travelers", *Transportation Research Part A: Policy & Practice*, Vol. 37, No. 6, 2003, pp. 479 – 497.

施设备的不完善等因素都会造成女性商务旅游者不满，并提出了在酒店管理过程中应对女性商务客人不满情绪的具体处理策略。①Westwood 等从多个方面对女性商务游客对航空公司营销的看法进行了探讨，研究表明航空公司的无性别差异营销可以吸引更多的女性商务游客，并且女性商务游客比较重视服务的安全性和服务态度，同时女性商务游客也比男性商务游客更容易形成消费忠诚。②

3. 商务旅游的经济意义研究

由于商务旅游本身所具有的商务特性以及其在全球范围内的快速发展，使得商务旅游的经济意义受到较多学者的关注。Wootton 和 Stevens 讨论了商务旅游对威尔士旅游业的贡献，结果显示商务会议已经成为现代商业生活的特征③；并且每年可以带来 9 亿—60 亿英镑的经济效益。虽然在 20 世纪 90 年代初，商务旅游的发展受到了经济波动的影响，但其仍以较快的速度不断发展，且与社会经济的发展存在显著的正相关关系。商务旅游可以为目的地带来巨大的经济利益，但是这些效益多数难以直接估测。据美国酒店与汽车旅馆协会的统计数据显示，在所有入住酒店的旅客中，30% 的消费者为中途歇息的商务旅行者。④ 英国会议市场调查发现，仅 1998 年在英国举办的会议就为国民经济带来了 50 亿英镑的收入⑤；同年，进入加拿大的商务客人大约为当地的经济发展贡献了 170 亿加拿大元。罗伯·戴维森和比尤拉·库佩认为商务旅游可以带来大量的高消费游客，他们装满了目的地的收银箱；同时，商务旅游还可以产生许多附属活动，使得其所带来的利益翻倍；另外，商务旅游所具有的持续性，也能够在一定程度上增

---

① Foster, N., Botterill, D., "Hotels and the Businesswoman: A Supply – Side Analysis of Consumer Dissatisfaction", *Tourism Management*, Vol. 16, No. 5, 1995, pp. 389 – 397.

② Westwood, S., Pritchard, A., Morgan, N. J., "Gender – Blind Marketing: Business Women's Perceptions of Airline Services", *Tourism Management*, Vol. 21, No. 4, 2000, pp. 353 – 362.

③ Wootton, G., Stevens, T., "Business Tourism: A Study of the Market for Hotel – Based Meetings and Its Contribution to Wales's Tourism", *Tourism Management*, Vol. 7, No. 2, 1995, pp. 305 – 313.

④ 贾莲莲、朱竑：《商务旅游研究述评》，《思想战线》2004 年第 3 期。

⑤ [英] John Swarbrooke、Susan Horner：《商务旅游》，程尽能等译，旅游教育出版社 2004 年版，第 47 页。

加目的地淡季的业务量；值得关注的是，由于商务旅游活动具有公务性质，通常都是在工作日进行，所以这种旅游模式可以打破旅游对闲暇时间的要求，能够有效地促进短期旅游和一日游市场的扩大。[①]

因此，商务旅游可以带动社会经济的发展；其中，会议旅游的带动作用最为显著。据统计数据显示，每年会议产业可以为美国创造800亿—1000亿美元的直接收入；2014年《美国会议产业影响力研究报告》指出美国的会展产业发展成熟，对GDP、贸易以及就业等产生了极大的推动作用。欧洲各国更是重视会展，将其认为是"城市的面包"，巴黎、日内瓦等著名城市会议展览的发展极大地带动了当地的发展，为其带来了可观的利润。[②] 加拿大展览业协会通过对加拿大各种类型的交易会进行调查，认为会展几乎可以吸引所有年龄段的人，并且参加会展的客人大约有95%会购买当地的特色产品。[③] Dwyer等的研究表明会展对地方经济所产生的影响是最大的。[④] 而2007年澳大利亚URS有限公司提交的《悉尼扩建会展设施的经济影响分析》则表明，会展设备的投资及准备不足导致与会展业有关的经济活动的潜在支出减少了4.77亿美元、州总产出减少了2.18亿美元，损失了3037个工作岗位。同时，Oxford Economics也证实了签证失败致使2.5%的潜在国际参与者未能前往美国贸易展，导致展览交易损失达到26亿美元。这两个研究更是从反面说明了会议旅游对经济发展的重要作用。综上所述，会议旅游对经济的带动作用主要表现在以下几个方面：第一，会议服务设施的完善可以带动地方基础设施的建设；第二，会议以及展览活动的开展会创造就业机会和增加税收；第三，会议旅游的发展可以带动相关产业发展；第四，通过举办特定类型的会议邀请该领域的高端人士以促进投资，如达沃斯论坛、

---

① ［英］罗伯·戴维森、比尤拉·库佩：《商务旅行》，吕宛青、赵书虹译，云南大学出版社2006年版，第35页。

② 贾莲莲、朱竑：《商务旅游研究述评》，《思想战线》2004年第3期。

③ 衣莉芹、周玉玺：《国外会展经济影响评估实证研究述评》，《旅游科学》2015年第4期。

④ Dwyer, L. M. R., Mistilis, N. M. T., "A Framework for Assessing 'Tangible' and 'Intangible' Impacts of Events and Conventions", *Event Management*, Vol. 6, No. 3, 1999, pp. 175–189.

博鳌论坛等。①

4. 商务旅游目的地发展和管理研究

由于商务旅游所具有的商务属性使得其消费主体多为高端游客，其所带来的经济效益可以极大地促进目的地经济的发展，因而国外学者也比较关注商务旅游目的地的发展和管理。Go 等对 59 名国际会议组织者（来自 25 个国家）对北京（作为会议目的地）的评价进行了分析，其研究结果表明在住宿服务上北京获得了较高的评价，但是在质量、服务效率、设施设备等方面的评价较低，说明北京作为会议目的地仍有很大的提升空间。② Qu 等通过对比会议相关人员对新加坡和中国香港这两个会议目的地的满意度，研究结果表明作为国际化会议目的地香港的竞争力落后于新加坡，他们指出了影响香港竞争力落后的原因，如目前会议场馆较少并且空间小等问题，并提出香港应该充分发挥其自身优势的发展策略。③ Haven – Tang 等以英国四个成功的商务旅游目的地为例，认为基础设施、领导层、联系网、商标、形象和技术支持等都是商务旅游目的地成功的影响因素；同时，他也研究了 Cardiff 是如何树立商务旅游形象并且利用其首都的角色来获得成功的。④ Hankinson 通过对英国的 25 个利用商务旅游设施的机构进行调查，发现目的地的总体吸引力、功能作用和环境氛围等是影响商务旅游目的地品牌形象的因素；同时，他还从商务游客的视角，分析了感知质量和商业标准的联系，为商务旅游目的地的形象定位和发展提供了理论基础。⑤ Baloglu 等以美国五个主要会议城市为例，从多个方面

---

① 姚恒美：《国际会展业发展动态》，《竞争情报》2012 年第 1 期。

② Go, F. M., Zhang, W., "Applying Importance – Performance Analysis to Beijing as an International Meeting Destination", Journal of Travel Research, Vol. 35, No. 4, 1997, pp. 42 – 49.

③ Qu, H., Li, L., Chu, G. K. T., "The Comparative Analysis of Hong Kong as an International Conference Destination in Southeast Asia", Tourism Management, Vol. 21, No. 6, 2000, pp. 643 – 648.

④ Haven – Tang, C., Jones, E., Webb, C., "Critical Success Factors for Business Tourism Destinations: Exploiting Cardiff's National Capital City Status and Shaping Its Business Tourism Offer", Journal of Travel & Tourism Marketing, Vol. 22, No. 3, 2007, pp. 109 – 120.

⑤ Hankinson, G., "Destination Brand Images: A Business Tourism Perspective", Journal of Services Marketing, Vol. 19, No. 19, 2005, pp. 24 – 32.

分析了会议组织者对不同目的地形象的认识和意向,并在明确各目的地优劣势的基础上提出了相应的市场营销和发展策略。①

国外学者的研究除了关注商务旅游的需求、影响因素、经济意义以及目的地的发展和管理等方面,还对商务旅游发展过程中所面临的危机进行了研究。Roy 和 Filiatrault 分析了商务旅游发展过程中潜在的危机,通过对商务游客的访谈、实地采访及抽样调查,认为通信技术(如视频会议)作为商务航空旅游的替代品,它对商务旅游的影响取决于其市场占有率和使用频率。② Davidson 等认为信息和交流技术(ICT)对商务旅游有巨大的挑战性。Gustafson 的研究表明商务旅游发展中遇到的一个困境就是虚拟会议(通过电话、视频和网络进行的会议)及其作为对通过旅行进行的面对面会议的一种替代或补充的发展潜力。③ 同时,也有部分学者认为地面交通运输网络的不断完善也会对航空业商务旅游的发展产生冲击。

从上述理论可以看出,国外关于商务旅游的研究成果比较丰富,并且研究的领域也较为广阔,不仅为商务旅游的深入研究奠定了基础,也可以对国内商务旅游的研究产生借鉴。

(二)国内有关 IBT 的相关研究

国内有关 IBT 的研究起步较晚,也主要集中于讨论商务旅游这一话题上,学者们多采用定性分析的方法,对一些基础概念进行研究,主要从商务旅游的内涵、商务旅游的发展现状与对策、商务旅游城市的发展以及商务旅游市场等方面进行探讨。

1. 商务旅游内涵的研究

早期的研究认为商务旅游也可称作商业旅游,主要是以经商为目

---

① Baloglu, S., Love, C., "Association Meeting Planners' Perceptions and Intentions for Five Major US Convention Cities: The Structured and Unstructured Images", *Tourism Management*, Vol. 26, No. 5, 2005, pp. 743 – 752.

② Roy, J., Filiatrault, P., "The Impact of New Business Practices and Information Technologies on Business Air Travel Demand", *Journal of Air Transport Management*, Vol. 4, No. 2, 1998, pp. 77 – 86.

③ Gustafson, P., "Managing Business Travel: Developments and Dilemmas in Corporate Travel Management", *Tourism Management*, Vol. 33, No. 2, 2012, pp. 276 – 284.

的，在商业经营中将其与旅行、游览结合起来的一种旅游形式。① 随着经济和旅游的不断发展，商务旅游的内涵有所扩展，包含所有因工作原因赴异地从事与商贸业务有关的活动。② 学界虽然没有达成统一的共识，但对于进一步认识商务旅游这一特殊的旅游形式提供了有益的参考。谢彦君最先讨论了商务旅游的范围并对其做了界定，他认为商务旅行者在异地的游览是具有偶然性的，并且没有对其行程安排或花销产生重要影响，所以将商务旅游者划归为旅游者的范畴是对其概念的泛化。③ 刘春济等认为商务旅游是建立在商务活动基础上的关于工作业务的一种专项旅游活动；同时他认为商务旅游有季节性不强、消费高、市场具有层次性（内外有别）等特点。④ 盛正发认为商务旅游是以商务为主要目的的旅游，将商业运营与旅行、观光相结合的一种旅游形式，其消费过程也是商务游客花钱购买旅游、服务和产品的综合过程⑤；俞海滨的看法与之较为相似，他认为商务旅游主要是以商务贸易为目的，将商业活动与旅行、观光结合的一种旅游形式。⑥ 刘佳认为，商务旅游是以商务活动为主要目的的一种复合型旅游方式，其范围包括与会议、展览、考察、谈判、营销、管理等活动相关的旅行。⑦ 胡平认为，在旅游业发展的驱动下，商务旅游的内涵和外延将会有商务会议不断扩展到商务洽谈、投资考察、贸易展览、科技文化交流等方面，并伴随着此类活动而产生食、住、行、游、购、娱等活动。⑧ 张海霞认为商务旅游也包括去往异地从事与商务、会议、贸易洽谈、商务视察、投资考察、展览、奖励旅游等相关的活动，不

---

① 厉新权、程小敏：《关于拓展我国商务旅游市场的思考》，《北京第二外国语学院学报》2004 年第 3 期。
② 贾莲莲、朱竑：《商务旅游研究述评》，《思想战线》2004 年第 3 期。
③ 谢彦君：《基础旅游学》，中国旅游出版社 2004 年版，第 47 页。
④ 刘春济、朱海森：《我国商务旅游及其市场开发策略探讨》，《旅游科学》2003 年第 3 期。
⑤ 盛正发：《我国商务旅游的 SWOT 分析及战略选择》，《商业时代》2006 年第 14 期。
⑥ 俞海滨：《我国商务旅游市场现状及可持续发展》，《商业时代》2005 年第 3 期。
⑦ 刘佳：《城市经济活力与商务旅游的关系辨析》，《中国科技信息》2006 年第 1 期。
⑧ 胡平：《商务旅游目的地游客满意度的实证研究——以上海徐家汇为例》，《旅游科学》2008 年第 1 期。

只是商贸活动与旅游相结合的综合活动。① 曹诗图等认为，商务旅游是指商务人士在商务活动过程中产生的旅游行为或附带的旅游消费活动，而不是全部的商务活动与消费现象。② 国内学者在讨论商务旅游内涵的同时也分析了其活动特点，大多数学者认为商务旅游有如下特点：①商务游客比较重视服务质量和环境，在消费过程中对价格的感知不敏感；②商务旅游的目的地主要分布于与其有业务往来的地方，所以商务游客目的地的选择范围具有一定的局限性，多次到达同一地点的可能性比较高；③由于商务旅游主要是为了工作，旅游是其业务过程中的附属活动，所以商务旅游者普遍有很强的时间观念，会提前对行程的安排有所计划；④逗留时间相对观光游客来说较长，并且消费水平也比较高；⑤商务活动的目的地大多集中在经济比较发达、地理位置比较优越的中心城市，因此，商务旅游具有很强的综合带动性，可以促进相关产业的发展。

2. 商务旅游发展现状与对策的研究

关于我国商务旅游发展的现状和对策的研究一直是国内学界关注的重点，此类研究多为定性研究，在分析商务旅游发展过程中出现问题与不足之处的基础上提出相应的解决方案。阎友兵等对国内外商务旅游发展的现状和不足进行了分析，认为商务旅游的发展必须具备一定的条件，并在此基础上对商务旅游的发展提出了参考性的建议。③ 崔玲萍等分析了我国商务旅游发展过程中急需解决的问题，并对其发展提出了相应的解决措施，她认为我国商务旅游市场有很大的发展潜力。④ 彭顺生在对中国商务旅游面临的挑战进行了

---

① 张海霞：《城市商务旅游产品组合类型研究》，《义乌工商职业技术学院》2007年第1期。
② 曹诗图、许黎：《对商务旅游概念的质疑与澄清》，《地理与地理信息科学》2016年第2期。
③ 阎友兵、黄早水：《浅论我国商务旅游开发》，《资源开发与市场》2000年第4期。
④ 崔玲萍、陈玲玲：《刍议我国商务旅游市场发展策略》，《经济问题》2007年第6期。

研究之后，从多个维度和视角提出了应对策略。① 金辉在分析了商务旅游的发展趋势以及目前我国商务旅游发展中存在问题的基础上对如何发展商务旅游提出了一些建议，指出应该充分认识商务旅游和经济发展的关系。② 郑涛从优势、劣势、机遇和挑战等方面对重庆商务旅游发展进行了分析，并进行了相应的对策讨论。③ 杨莎莎对广西商务旅游发展进行了深入分析和研究，对提高商务旅游的市场竞争力提出了一些建议。④ 王昆强分析了制约我国商务旅游发展的因素，并在此基础上对推动我国商务旅游发展提供了一些建议和措施。⑤ 朱海斌通过对发展商务旅游进行研讨，从旅游业的角度出发论述了应该如何提供商务旅游服务。⑥ 张要民从商务旅游的定义出发，分析了我国商务旅游市场快速发展的原因，结合商务旅游发展的意义，提出了自己对于商务旅游热这一现象的思考。⑦ 高爱民的观点认为我国商务旅游的发展需要处理好宏观指导与组织实施、政府行为与市场行为、硬件与软件、管理与服务四个方面的关系。⑧

3. 商务旅游城市的发展研究

城市是商务旅游得以发展的载体，城市的商业和经济发展是滋生商务旅游的土壤，良好的基础设施、科研氛围、人员储备等为商务旅游的开展提供了有利条件。因此，国内学者对于商务旅游城市发展方面的研究也较为关注，其中对北、上、广等发达城市的商务旅游的关注度较高。解永秋在商务旅游基本理论的基础上，对北京

---

① 彭顺生：《新世纪中国商务旅游面临的挑战及其应对策略》，《经济地理》2009年第9期。
② 金辉：《抓住机遇、战胜挑战，大力发展商务旅游》，《旅游科学》1996年第4期。
③ 郑涛：《重庆商务旅游发展SWOT分析与对策探讨》，《特区经济》2011年第4期。
④ 杨莎莎：《广西商务旅游发展战略研究》，《甘肃农业》2003年第12期。
⑤ 王昆强：《我国商务旅游产业发展问题探讨》，《商业经济研究》2016年第7期。
⑥ 朱海斌：《关于我国发展商务旅游的探讨》，《旅游学刊》1990年第1期。
⑦ 张要民：《商务旅游发展探析》，《桂林旅游高等专科学校学报》2004年第1期。
⑧ 高爱民：《关于中国商务旅游问题的若干思考》，《北京第二外国语学院学报》2002年第6期。

CBD 发展商务旅游的优势与亟待解决的问题进行了分析,并提出了北京商务旅游发展的对策。① 殷敏在研究了北京商务旅游发展的状况后认为,北京应该抓住奥运会的机遇,充分发挥其优势,实现商务旅游健康持续的发展。② 赵长华在研究了上海商务旅游的发展和定位后指出了其所存在的问题,并在 SWOT 原理的基础上分析了上海商务旅游发展的环境。③ 陈晓静对上海会议组织者进行了问卷调研,在此基础上发现了作为会议旅游目的地上海的优势和劣势,并为其整体的市场营销战略提供了建议。④ 郑建瑜对上海的市场调查和研究后发现,虽然上海会展业已进入快速发展阶段,但是其仍存在一些问题,如果不能尽快解决这些问题,上海会展业将会失去进一步发展的商机;同时,他为上海会展业健康持续的发展提出了建议和构想。⑤ 梁明珠认为,广州旅游文化的主体是商都文化,因为商务旅游在广州旅游发展中占据重要部分,所以广州应借助旅游文化的传播来促进商旅间的互动发展,并在此基础上促进广州旅游和经济的发展,在提升城市文化时突出其城市的特色。⑥ 吴志才等认为,会展旅游在广州具有良好的历史和现实地位,同时广州的经济环境也较好,所以广州商务旅游应该以会展旅游为动力,加强会展设施的建设,提升城市形象,提高广东商都的信誉和知名度,从而使会展旅游可以持续发展。⑦ 邓美华等以广交会为例分析了中国与巴西的商务旅游关系,为提高广州商务旅游的接待能力和制定有效的管

---

① 解永秋:《北京商务中心区发展商务旅游产业的优势、问题及对策》,《首都经济贸易大学学报》2006 年第 5 期。
② 殷敏:《论北京商务旅游的发展》,《北京社会科学》2008 年第 2 期。
③ 赵长华:《论上海的商务旅游》,《旅游科学》1998 年第 4 期。
④ 陈晓静:《会议旅游目的地的选择与评估——以上海市为例》,《旅游学刊》2005 年第 1 期。
⑤ 郑建瑜:《上海会展业现状及发展趋势分析》,《旅游学刊》2006 年第 6 期。
⑥ 梁明珠:《以旅游文化促商旅互动发展——对广州商旅互动发展的构思》,《商业经济文荟》2001 年第 1 期。
⑦ 吴志才、彭华:《关于广州会展旅游的探讨》,《云南地理环境研究》2001 年第 1 期。

理措施提供了建议。① 朱其静等研究认为，商务人士对于广州的旅游形象可以分为9个维度属性，并从商务游客的角度出发，用不同阶段的数据分析了广州的城市形象属性，为城市商务旅游和城市形象的相关研究开辟了新视角。②

同时，国内也有一些关于多个城市商务旅游的综合研究以及其他典型商务旅游城市的研究。李玺对专家访谈和商务游客进行了调研并分析了城市商务旅游的特征，以商务游客认知信息为基础，利用因子分析法构建了城市商务旅游竞争力评价模型，并以香港、澳门、上海、广州为例对该模型进行了检验。③ 匡林研究了香港商务旅游迅速发展的原因，并分析了影响其发展的制约因素，他认为目的地与外界的经济交往和密切程度是商务旅游发展的核心推动力。④ 彭华以汕头为例分析了经济中心城市商务旅游的发展。⑤ 徐峰以义乌为例进行研究，结果表明商务旅游的城市评价标准应考虑城市的功能和形象、经济和商务发展水平、交通的通达性、资源禀赋、人才和服务水平等多方面的因素。⑥

4. 商务旅游市场研究

国内学者对商务旅游市场的研究主要集中于讨论商务旅游需求、商务旅游客源市场和商务旅游的市场开拓等方面。在商务旅游需求研究方面，倪永华认为商务游客的心理特点是重重时效和效率，追求舒适愉悦和服务。⑦ 冯颖如对商务游客的需要、偏好、住宿特点进行了

---

① 邓美华、杨文娥：《中巴商务旅游关系研究——以广交会为例》，《旅游纵览》2014年第6期。
② 朱其静、陆林：《商务会展旅游者视角下广州城市形象分析评价》，《旅游论坛》2016年第1期。
③ 李玺：《城市商务旅游竞争力：评价体系及方法的创新研究》，《旅游学刊》2010年第4期。
④ 匡林：《香港商务旅游前景的喜与忧》，《经济论坛》1996年第6期。
⑤ 彭华：《试论经济中心型城市旅游的商务主导模式——以汕头市为例》，《地理科学》1999年第2期。
⑥ 徐峰：《商务旅游城市评价标准探讨对义乌案例研究》，《边疆经济与文化》2008年第3期。
⑦ 倪永华：《谈商务旅游者的心理特点》，《旅游科学》1994年第1期。

分析，并探讨了旅游酒店应该如何制定相应的营销策略与管理制度。①
厉新权等指出，应该摒弃原有的"重团队，轻散客"的理念，根据商务游客的特点，采取差异化的策略，适应商务旅游市场的需求。② 章怡等根据时间和经费来源的不同将商务旅游分成两种类型，并概括了两类旅游需求的特征。③

在商务旅游客源市场研究方面，张安等分析了入境旅游中港澳客源市场的结构，他指出为了促进旅游产品结构的优化和升级应该加强商务接待设施的建设。④ 杨秀丽等认为，中国商务旅游市场巨大且不断增长，其中包含许多商机，针对我国商务旅游市场发展的前景及特点问题提出了中国商务旅游市场的发展战略。⑤ 刘大可等分析了台湾赴大陆的商务旅游市场，他认为台湾赴大陆的游客大多为商务游客，并且这些游客普遍消费水平高、平均停留时间长；同时他指出大陆对台湾旅游市场既要保持稳定的商务旅游市场，又需要开发其观光休闲旅游市场。⑥ 杨国良对四川境外游客进行了分析，结果表明，观光游览和商务游客占绝大部分，而会议和商务游客的人均消费最高，他指出应该针对这一高消费的特点将四川（特别是成都）发展成我国西部的商贸和会议中心，从而吸引更多的人来投资、旅游。⑦ 周彬探讨了浙江省入境旅游市场特征，在其入境旅游目的组成中，商务活动所占比例最大（2004—2007 年年均接近 50%），其次是观光旅游和休闲度假（二者所占比例之和大约在 40%），会议、文体交流和探亲访友则

---

① 冯颖如：《酒店商务客人营销初探》，《北京工商大学学报》2003 年第 6 期。
② 厉新权、程小敏：《关于拓展我国商务旅游市场的思考》，《北京第二外国语学院学报》2004 年第 6 期。
③ 章怡、林刚、李丰生：《商务旅游需求影响因素分析》，《黄山学院学报》2005 年第 2 期。
④ 张安、丁登山：《中国大陆入境旅游中港澳客源市场结构分析》，《亚太经济》1998 年第 8 期。
⑤ 杨秀丽、陈晓辉：《中国商务旅游市场发展战略思考》，《沈阳航空工业学院学报》2005 年第 6 期。
⑥ 刘大可、章槛：《台湾赴大陆商务旅游市场分析》，《北京第二外国语学院学报》2009 年第 3 期。
⑦ 杨国良：《四川境外游客构成及旅游流向和流量特征研究》，《人文地理》2002 年第 6 期。

占比较小（5%—7%）。①

在商务旅游的市场开拓方面，李立等认为，赢得商务旅游市场的关键在于"差异化"战略，他们在分析商务旅游市场特点的基础上制定了相应的营销策略。② 刘春济等认为我国商务旅游市场开发应该采用灵活的经营方式，把握好商务旅游市场开发的本质目标，注重商务旅游市场的属性、层次性及其发展趋势，"区别"对待国际、国内商务旅游市场。③ 唐静针对传统旅行社所面临的商务旅游转型问题，对旅行社提出了开发商务旅游市场应该采取的营销策略。④ 谭刚从内涵、策略、市场现状和经营等多个视角分析了国内的差旅管理市场，为本土旅游企业拓展差旅管理业务提供了相关建议。⑤ 郭胜认为商务旅游对拓展市场、扩大内需有一定的作用，需要经营者转换视角，树立产业结合新理念，积极创新与运作，才能充分发挥其所具有的市场价值。⑥ 宋子千等认为在商务旅游的转型过程中，旅行社应该与客户建立起长期稳定的合作关系，并调整其内部组织结构。⑦ 彭顺生对新世纪条件下商务旅游的营销管理策略进行了研究，阐述了新形势、新技术、新趋势下通过改善商务旅游常规营销管理来促进商务旅游可持续发展的策略。⑧ 黄蔚艳从会展旅游的客源市场、旅游产品、区位和服务方式等多方面探讨了旅行社会展旅游业务的空间拓展途径。⑨ 马进

---

① 周彬：《浙江省入境旅游市场特征分析》，《宁波大学学报》（人文版）2009年第3期。

② 李立、张仲啸：《论商务旅游市场的特点和营销策略》，《桂林旅游高等专科学校学报》2000年第2期。

③ 刘春济、朱海森：《我国商务旅游及其市场开发策略探讨》，《旅游科学》2003年第3期。

④ 唐静：《旅行社开发商务旅游市场的营销策略初探》，《财贸经济》2004年第12期。

⑤ 谭刚：《本土旅游企业差旅管理经营战略探析》，《旅游学刊》2006年第5期。

⑥ 郭胜：《论商务旅游市场价值与开发》，《社会科学家》2006年第5期。

⑦ 宋子千、宋志伟：《关于旅行社面向商务旅游转型的思考》，《商业经济与管理》2008年第5期。

⑧ 彭顺生：《新世纪条件下商务旅游营销管理策略初探》，《中国商贸》2009年第13期。

⑨ 黄蔚艳：《旅行社会展旅游业务空间拓展途径研究》，《商业经济研究》2009年第6期。

军从商务旅游营销策略和市场开拓视角出发,为上海商务旅游的发展提出了建议。① 吴明远等认为,云南需要积极开展商务旅游,同时为云南商务旅游市场的发展提出了科学的发展建议。②

通过对国内相关研究的回顾发现,虽然国内关于商务旅游的研究成果较为丰富,但整体上呈现出研究深度不够、研究的实践应用性不强、定性方法居多等问题③,国内总体的研究层次还较浅显,仍需要进一步深入研究。

总而言之,目前国内外学术界对商务旅游的研究较多,但对 IBT 特别是中国入境商务旅游的研究较少,目前仅有少数学者涉及与 IBT 直接相关的研究,旦蕊对中国入境商务旅游的发展格局、发展机遇和存在的问题进行分析,并在此基础上提出了相应的发展策略。④ 吴冰研究了旅华外国商务游客的旅游行为模式。⑤ 唐澜等分析了中国入境商务旅游流的空间分布特征和流动规律,并研究了中国入境商务旅游市场的特征及影响因素,对中国商务旅游市场的拓展提出了相关对策。⑥

综上所述,国内外的相关研究取得了丰富的研究成果,在研究内容上,都比较关注对商务旅游这一话题的探讨,国外的研究涉及多个层面且研究较为深入,而国内研究涵盖的内容较少,且类似研究较多,总体上都缺少以商务为目的的入境旅游研究;在研究方法上,国外的相关研究大多借助消费行为学、心理学、经济学等学科,重视实证研究,国内的相关研究大多以定性描述为主,缺乏实证分析;在研

---

① 马进军:《上海发展商务旅游的 SWOT 分析与对策》,《郑州航空工业管理学院学报》2006 年第 4 期。
② 吴明远、叶文、杨意莉:《云南省发展商务旅游的战略思考》,《经济问题探索》2001 年第 8 期。
③ 王慧轩:《城市商务旅游运行系统研究综合模糊评价——系统动力学》,博士学位论文,天津大学,2010 年,第 45 页。
④ 旦蕊:《中国入境商务旅游研究》,硕士学位论文,首都经济贸易大学,2004 年,第 87 页。
⑤ 吴冰:《旅华外国商务游客旅游行为模式研究》,硕士学位论文,陕西师范大学,2005 年,第 35 页。
⑥ 唐澜、吴晋峰、王金莹:《中国入境商务旅游流空间分布特征及流动规律研究》,《经济地理》2012 年第 9 期;唐澜:《中国入境商务旅游市场研究》,硕士学位论文,陕西师范大学,2014 年,第 58 页。

究视角上，国外的相关研究更为微观，侧重案例分析和个案思考，国内的相关研究大多较为笼统，缺乏对个案的分析；在研究目的上，国外的相关研究更关注学术探讨和发展，注重通过理论构建以促进商务旅游及相关的产业发展，国内的相关研究更多的是就现象解释现象，突出解决当下商务旅游发展存在的问题，更注重研究的应用性。综观国内外的相关研究，关于IBT的研究多集中于探讨商务旅游这一话题上，对于中国IBT的研究较少。因此，本书从"客流"视角出发，分析我国FDI与IBT的关系，以期能够丰富IBT的相关研究，也能够为我国IBT的发展提供决策和参考的依据。

三 FDI与IBT关系研究的国内外研究现状

就目前而言，学术界有关FDI与IBT的研究尚不多见，相关的研究集中于讨论FDI与旅游以及FDI与IBT关系等方面。

（一）FDI与旅游关系的国内外研究现状

在FDI与旅游关系的研究方面，国外学者大多基于时间序列视角证实了FDI与旅游之间的协整或格兰杰因果关系。Tisdell和Wen分析了中国在1979—1988年的旅游业投资，其主要是从政策的方向来研究旅游业FDI流入情况，其研究结果表明，中国旅游业的高速增长是吸引外商来华投资的强劲动力。[1] Tang等的研究证实中国吸收的FDI和旅游增长之间存在单方面的因果关系[2]；Walmsley等的研究也得出了与之相同的结论。[3] Rosentraub等分析了多个大都市的投资对旅游的影响数据后，发现投资对旅游基础设施以及旅游市场的可持续发展有较好的促进作用。[4] Katircioglu以土耳其为例研究了国际旅游与净

---

[1] Tisdell, C., Wen, J., "Investment in China's Tourism Industry: Its Scale, Nature, and Policy Issues", *China Economic Review*, Vol. 2, No. 2, 1991, pp. 175 – 193.

[2] Tang, S. M., Selvanathan, E. A., Selvanathan, S., "The Relationship between Foreign Direct Investment and Tourism: Empirical Evidence from China", *Tourism Economics*, Vol. 13, No. 1, 2007, pp. 25 – 39.

[3] Walmsley, T. L., Hertel, T. W., "Assessing the Impact of China's WTO Accession on Investment", *Pacific Economic Review*, Vol. 11, No. 3, 2006, pp. 315 – 339.

[4] Rosentraub, M. S., Joo, M., "Tourism and Economic Development: Which Investments Produce Gains for Regions?" *Tourism Management*, Vol. 30, No. 6, 2009, pp. 759 – 770.

FDI 流量增长之间的长期均衡关系,其研究发现,二者呈单向的格兰杰因果关系。① Selvanathan、Viswanathan 以印度为例检验了 FDI 与旅游之间的因果关系,其研究发现二者之间存在双向因果关系。② Samimi 和 Sadeghi 通过对发展中国家与旅游相关的外商直接投资进行研究,其结果表明二者在长期存在协整关系;同时表明,二者在长期存在双向的因果关系,在短期范围内并不存在因果关系。③ Tomohara 以日本为例进行研究,结果表明入境外国 FDI 与旅游具有协同作用关系。④ Mao 和 Yang 以中国为例分析了 FDI 对酒店业的溢出效应,研究发现,FDI 对中国的外资酒店和内资酒店均发挥了重要的溢出作用;同时,中国东西部的内资酒店及与之有联盟关系的组织均从 FDI 生产力的溢出中获得了利益。⑤

国内的相关研究主要集中于探讨二者的协整或格兰杰因果关系以及旅游业利用 FDI 的相关问题上。保继刚、刘雪梅在分析广东城市海外旅游的发展动力因子时发现,广东实际利用的外资与国际旅游出口之间呈正相关。⑥ 蒋才芳、陈收发现旅游外汇收入、FDI 和 GDP 之间具有协整关系。⑦ 傅元海和史言信研究了 FDI 的旅游服务出口创造效应与区域差异,发现我国 FDI 空间分布的差异与旅游服务出口的区域

---

① Katircioglu, S., "The Bounds Test to the Level Relationship and Causality between Foreign Direct Investment and International Tourism: The Case of Turkey", *E a M: Ekonomie a Management*, Vol. 14, No. 1, 2011, pp. 6 – 13.

② Selvanathan, S., Viswanathan, B., "Causality between Foreign Direct Investment and Tourism: Empirical Evidence from India", *Tourism Analysis*, Vol. 17, No. 1, 2012, pp. 91 – 98.

③ Samimi, A. J., Sadeghi, S., "The Relationship between Foreign Direct Investment and Tourism Development: Evidence from Developing Countries", *Institutions & Economies*, Vol. 5, No. 2, 2013, pp. 59 – 68.

④ Tomohara, A., "Japan's Tourism - Led Foreign Direct Investment Inflows: An Empirical Study", *Economic Modelling*, Vol. 3, No. 52, 2016, pp. 435 – 441.

⑤ Mao, Z. X., Yang, Y., "FDI Spillovers in the Chinese Hotel Industry: The Role of Geographicregions, Star - Rating Classifications, Ownership Types, and Foreign Capital Origins", *Tourism Management*, Vol. 2, No. 1, 2016, pp. 1 – 12.

⑥ 保继刚、刘雪梅:《广东城市海外旅游发展动力因子量化分析》,《旅游学刊》2002 年第 1 期。

⑦ 蒋才芳、陈收:《旅游外汇收入、FDI 与国内生产总值的协整分析》,《湖南大学学报》(社会科学版) 2010 年第 4 期。

差异具有显著的相关性。① 雷晚蓉研究了 FDI 对旅游业的积极影响与消极影响，提出了优化旅游业利用外资的对策。② 郭栩东、武春友分析了 FDI 对增强旅游业竞争力的作用。③ 高明对入境旅游业与 FDI 之间的关系及其在中国旅游业中的应用做了研究，发现入境旅游规模与 FDI 依赖之间存在长期稳定的均衡关系。④ 夏李君、傅元海认为，FDI 会通过直接拉动和溢出效应两种途径促进东道国旅游服务贸易的出口，并实证分析了二者之间的长期均衡关系，验证了 FDI 对国际旅游收入的直接带动和关联作用。⑤ 向延平、蒋才芳通过对我国旅游外汇收入、FDI 和 GDP 的脉冲响应分析发现，旅游外汇收入对 FDI 脉冲响应为零。⑥ 刘华在分析 FDI 对我国旅游业发展的作用时也认识到了 FDI 对旅游业各部门的影响，主要表现在：不仅 FDI 能引起国内饭店结构的调整，而且外资旅行社的进入也影响了国内一些"弱小散差"的旅行社。⑦ 吴有斐研究了服务业 FDI 对我国旅游出口的影响，其研究表明，服务业 FDI 将通过三种途径影响我国的旅游出口。一是提升旅游业的竞争力，二是推动旅游产业的结构升级，三是改善旅游业的环境；在此基础上，他提出了利用服务业 FDI 来促进我国旅游出口的建议。⑧ 曹翔、余升国的实证研究也表明，海南入境旅游规模与 FDI

---

① 傅元海、史言信：《外商直接投资的旅游服务出口创造效应与区域差异——基于中国区域动态面板的研究》，《当代经济研究》2012 年第 3 期。
② 雷晚蓉：《外商直接投资对旅游业经济增长的影响分析》，《湖北社会科学》2011 年第 9 期。
③ 郭栩东、武春友：《外商直接投资与旅游业竞争力的实证分析》，《经济问题探索》2011 年第 7 期。
④ 高明：《中国入境旅游规模与"外国直接投资"依赖》，《旅游论坛》2011 年第 1 期。
⑤ 夏李君、傅元海：《外商直接投资影响国际旅游收入的研究》，《兰州商学院学报》2012 年第 3 期。
⑥ 向延平、蒋才芳：《旅游外汇收入、FDI 和 GDP 关系的脉冲响应分析》，《数理统计与管理》2013 年第 5 期。
⑦ 刘华：《浅谈 FDI 与中国旅游业发展》，《市场经济研究》2003 年第 2 期。
⑧ 吴有斐：《服务业 FDI 对我国旅游出口影响的实证研究》，硕士学位论文，辽宁大学，2012 年，第 67 页。

之间存在长期稳定的均衡关系，且前者是后者的格兰杰原因。① 苏建军等的研究表明，入境旅游对扩大投资具有一定的正效益。② 梁圣蓉研究了 FDI 的旅游服务贸易出口创汇效应与时空差异，发现 FDI 及各要素对旅游贸易出口有显著的作用，且具有随着时间逐年上升的趋势，东部的创汇效应显著，而中西部则不明显。③

（二）FDI 与 IBT 关系的国内外研究现状

国内外学者已证实了旅游与贸易之间的互动关系，FDI 与旅游之间的协整或格兰杰因果关系也已得到验证。虽然学术界有关 FDI 与旅游的相关研究已取得丰富的成果，但有关 FDI 与 IBT 的研究较少。其中，Fortanier 和 Wijk 在研究外资酒店对就业的影响时发现，商务旅游的增长率是国际饭店业引进 FDI 的重要决定因素④；包富华和陈瑛在对比我国东部外企投资和入境商务旅游的重心格局演变时发现，我国东部外企投资重心和入境商务旅游重心均位于江西东北部和安徽西南部⑤；同时，在讨论我国外企数量、外企投资与入境商务旅游的空间聚散关系时发现，FDI 重心和入境商务旅游重心在空间上具有一定的集聚态势⑥；另外，以北、上、广为例的分析表明，三地的入境商务 FDI 与旅游之间具有相互带动的作用。⑦ 总体而言，在 FDI 与 IBT 的关系研究方面，国内外的相关研究并不多见，仅有的文献研究表明，

---

① 曹翔、余升国：《外商直接投资与海南入境旅游规模的实证研究》，《当代经济》2014 年第 6 期。

② 苏建军、孙根年、徐璋勇：《旅游发展对我国投资、消费和出口需求的拉动效应研究》，《旅游学刊》2014 年第 2 期。

③ 梁圣蓉：《FDI 的旅游服务贸易出口创汇效应与时空差异——基于贸易引力模型的实证分析》，《首都经贸大学学报》2016 年第 2 期。

④ Fortanier, F., Wijk, J. V., "Sustainable Tourism Industry Development in Sub–Saharan Africa: Consequences of Foreign Hotels for Local Employment", *International Business Review*, Vol. 19, No. 2, 2010, pp. 191–205.

⑤ 包富华、陈瑛：《我国东部地区外企投资与入境商务旅游重心格局演变对比研究》，《商业研究》2015 年第 11 期。

⑥ 包富华、陈瑛、孙根年：《我国入境商务旅游与 FDI 的空间聚散及形成机制》，《经济管理》2015 年第 12 期。

⑦ 包富华、陈瑛：《FDI 与入境商务旅游的关系研究》，《统计与信息论坛》2016 年第 4 期。

北、上、广的FDI与IBT在时序上具有相互带动关系，就空间分布而言，FDI与IBT在空间分布上均具有一定的相邻关系。

四 国内外研究评述

在FDI的研究方面，国内外研究表明，一国的基础设施、市场规模、贸易开放度、生产成本、经济和政治的稳定程度、资源禀赋、制度和政策设计等是影响FDI的重要因素；同时，国内外学者对FDI给东道国带来的影响的讨论也较多，大多数学者的研究集中于讨论FDI对东道国的经济增长、贸易、产业发展、就业、工资收入、技术及环境等方面的影响。就研究内容而言，国内外学术界对FDI的影响因素及FDI对东道国的影响等方面的研究较多，但涉及FDI与旅游的关系的研究并不多见。

在IBT的研究方面，国外的相关研究关注了商务旅游的需求、影响因素、经济意义和目的地管理等方面，对于商务旅游的危机研究也有所涉及；国内商务旅游的研究关注商务旅游的内涵、发展现状与对策、城市发展以及市场开拓等方面。就研究内容而言，国内外学术界对商务旅游的研究较多，但对IBT特别是中国入境商务旅游的研究较少。从研究方法上来说，国外相关研究涉及多个学科，研究层次较为深入；国内研究多使用定性分析，注重相关基础概念的研究。从研究角度来看，国外研究注重相关案例分析，研究视角比较微观；国内研究则比较概括。从研究目的上来说，国外研究重视学术的发展；国内研究更注重其研究的应用性。

虽然学术界有关旅游与贸易、FDI与旅游关系的研究已取得丰富的成果，但同时涉及FDI与IBT的研究较少。在研究内容上，大多学者在研究FDI与旅游的关系时证实了二者之间的协整或格兰杰因果关系，且少有的FDI与IBT的关系研究表明，二者具有一定的关联和互动作用，但并未进一步考虑到二者之间的空间关系及形成动因等问题，研究内容不够深入；在研究视角上，国内外学者有关FDI与旅游关系的研究大多是基于时间序列的因果分析，缺乏空间维度，结合时空维度的分析寥寥无几，更没有基于时空视角的FDI与IBT关系的相关研究；在FDI指标选取方面，已往有关FDI与旅游的研究大多选取我国实际利用 FDI 的流量指标，缺乏从 FDI 主体出发的研究。因此，基于 FDI 主体视角结合时间维度和空间维度探讨 FDI 与 IBT 的互动关系具有一定的新意。结合时空维度的研究有助于全方面认识 FDI 与 IBT 的关系问题；基于 FDI 主体（外企）视角研究 FDI 与 IBT 的关系更具科学性，因为我国 IBT 的消费主体多为外商投资企业（简称外企），而外企也是 FDI 的主体。基于此，本研究选取 1995—2014 年我国 31 个省区市 FDI 和 IBT（外企数量、外企投资）的空间面板数据，基于时空视角，沿着"全国—东部—中部—西部—典型省市"的思路采用格兰杰因果检验和重心模型分析法分析 FDI 与 IBT 的关系以期能在理清 FDI 与 IBT 关系的基础上，为我国有序发展 IBT、吸引 FDI 提供一定的决策参考。

第三章 我国 FDI 与 IBT 的关系分析

第一节 我国 FDI 与 IBT 的时序关系分析

一 模型假设

从 FDI 与 IBT 的内容来理解，FDI 是以营利为目的的一种资本输出方式；而 IBT 是一种与工作、会议相关的跨国旅游。在国际经济发展过程中 FDI 与 IBT 均有促进资本流动、人员交流的重要作用，只不过二者的表现形式不同，FDI 通过国家（地区）间的资本流动促进国际经济与贸易的发展，而 IBT 通过人员的跨国（地区）流动促进各国人员的信息与文化的交流，从而实现与 FDI 同样的作用。所以从一定意义上来看，FDI 与 IBT 的关系可以看作"资金流"与"人流"的关系，并且两者之间是互相促进的关系。相关文献也指出，外商直接投资会带来相应的商务考察，反过来，入境旅游者也可能会因为在旅游中发现商机进而决定投资。① 由此，本章提出以下两种假设。

假设 H_1：FDI 推动 IBT 的发展。

首先，外商在确定投资项目和进行可能性分析前为了熟悉投资市场环境会进行大量的商务活动，可能带来一些相应的商务、观光游客。同时，在外商投资经营活动中人力资源的流动以及与母公司或海外子公司之间的业务交往也可能会为入境商务旅游带来客源。其次，

---

① 蒋才芳、陈收：《旅游外汇收入、FDI 与国内生产总值的协整分析》，《湖南大学学报》（社会科学版）2010 年第 4 期。

FDI 的发展有利于旅游信息的扩散。虽然我国的旅游资源十分丰富，但由于文化差异以及对外宣传力度的局限，使得旅游信息在扩散传播并引发外国游客旅游动机方面仍显得动力不足。而 FDI 可以弥补我国资金不足的缺陷，通过吸引 FDI 可以带动基础设施建设，提高对外接待水平，从而带来更多的入境商务、观光游客，由此促进 IBT 的发展。最后，一部分外商投资会直接应用于旅游行业，外商对东道国餐饮、住宿、交通、旅游中介等行业的投资也会直接促进 IBT 的发展。

假设 H_2：IBT 引发 FDI。

一方面，随着入境商务游客的增加，我国入境旅游市场得以扩大，第三产业在我国所占比重得以增加，我国的产业结构得以优化，使得以寻找商机为目的的入境商务游客对我国投资市场更加有兴趣，兴趣引发旅游考察动机，通过到我国的旅游考察又会进一步刺激其投资的欲望，从而产生 FDI。另一方面，入境商务游客在目的地国家旅游过程中也会发现潜在的投资商机；同时，东道国的经济发展状态也会吸引入境商务游客对东道国产生投资欲望，从而促成投资决定与行为的形成。基于以上两点，本章提出 FDI 与 IBT 关系的假设模型（见图 3-1）。

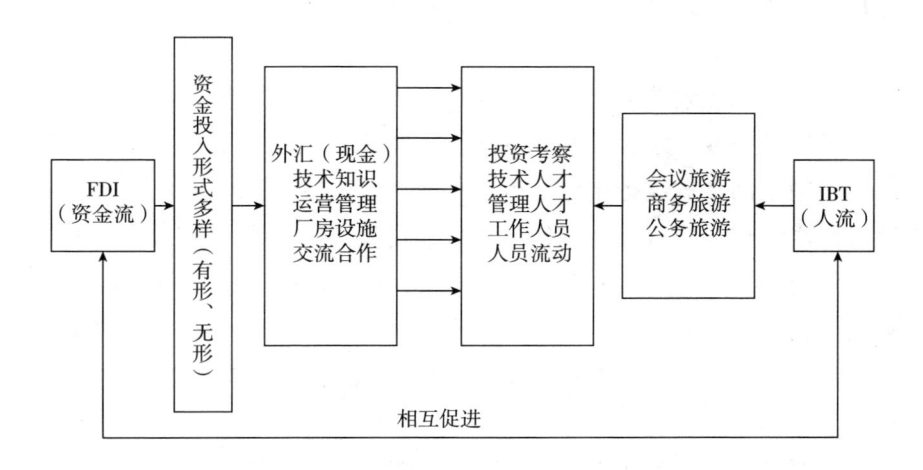

图 3-1 FDI 与 IBT 的关系假设模型

二 研究方法和数据来源

（一）研究方法

本章采用协整检验和格兰杰因果检验方法，通过以下四个步骤分析我国 FDI 与 IBT 的格兰杰因果检验：

第一步：平稳性检验，利用 ADF 分别检验 1995—2014 年我国外企数量、外企投资总额（简称外企投资）与入境商务旅游数据的平稳性，如果检验序列中存在单位根，且单位根存在同阶单整，那么变量之间便存在长期稳定关系即协整关系，即可对它们可以进行协整关系验证。

第二步：协整方程。在对于两个非平稳但同阶单整的时间序列进行协整检验时，可以采用 E－G 协整检验法。本书采用 Engle 和 Granger（1987）提出的协整检验方法，建立变量间的协整方程，检验残差的平稳性。如果残差序列平稳，则两者之间存在协整关系。

第三步：进行格兰杰因果关系检验。格兰杰因果关系检验建立在平稳序列的基础上。如果变量 X 的前期变化能有效地解释变量 Y 的变化，则变量 X 就是变量 Y 的格兰杰原因。

第四步：弹性系数分析法。将 FDI 视为解释变量，通过弹性系数分析法分别分析外企数量、外企投资对 IBT 的拉动作用。

（二）数据来源

本书主要选取外商投资、外企数量和 IBT 三项数据。外企数量和外企投资两项数据来自《中国对外经济统计年鉴》（1995—2014 年）以及我国中部各省统计年鉴。IBT 数据，选取 1995—2014 年《入境旅游者抽样调查》中以商务旅游、会议旅游和文体科技旅游为目的的三项比例数据，再用这三项比例数据之和乘以我国入境过夜游客基数，从而得到我国以商务旅游、会议旅游和文体科技旅游为目的的 IBT 规模。本章所选取的三项数据分别为：外企数量，记作 n；外企投资，记作 i。

受到 2003 年 SARS 的影响，部分数据有缺失，因此，本书在第三章、第四章、第五章和第六章对全国及东中西部地区 FDI 与 IBT 规模的发展历程分析时会剔除相关数据，用 2002 年和 2004 年的均值代替。

三 我国 FDI 与 IBT 的发展历程分析

1995—2014 年我国的 IBT 呈不断增长的发展态势（见图 3-2）。1995 年东部的 IBT 规模达到了 83.99 万人次，随后不断增长，至 2000 年已增长至 202.83 万人次，2001 年为 198.48 万人次，2007 年已达 596.05 万人次，到 2010 年已增长至 619.67 万人次，随后虽增长缓慢，但在 2014 年仍保持了 639.57 万人次的规模。总体而言，我国 IBT 的增长可以划分为三个阶段：第一阶段（1995—2001 年）；第二阶段（2001—2007 年），为快速增长阶段；第三阶段（2007—2014 年），为平稳增长阶段。其中，第一阶段 IBT 的年均增长率为 15.41%，第二阶段的年均增长率为 16.2%，第三阶段的年均增长率为 2%。

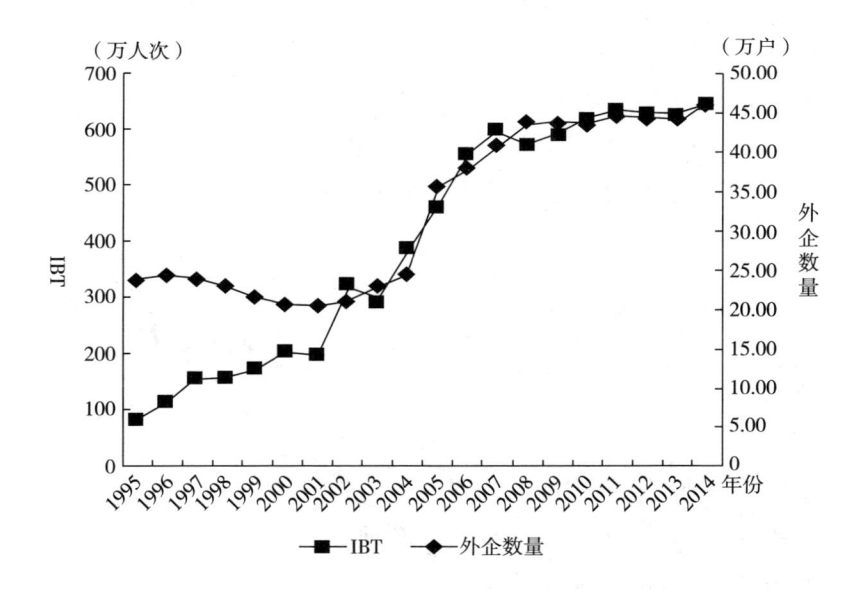

图 3-2 我国外企数量和 IBT 的发展态势

同一时期我国的外企数量也呈不断增长的发展态势（见图 3-2）。1995 年我国的外企数量为 23.36 万户，1996 年增长至 24.04 万户后有所回落，2001 年降至 20.32 万户，2001 年增加至 20.81 万户，至 2008 年已增至 43.49 万户，到 2010 年又增长至 44.56 万户，随后仍保持不断增长的态势，2014年已增至46.07万户。总体而言，我国外企数量的增长可以划分为三个阶段：第一阶段（1995—2008年）为负增长阶段；第二阶段（2001—2008年）为快速增长阶段；第三阶段（2008—2014年）为缓慢增长阶段。其中，第一阶段的年均增长率为-2.37%，第二阶段的年均增长率为11.55%，第三阶段的年均增长率为0.96%。

1995—2014年我国的外企投资也呈不断增长的发展态势（见图3-3）。1995年的外企投资达到63.90百亿美元，随后不断增长，2000年增长至82.46百亿美元，2001年继续增加至87.50百亿美元，至2005年已增至146.63百亿美元，到2010年又增长至270.59百亿美元，随后仍保持不断增长的态势，2014年已增至379.77百亿美元。总体而言，我国外企投资的增长可以划分为三个阶段：第一阶段（1995—2001年）为缓慢增长阶段；第二阶段（2001—2008年）为快速增长阶段；第三阶段（2008—2014年）为持续增长阶段。其中，第一阶段的年均增长率为5.38%，第二阶段的年均增长率为14.98%，第三阶段的年均增长率为8.53%。

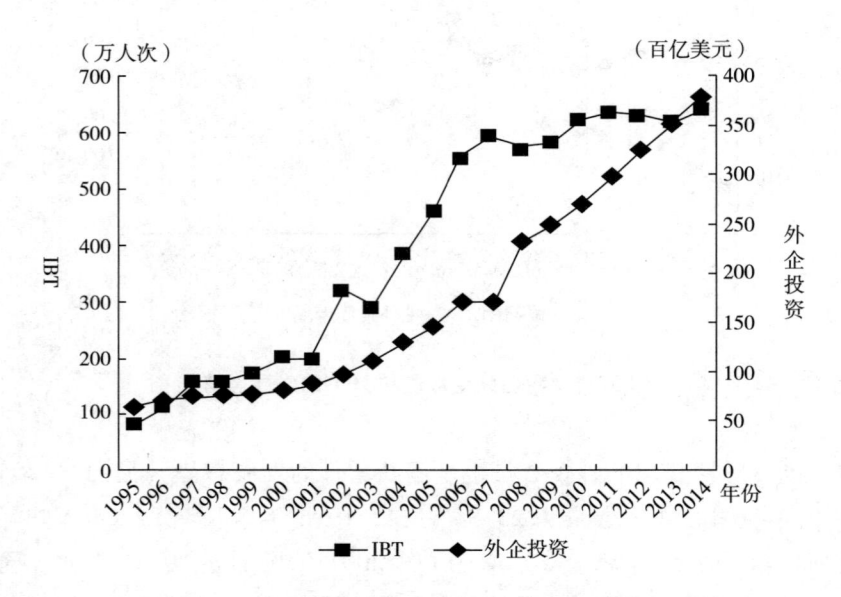

图3-3 我国外企投资和IBT的发展态势

对比我国 IBT 和外企数量的发展态势可见，二者均呈不断增长的发展态势，均经历了三个阶段的增长历程；对比我国 IBT 和外企投资的发展态势可见，二者的增长态势也大致趋同，也均经历了三个阶段的增长历程。由此可见，我国 FDI 和 IBT 具有相同的增长态势。进一步构建 IBT 和外企数量、IBT 和外企投资的推拉方程如下：

$$IBT = -0.0214n^2 + 16.505n - 153.42 \qquad (3-1)$$

$$IBT = -0.01i^2 + 5.8949i - 216.8 \qquad (3-2)$$

其中，n 代表外企数量（万户），IBT 代表入境商务客流量（万人次），i 代表外企投资总额（百亿美元）。方程（3-1）和方程（3-2）的 R^2 分别为 0.8372 和 0.9673。

四 时间序列实证分析

（一）平稳性检验

协整分析的目的是检验时间序列的平稳性，在进行协整检验前要对以上三个变量进行平稳性检验。如果序列不平稳就需要进行一阶差分或二阶差分；在变量均同阶单整的情况下才可以进行协整分析。本章对以上三个变量进行自然对数转换，三者分别对应 Ln、Li 和 Libt，利用 EViews 软件，通过 ADF 单位根检验法检验以上变量的平稳性，得到结果见表 3-1。

表 3-1　　　　　　　　变量 ADF 检验结果

变量	(C, T, K)	ADF	5%临界值	结论	变量	(C, T, K)	ADF	5%临界值	结论
LIBT	(C, T, 0)	-1.6732	-2.8921	不平稳	DLIBT	(C, N, 1)	-6.9823	1.2837	平稳
Ln	(C, N, 0)	-1.9834	-2.3712	不平稳	DLn	(C, T, 0)	-5.7327	-1.2987	平稳
Li	(C, T, 1)	3.7261	2.6712	不平稳	DLi	(C, T, 0)	-4.6723	2.7821	平稳

由表 3-1 可知，在 5% 的水平上，三组变量均不平稳。一阶差分后，三组变量在 5% 的水平上均平稳。由此得出，三个变量都是一阶单整，因此可以进行协整检验。

（二）E-G 协整检验

通过平稳性检验结果可以看出三组变量都可以进行协整检验。根据检验对象不同,协整检验可以分为基于回归系数的检验和基于回归残差的检验。根据 E – G 协整检验法,检验一组变量是否存在协整关系即检验它们之间回归方程的残差序列是否能够成为一个平稳序列;如果残差序列平稳则说明它们之间存在协整关系,如果残差序列不平稳,即使方程估计结果正确,得出的回归也是伪回归。所以,本章通过两个步骤进行 E – G 协整检验;第一步是协整回归分析;第二步是通过 ADF 检验分析残差序列的平稳性。

通过 OLS 进行协整回归可以得出我国 Ln、Li 和 $LIBT$ 的回归方程,如表 3 – 2 所示。表 3 – 2 中方程(3 – 3)为我国的外企数量和 IBT 的协整方程。方程的调整后 R^2 为 0.8756,说明方程拟合效果很好。方程的系数 0.5034 是外企数量对 IBT 的弹性,表明我国外企数量每增加 1%,IBT 增长 0.5034%。

表 3 – 2 中方程(3 – 4)为我国的外企投资和 IBT 的协整方程。方程调整后 R^2 是 0.8846,说明方程拟合效果很好。方程的系数 0.5492 是外企投资对 IBT 的弹性,表明我国的外企投资每增加 1%,IBT 增长 0.5492%。

表 3 – 2　　　　　　　　FDI 与 IBT 的协整检验

协整方程		F	DW	调整后的 R^2
$LIBT = 0.5034Ln + 6.5218$ 　(7.1523)　(7.8734)	(3 – 3)	60.3213	1.6723	0.8756
$LIBT = 0.5492Li + 7.7823$ 　(7.8624)　(12.6531)	(3 – 4)	15.6373	1.6854	0.8846

利用 ADF 分别检验表 3 – 2 中两个方程残差的单位根,其中不含常数和时间趋势,同时通过 SIC 准则确定滞后阶数。残差的平稳性检验结果如表 3 – 3 所示。由残差序列平稳性检验结果可知,两个方程的 ADF 值都小于 5% 的临界值,残差(ε_n、ε_i)序列在 5% 的显著性水平上拒绝原假设,确定不存在单位根的结论,说明残差序列是平稳序列。这样可以得出 Ln、Li 和 $LIBT$ 之间有平稳线性关系,也就是说,

我国的外企数量与 IBT、外企投资与 IBT 均有协整关系；因此，可以确定 FDI 对 IBT 具有关联与带动作用。

表 3 – 3　　　　　　　　　残差的平稳性检验

残差序列	(C, T, K)	ADF	5% 的临界值	结论
ε_n	(C, T, 0)	– 3.5324	– 1.7645	平稳
ε_i	(C, T, 0)	– 2.7636	– 1.8745	平稳

（三）误差修正模型

通过 E – G 协整检验发现我国的外企数量与 IBT、外企投资与 IBT 都存在长期的均衡关系，这种关系是通过短期动态调整来长久维持的；然而具有协整关系的变量都需要进行误差修正，从而显示出短期动态的调节行为，所以检验此动态关系需要建立误差修正模型。建立方法：将协整方程中的残差序列当作自变量，以说明长期均衡关系中各时点上出现的"偏误"程度；将协整方程中的各个变量的一阶差分与二阶差分也当作自变量，来分析各变量滞后一阶与滞后二阶对 IBT 的短期弹性，建立的误差修正模型如表 3 – 4 所示。

由表 3 – 4 可以看出，模型（3 – 5）、模型（3 – 6）的 F 统计量的 P 都较小，调整后 R^2 都较大（都大于 0.9），表明模型整体拟合效果很好。误差修正项（ECM）系数反映对偏离长期均衡的调整程度，ECM 的绝对值越大表明修正能力越强；各变量一阶差分和二阶差分的系数越大表明对 IBT 的拉动作用越大。

模型（3 – 5）中，ECM 系数为 – 0.6943，说明我国的外企数量与 IBT 的均衡关系对当期非均衡误差调整的自身修正能力较强，符合反向修正机制且调整程度大。外企数量对 IBT 的前一期和前两期的弹性分别是 0.3521 和 0.2153，表明外企数量每年增长 1%，前一期和前两期的 IBT 增长 0.3521% 和 0.2153%，都远小于长期弹性。IBT 的前一期和前两期对当期有促进作用，贡献幅度分别是 0.3523% 和 0.2543%。

表 3-4　　　　误差修正模型

误差修正模型	F	DW	调整后的 R^2
$D(LIBT) = 8.5634 - 0.6943ECM + 0.3523D(LIBT(-1)) + 0.2543D(LIBT(-2)) + 0.3521D(Ln(-1)) + 0.2153D(Ln(-2))$ (3-5) (6.5643)　(6.7645)　　　　　　(6.7424)　　　　　　(8.6425)　　　　　　(7.6535)　　　　(1.5634)	34.6534	1.8645	0.9875
$D(LIBT) = 9.6543 - 0.3753ECM + 0.5643D(LIBT(-1)) + 0.1543D(LIBT(-2)) + 0.3425D(Li(-1)) + 0.1562D(Li(-2))$ (3-6) (3.9325)　(5.6537)　　　　　　(4.6745)　　　　　　(5.6527)　　　　　　(4.4574)　　　　(6.2723)	25.6734	2.1532	0.9879

模型（3-6）中，ECM 系数为 -0.3753，说明我国的外企投资与 IBT 的均衡关系对当期非均衡误差调整的自身修正能力较大，符合反向修正机制且调整程度强。外企投资对 IBT 的前一期和前两期弹性分别是 0.3425 和 0.1562，则外企投资每年增长 1%，前一期和前两期的 IBT 分别增长 0.3425% 和 0.1562%，都远小于长期弹性。IBT 的前一期和前两期对当期有促进作用，贡献幅度分别是 0.5643% 和 0.1543%。

综上所述，我国 FDI 与 IBT 有短期动态调整关系。然而，通过对比误差修正模型分析得出的短期弹性值与协整方程分析得出的长期弹性值对比发现，其长期弹性大于短期弹性，表明 FDI 对 IBT 的变化在短期有所滞后，在长期可以恢复正常水平。

（四）格兰杰因果检验

协整检验说明了我国 FDI 与 IBT 存在长期均衡关系，那么它们之间是否存在因果关系，也就是说，外企数量的增加能否促使 IBT 的增长或者 IBT 的增长能否推动外企数量的增加，同时，外企投资的增加能否推动 IBT 的增长或者 IBT 的增长能否推动外企投资的增加，需要进行下一步验证，格兰杰因果检验结果如表 3-5 所示。

表 3-5　　　　　　　　　格兰杰因果检验结果

原假设	滞后阶数	F 值	P 值（%）	结论
Ln 不是 $LIBT$ 的格兰杰原因	2	6.7645	0.0421	拒绝
$LIBT$ 不是 Ln 的格兰杰原因	2	2.4534	0.0243	拒绝
Li 不是 $LIBT$ 的格兰杰原因	2	6.9534	0.0569	拒绝
$LIBT$ 不是 Li 的格兰杰原因	2	5.2634	0.0336	拒绝

从表 3-5 可以看出，我国外企数量和外企投资不是 IBT 的格兰杰原因的概率 P 值分别是 0.0421 和 0.0569，都在 10% 的显著水平以下，因此，拒绝原假设，得出我国外企数量和外企投资是 IBT 的格兰杰原因，也就是说，我国 FDI 的增长会促进 IBT 的发展，我国经济的快速发展对外商投资者的吸引力加大，来华投资的人就会越多，从而带动 IBT 的增长。

另外，从表 3-5 还可以看出，我国 IBT 不是外企数量和外企投资的格兰杰原因的概率 P 值分别是 0.0243 和 0.0336，都在 10% 的显著水平以下，因此拒绝原假设，得出 IBT 是我国外企数量和外企投资的格兰杰原因，也就是说，我国 IBT 发展会带动 FDI 的发展，随着我国 IBT 人数的增多，通过来华商务考察发现投资机会的 IBT 游客也会相应增加，由此，推动 FDI 的发展。

综上所述，我国 IBT 分别与外企数量、外企投资互为因果关系，可见 IBT 的发展可以带动 FDI 的发展，即 IBT 可以推动外企数量和外企投资的发展。IBT 发展越好，我国的外企数量和外企投资也会更多，IBT 是 FDI 的格兰杰原因在我国成立。从表 3-5 也可以看出 FDI 对 IBT 也存在促进作用，因此 FDI 是 IBT 的格兰杰原因在我国成立。

（五）FDI 对 IBT 的带动作用分析

格兰杰因果检验表明 FDI 对 IBT 有带动作用，但是带动程度是多少呢？因此，需要进一步采用弹性系数分析法进行分析。借鉴苏建军、孙根年的双对数模型求弹性系数，采用 OLS 回归计算其变量求自然对数后，得出的回归系数是变量间的弹性系数。分别采用外企数量（n）、外企投资（i）作为被解释变量，以入境商务旅游（IBT）作为解释变量，通过 OLS 回归计算得出弹性系数，从而分析 FDI 对 IBT 的拉动作用，如表 3-6 和表 3-7 所示。

表 3-6　　　　　　　　外企数量对 IBT 的拉动作用

变量	IBT	常数项	R^2
N	8.43/12.71/6.76	-3.65/-9.86/14.64	0.8532/0.854/0.532

表 3-7　　　　　　　　外企投资对 IBT 的拉动作用

变量	IBT	常数项	R^2
I	0.415/1.621/0.832	2.221/-0.532/4.674	0.8532/0.8154/0.923

由表 3-6、表 3-7 可知，方程 R^2 值都大于 0.85，同时在 1% 的

显著性水平之上,说明方程拟合效果很好。具体分析如下。

(1) 外企数量的增长带动 IBT 的增长。外企数量的增长可以吸引外商投资者来我国进行投资,从而带动 IBT 客源的增加。同时,IBT 的增长推动更多的外商投资者来华投资。通过弹性系数分析得出,我国外企数量对 IBT 的弹性系数是 8.43,表明外企数量每增长 1%,IBT 增长 8.43%。由此可见,IBT 和外企数量之间存在互动关系。

(2) 外企投资的增加带动 IBT 的增长。外企投资越多,来华的外商投资者就会越多,从而促进 IBT 的增长。同时,IBT 的发展会激发外商投资者的投资欲望,使其进行更多的投资。通过弹性系数分析得出,我国外企投资对 IBT 的弹性系数是 0.415,说明外企投资每增长 1%,IBT 增长 0.415%,由此可见,IBT 和外企投资之间存在互动关系。

通过以上分析可知,外企数量对 IBT 的弹性系数大于外企投资对 IBT 的弹性系数,说明外企数量对 IBT 的带动作用大于外企投资对 IBT 的带动作用。

五 结论

本节以我国 FDI 与 IBT 作为研究对象,采用 1995—2014 年两个时间序列的三个指标数据,运用协整检验、误差修正模型、格兰杰因果检验和弹性系数分析法,定量分析 FDI 与入境商务旅游的关系,得出以下结论:

(1) 描述性分析表明,我国 FDI 和 IBT 具有相同的增长态势,二者均经历了三个阶段的增长历程。推拉方程显示,二者之间具有一定的推拉关系。协整检验得出,我国 FDI 与 IBT 有长期均衡关系,即 FDI 对 IBT 具有关联和带动作用。

(2) 误差修正模型表明,我国 FDI 与 IBT 有短期动态调整关系;同时,我国的外企数量、外企投资与 IBT 的均衡关系对当期非均衡误差调整的自身修正能力较强,符合反向修正机制且调整程度大。

(3) 通过格兰杰因果关系检验得出,FDI 是 IBT 的格兰杰原因成立,IBT 是 FDI 的格兰杰原因也成立。IBT 的发展可以带动 FDI 的发展,即 IBT 可以推动外企数量和外企投资的发展。IBT 发展越好,我国的外企数量和外企投资也会越多。

(4) 弹性系数分析得出,我国外企数量对 IBT 的弹性系数是 8.43,我国外企投资对 IBT 的弹性系数是 0.415。外企数量对 IBT 的弹性系数大于外企投资对 IBT 的弹性系数,说明外企数量对 IBT 的带动作用大于外企投资对 IBT 的带动作用。

第二节　我国 FDI 与 IBT 的空间聚散及形成机制

一　理论假设

外商在投资前必定会开展一定的商务活动（如环境考察和洽谈、签订协议和厂房建设等）,由此伴生的旅游活动成为入境商务客源的重要组成部分；同时,在外商投资经营活动中,母国或海外子公司与本国的业务交往也会产生入境商务客源。[①] 因此,FDI 可以促进 IBT 的发展。而随着入境商务游客的到来,其逐渐对中国产生兴趣,有可能会发现更多的商机和投资机会,由此激发外商的新一轮投资活动,因此,IBT 也可以促进 FDI 的发展。在 FDI 和 IBT 的相互促进的背景下,提出假设 H_3：FDI 和 IBT 的空间分布一致。

由于我国地域辽阔,各地在自然资源、劳动力、经济发展水平、对外开放度、市场需求以及吸引 FDI 的优惠政策等方面存在差异,因此,FDI 在空间分布上不平衡。[②] 而旅游需求具有多样性[③],入境商务游客的多样性需求更为明显。因为入境商务游客不仅包括外商投资利

---

① 傅元海、史言信：《外商直接投资的旅游服务出口创造效应与区域差异——基于中国区域动态面板的研究》,《当代经济研究》2012 年第 3 期。
② 赵果庆、罗宏翔：《中国 FDI 空间集聚与趋势面》,《世界经济研究》2012 年第 1 期。
③ 张建辉、毕燕、张颖：《中国城市居民旅游需求空间差异及变化研究》,《旅游学刊》2010 年第 2 期。

益相关者，也包括来华进行货物贸易的商务游客，人员构成的多样化使得其出游需求更具多样性；同时，其逗留时间长、人均消费高、重游率高，求新求异的出游需求更加强烈。这种需求表现在行为上，即出游半径（包括出游方向、出游距离等）不断变化，使得 FDI 与 IBT 会存在一定的空间分离。因此，在 FDI 分布不平衡、IBT 出游多样化的背景下，本节提出假设 H_4：FDI 和 IBT 在空间分布上存在分离。

随着 FDI 和 IBT 的不断发展，二者的空间关系也不断演变，因此，在假设 H_3 和 H_4 的基础上，构建出 FDI 与 IBT 的空间聚散模型假设，见图 3-4。

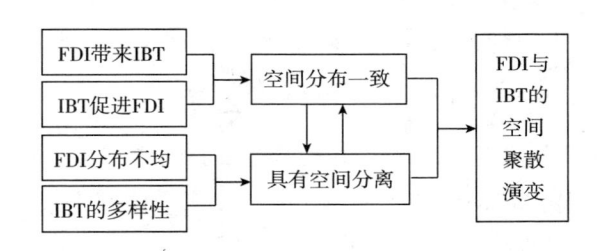

图 3-4　FDI 与 IBT 的空间聚散模型假设

二　数据来源和研究方法

（一）数据来源

本节所需数据包括属性数据和空间数据。属性数据包括我国 FDI 和 IBT 两个系列的数据，分别选取 1997—2012 年我国 31 个省区市外商企业户数（简称外企数量）、外企投资和 IBT 所占比例三个指标构建本节所需时间序列数据，数据来源于 1997—2012 年《中国贸易外经统计年鉴》《入境旅游者抽样调查》和各省统计年鉴。综合前人对 IBT 的界定，本书使用的 IBT 比例数据是入境商务旅游、入境会议旅游和入境文体科技旅游数据的加权总和；用各省区市的该比例数据乘以对应的入境过夜人次得到我国 31 个省区市 IBT 的数据。受 SARS 影响，2003 年数据缺失，故予以剔除。在空间数据方面，考虑到 FDI 和入境商务游客多聚集在省会城市，因而选取各省会城市的坐标作为各省区市中心的地理坐标，坐标数据利用 ArcGIS 软件从我国 1∶400 万基础地理数据中提取得到。

（二）研究方法

重心指物体所受合力的作用点，该点四周的力量能使其维持相对均衡。通过重心的变化分析可判断要素的扩散和集聚特征[①]；对比两类重心的空间位置可以判断两类要素在空间分布上的重叠性或聚散状况。本节的目的在于探讨 FDI 和 IBT 的空间关系，因此，采用重心模型是较为合适的。通过计算 FDI 重心（包括外企数量重心和外企投资重心）和 IBT 重心可以判断二者的空间分布，进一步进行空间重叠性计算和一致性指数计算可以判别二者在空间上的重叠（或聚散）态势和演变方向。重心模型的计算公式如下：

$$X = \sum_{i=1}^{n} M_i x_i \bigg/ \sum_{i=1}^{n} M_i \; ; \; Y = \sum_{i=1}^{n} M_i y_i \bigg/ \sum_{i=1}^{n} M_i \qquad (3-7)$$

其中，X、Y 代表整个区域中某属性重心的经纬度；x_i、y_i 代表第 i 个次级区域中心的经纬度；M_i 代表第 i 个次级区域中某种属性的值。

年际区域重心移动方向的计算公式如下：

$$P_{i-j} = \frac{n\pi}{2} + \arctan\left(\frac{y_i - y_j}{x_i - x_j}\right) \qquad (3-8)$$

其中，P 表示重心年际移动角度，当重心向东北方向转移时，$0° < P < 90°$；当重心向西北方向转移时，$90° < P < 180°$；当重心向东南方向转移时，$-90° < P < 0°$；当重心向西南方向转移时，$-180° < P < -90°$。

重心的年际移动距离的计算公式如下：

$$F_{i-j} = R \times \sqrt{(y_i - y_j)^2 + (x_i - x_j)^2} \qquad (3-9)$$

其中，F 表示年际移动距离；$(x_i、y_i)$、$(x_j、y_j)$ 分别代表第 i 年和第 j 年区域重心的经纬度；R 为常数，取值为 111.11 千米，将地理坐标转换为平面距离。

[①] 陈超、马海涛、陈楠：《中国农民旅游流网络重心轨迹的演化》，《地理研究》2014 年第 7 期。

第三章 我国 FDI 与 IBT 的关系分析

两类重心的空间重叠性模型如下:

$$S = 6371.004 \times \arccos(\sin(Y_i) \times \sin(Y_j) + \cos(Y_i) \times \cos(Y_j) \times \cos(X_i - Y_j)) \quad (3-10)$$

其中,S 的值越大,表示两类重心重叠性越弱,二者的空间距离越远,表明二者的空间分离程度高,反之,则重叠性越强、耦合性高;X_i 和 Y_j 分别表示两类属性重心坐标的弧度值。

两类重心的变动一致性模型如下:

$$C = \frac{\Delta x_m \Delta x_n + \Delta y_m \Delta y_n}{\sqrt{(\Delta x_m^2 + \Delta y_m^2)(\Delta x_n^2 + \Delta y_n^2)}} \quad (3-11)$$

其中,C 表示重心之间的变动一致性,其取值范围为 $-1 \leq C \leq 1$,当 $C = -1$ 时,表示二者方向相反,$C = 1$ 时,表示二者方向相同;Δx 和 Δy 分别表示重心较上一个时间点的经纬度变化值。

三 实证分析

(一) 15 年来 FDI 重心与 IBT 重心的演变

将 1997—2012 年外企数量、外企投资和 IBT 数据代入式(3-7),可测算各年度三个指标重心(外企数量重心、外企投资重心和 IBT 重心)的经纬度坐标值。运用 ArcGIS 10.2 将计算所得外企数量重心、外企投资重心和 IBT 重心坐标绘制在图上,直观地反映出三种重心的空间演变过程(见表 3-8、表 3-9 和图 3-5)。

表 3-8　　　　　　1997—2012 年两类重心的分布状况

年份	外企数量重心		外企投资重心		IBT 重心	
	经度	纬度	经度	纬度	经度	纬度
1997	116.01	30.74	116.24	30.03	115.21	29.78
1998	116.22	30.66	116.28	30.11	115.23	29.51
1999	116.20	30.65	116.29	30.32	115.28	30.13
2000	116.26	30.70	116.54	30.70	115.12	28.99
2001	116.44	30.91	116.65	30.73	115.62	29.41
2002	116.60	30.98	116.92	31.00	115.83	29.74

续表

年份	外企数量重心		外企投资重心		IBT 重心	
	经度	纬度	经度	纬度	经度	纬度
2004	116.85	30.99	117.11	31.24	116.18	30.10
2005	116.89	31.05	117.19	31.35	115.94	29.87
2006	116.90	30.99	117.25	31.49	115.85	29.91
2007	116.84	30.80	116.92	31.07	115.86	29.80
2008	116.49	31.33	116.82	31.09	116.06	29.96
2009	116.35	31.28	116.80	31.19	116.13	30.04
2010	116.30	31.20	116.99	31.58	116.00	29.43
2011	116.44	31.14	117.00	31.66	115.95	29.58
2012	116.48	31.04	116.97	31.69	115.72	29.49

表 3-9　　1997—2012 年两类重心的时空演变

年份	外企数量重心		外企投资重心		IBT 重心	
	距离/千米	方向	距离/千米	方向	距离/千米	方向
1997						
1998	25.26	东南	10.17	东北	30.22	东南
1999	2.40	西南	22.65	东北	69.85	东北
2000	8.28	东北	50.03	东北	128.33	西南
2001	31.10	东北	13.54	东北	71.96	东北
2002	19.63	东北	42.86	东北	43.75	东北
2004	27.63	东北	33.97	东北	55.49	东北
2005	8.49	东北	14.37	东北	37.06	西南
2006	7.66	东南	17.25	东北	10.92	西北
2007	21.57	西南	59.42	西南	12.36	东南
2008	70.20	西北	11.45	西北	29.01	东北
2009	16.11	西南	11.02	西北	11.52	东北
2010	10.89	西南	47.60	东北	69.49	西南
2011	16.49	东南	9.01	东北	18.46	西北
2012	11.59	东南	4.20	西北	27.12	西南

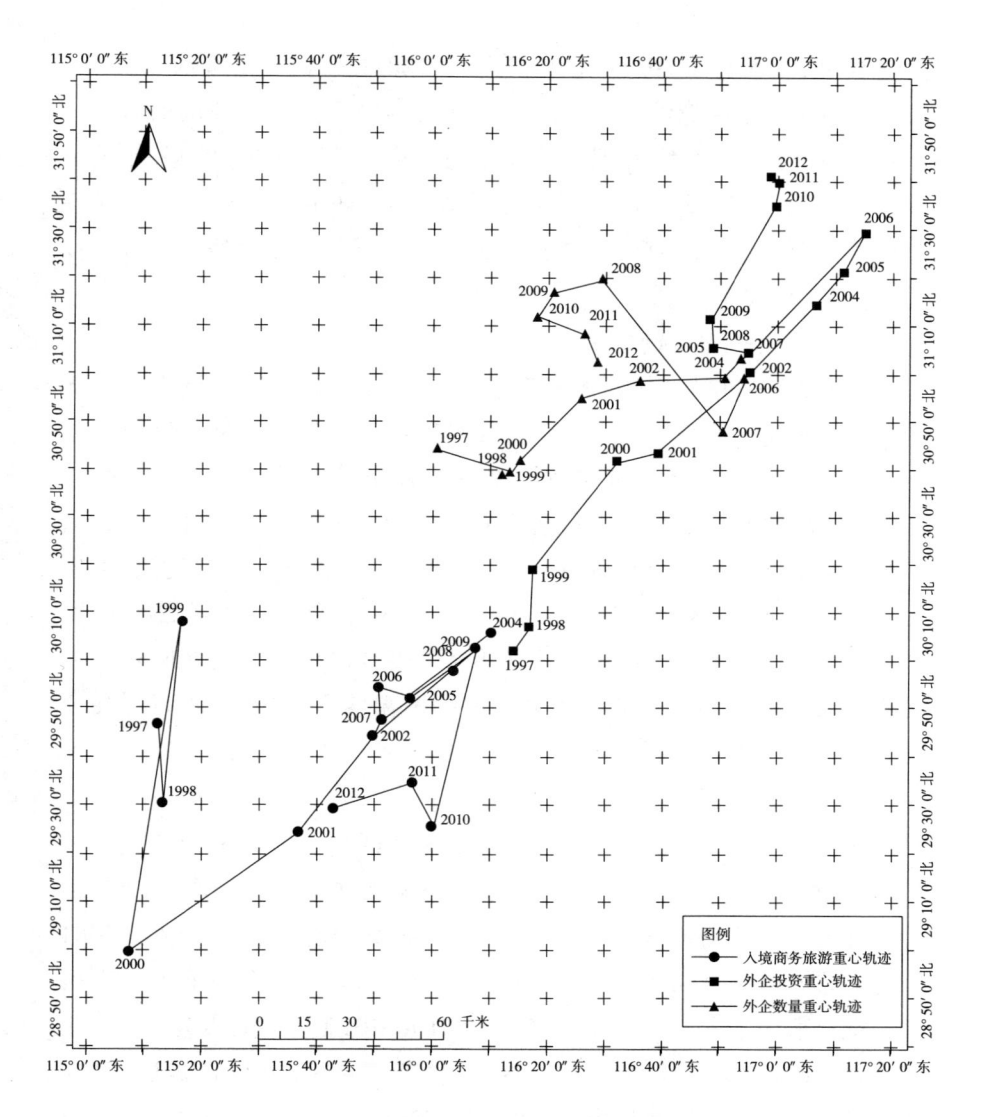

图 3-5 1997—2012 年两类重心分布的空间分离

1. 外企数量重心的演变

由表 3-8 可知，外企数量重心近 15 年来一直位于安徽省西部的安庆和六安交界处。1997 年位于安徽省岳西县，1998—2000 年移至岳西县、潜山县和太湖县三县交界处，2001 年移至岳西县，2002 年移至潜山县，2004—2006 年位于桐城市，2007 年移至桐城市和怀宁县交界处，2008—2010 年位于霍山县，2011—2012 年移回岳西县。外企数量重心演变路线为：安庆（岳西县、潜山县）—安庆桐城市—六安霍山县—安庆岳西县；在东北方向上的演变频率最高（占35.7%）；总体呈反"∞"形演变路径，并有向东南方向演变的趋势；外企数量重心的直线演变距离为 61.65 千米，平均速度为 19.81 千米/年（见表 3 – 9）。

2. 外企投资重心的演变

由表 3 – 8 可知，外企投资重心近 15 年来一直位于安徽省西南部的合肥、巢湖、六安和安庆境内。1997 年位于安徽省西南部的宿松县，之后一直向东北方向移动，2006 年移至庐江县，2007—2009 年往西南方向移至桐城市和舒城县交界处，2010—2012 年又往东北方向移至合肥肥西县。外企投资重心的演变线路为：安庆（宿松县、潜山县、桐城市）—巢湖（庐江县）—六安（舒城县）—合肥（肥西县）；往东北方向移动频率最高（占 71.4%），总体呈线性向东北方向移动趋势；外企投资重心的直线演变距离为 201.05 千米，平均速度为 24.82 千米/年（见表 3 – 9）。

3. IBT 重心的演变

由表 3 – 8 可知，IBT 重心近 15 年来在江西、安徽和湖北交界处移动。1997 年位于湖北黄石阳新县，1998 年移至江西瑞昌，1999 年又北移至湖北黄石、武穴交界处，2000 年又南移至江西靖安，2001 年向东北方向移至江西九江德安县，2002—2009 年继续往东北方向聚集于安徽宿松县和湖北黄梅县境内，2010—2012 年又南移至江西九江市境内。IBT 重心的演变路径为：湖北黄石市—江西靖安县、德安县—安徽宿松县、湖北黄梅县—江西九江市；往东北方向移动频率最高（占 42.8%），总体呈反"N"形演变路径，并有向西南方向演变的趋势；IBT 重心的直线演变距离为 65.44 千米，平均速度为 43.97 千米/年（见表 3 – 9）。

总体而言，外企数量重心和外企投资重心均位于皖西，IBT 重心位于鄂皖赣交界处；两类重心在空间上始终相邻，表明 FDI 与 IBT 的空间分布大体一致，假设 H_3 成立。在演变路径和趋势上，外企数量重心、外企投资重心和 IBT 重心分别呈反"∝"形向东南、线性向东北、反"N"形向西南方向演变；在重心的演变幅度上，外企数量（61.65 千米）＜IBT（65.44 千米）＜外企投资（201.05 千米）；在演变速度上，外企数量（19.81 千米/年）＜外企投资（24.82 千米/年）＜IBT（43.97 千米/年）。两类重心的演变过程表明 FDI 与 IBT 虽然在空间上相邻，但在演变路径和趋势、演变幅度和速度上有所不同。因此，有必要对比两类重心的空间格局演变。

4. 两类重心的演变对比

利用 ArcGIS 10.2 画出中国 FDI 重心和 IBT 重心的变化轨迹，能很好地对比两类重心的空间演变（见图 3-5）。在演变方向上，两类重心在东西方向上的演变有较好的一致性，向东移动的频次最高，外企数量重心移动 9 次（64%），外企投资重心 10 次（71%），IBT 重心 8 次（57%），说明 FDI 和 IBT 的分布呈"东密西疏"态势，这与东部的先天政策优势有一定关系。两类重心在南北方向上的演变不尽相同，外企数量重心和 IBT 重心均向南移动 8 次（57%），外企投资重心向北移动 13 次（93%），说明 FDI 和 IBT 在南北方向的分布并不一致。

在格局演变上，外企数量重心和外企投资重心分别呈反"∝"形、线性变化，而 IBT 重心呈反"N"形变化，说明 FDI 的分布较 IBT 而言相对集中，变化更为稳定。对比两类重心的分布，发现中国 FDI 重心与 IBT 重心存在明显的空间集聚，但却又有一定的分离，由此假设 H_4 成立。IBT 重心在 FDI（外企数量和外企投资）重心的西南方向，在 FDI 重心相对集中、变化稳定的背景下，IBT 重心的演变幅度和速度均大于 FDI 重心，且其演变方向与 FDI 重心时而相同，时而不同，由此形成两类重心在空间上的聚散演变格局。

1997—1999 年外企投资重心和 IBT 重心在空间呈离散分布；2000—2005 年间二者的演变方向一致，演变轨迹近似平行，表明二者呈聚合分布，2006—2012 年又呈离散分布，形成了聚散交替的空间格局。1997—1999 年外企数量重心和 IBT 重心在空间呈离散分布；2000—2007 年二者的走势大体一致，2008—2012 年又呈离散分布。

由此初步判定 FDI 重心和 IBT 重心形成了聚—散交替的演变格局，但二者在某些年份较为聚合，某些年份较为离散，因此需要运用重心的空间重叠性模型和一致性模型进一步判别，证实二者的聚散特征和方向，并对比两类重心的空间聚散态势。

（二）两类重心的空间聚散演变

1. 两类重心空间重叠性的演变

利用重心空间重叠性模型［式（3-10）］分别计算出外企数量重心与 IBT 重心的距离 S_1、外企投资重心与 IBT 重心的距离 S_2，以此可以判断 FDI 重心和 IBT 重心的空间聚散演变特征（见图 3-6）；以外企数量重心经度和纬度分别减去当年 IBT 重心的经度和纬度，可得到外企数量重心与 IBT 分布重心的经度差和纬度差（分别记为 Dl_7、Dl_8），同理可得外企投资重心与 IBT 分布重心的经度差和纬度差（分别记为 Dl_9、Dl_{10}），由此可以判断两种重心在经度和纬度上的聚散状态（见图 3-7、图 3-8）。

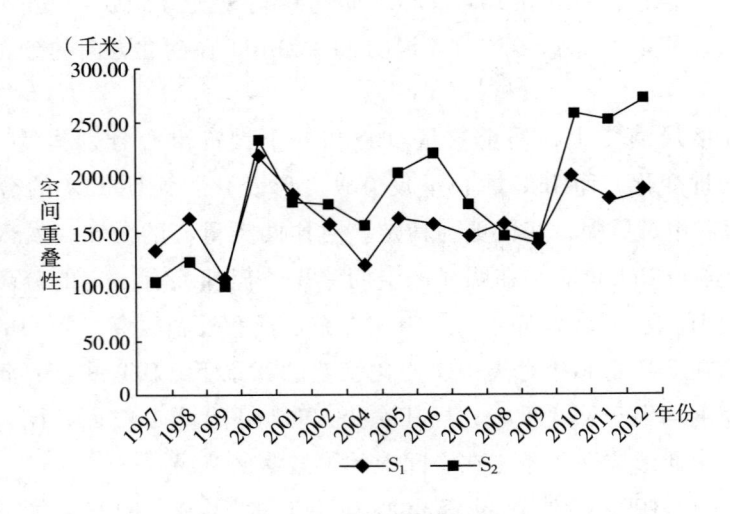

图 3-6 两类重心重叠性的演变

由图 3-6 可见，S_1 和 S_2 均呈波动式增长，进一步证实了中国 FDI 重心与 IBT 重心呈聚散交替演变的态势，也说明二者具有一定的分散趋势，因此，本节的假设模型成立。S_1 在 1997 年为 132 千米，1998 年增长至 159.54 千米，1999 年又降至 105.36 千米，2000 年又增长至 219.25 千米，2001—2009 年降至 118.21—184.96 千米这一范围，2010 年回调为 198.94 千米，2011 年和 2012 年分别降至 179.47 千米和 187.14 千米；S_1 的波动表明外企数量重心与 IBT 重心呈聚散交替演变态势，且具有一定的分离趋势。S_2 也呈波动式增长：S_2 在 1997 年为 103.45 千米，1998 年增长至 121.81 千米，1999 年降至 99.51 千米，2000 年又增长至 233.57 千米，2001—2009 年降至 143.61—221.35 千米这一范围，2010 年回调至 257.28 千米，2011 年又降至 251.90 千米，2012 年上涨至 271.94 千米；S_2 的波动表明外企投资重心与 IBT 重心也呈聚散交替演变态势，且具有一定的分离趋势。

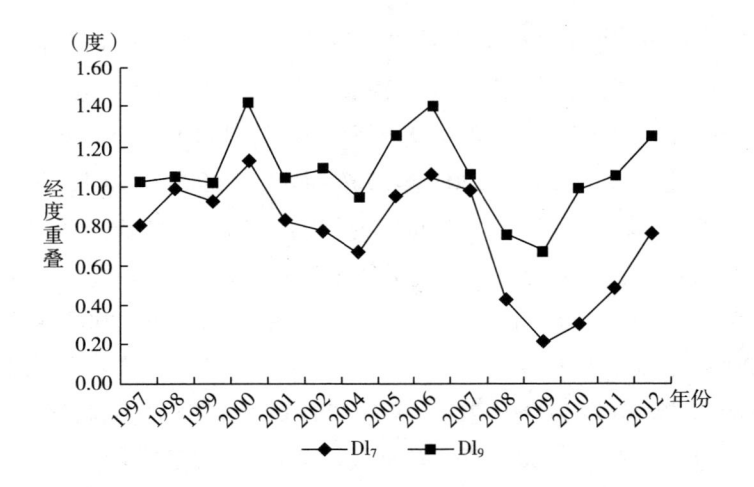

图 3-7 两类重心经度差的演变

由图 3-7 和图 3-8 可见，发现中国 FDI 重心与 IBT 重心在经度和纬度上也呈聚散交替演变态势，且具有一定的分散趋势。Dl_7 的值在 0.22°—1.13°波动，表明外企数量重心和 IBT 重心在经度上呈聚散交替演变态势：1997—2000 年 Dl_7 不断增大，2001—2004 年不断缩小，2005—2007 年不断增大，2008—2011 年又不断缩小，2012 年又

（度）

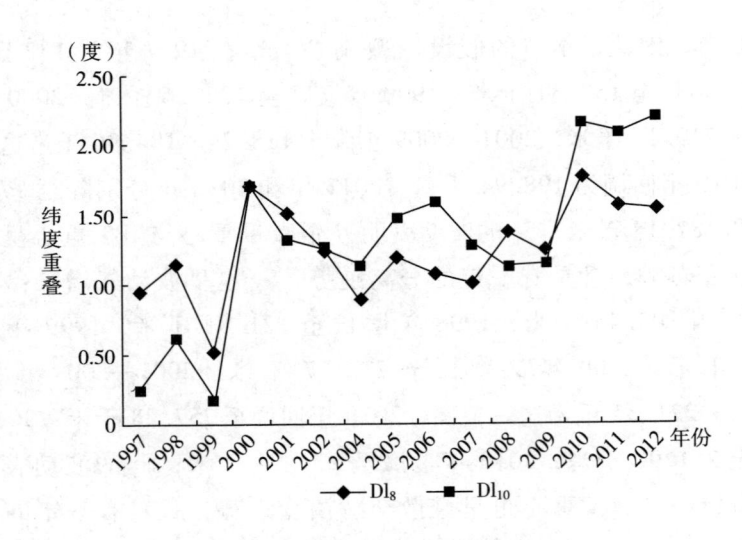

图 3-8 两类重心纬度差的演变

开始回调。Dl_8 的值在 0.51°—1.77°呈波动式增长，表明外企数量重心和 IBT 重心在纬度上呈聚散交替演变态势，且具有一定的分散趋势：1997 年为 0.96°，1998 年增长为 1.15°，1999 年降至 0.51°，到 2002 年又增长至 1.24°，2004 年减至 0.89°，2005 年增长至 1.19°，2007 年降至 1.01°，2008—2012 年呈不断波动式增长。Dl_9 的值在 0.67°—1.41°呈波动式增长，表明外企投资重心和 IBT 重心在经度上呈聚散交替演变态势，且具有一定的分散趋势：1997—2002 年不断增长，2004 年减至 0.94°，2005—2007 年不断回调至 1°以上，2008—2010 年又降至 1°以下，2011 年和 2012 年又分别回调至 1.05°、1.25°。Dl_{10} 的值在 0.18°—2.19°呈波动式增长，表明外企投资重心和 IBT 重心在纬度上呈聚散交替演变态势，且分散趋势明显：1997 年为 0.25°，1998 年增长至 0.61°，1999 年降至 0.18°，2000 年增长至 1.71°，2001—2009 年又不断降低，2010 年上升至 2.15°，2011 年又降至 2.08°，2012 年回调至 2.19°。

2. 两类重心的空间聚散态势对比

对比外企数量重心与 IBT 重心、外企投资重心与 IBT 重心的空间聚散演变态势（见图 3-5）发现，二者具有相同的空间聚散演变节奏。S_1 和 S_2 具有"同涨同落"的演变节奏：二者均经历了四次"先涨后落"的变化（分别在 1998—1999 年、2000—2004 年、2005—2009 年、2010—2011 年）。Dl_7 和 Dl_9 也具有相同的"涨落"变化节奏：二者均经历了三次"先涨后落"的变化（分别在 1997—1999 年、2000—2004 年、2005—2009 年）。Dl_8 和 Dl_{10} 亦如此：二者在 1997—1999 年、2000—2004 年、2005—2007 年、2009—2011 年这四个区间均呈"先涨后落"的变化节奏。可见，两类重心在空间上（包括在经纬度上）的聚散态势相同，结合 FDI 重心的演变路径可知，这与外企数量重心和外企投资重心的分布一致、外企投资围绕外商投资企业集聚有重要关联。

对比 S_1 和 S_2 的值可见，S_1 在 1997 年、1998 年和 2008 年略大于 S_2，在 1999 年、2001 年和 2009 年与 S_2 大小相当，在其余年份均小于 S_2；总体而言，$S_1 < S_2$，说明外企数量重心与 IBT 重心的聚合程度大于外企投资重心与 IBT 重心的聚合程度，即外企投资重心与 IBT 重心的离散程度大于外企数量重心与 IBT 重心的离散程度。对比 Dl_7 和 Dl_9 的值发现，$Dl_7 > Dl_9$，说明外企数量重心与 IBT 重心在经度上的离散程度大于外企投资重心与 IBT 重心的离散程度，即外企投资重心与 IBT 重心在经度上的聚合程度大于外企数量重心与 IBT 重心的聚合程度。对比 Dl_8 和 Dl_{10} 的值发现，二者的关系经历了 $Dl_8 > Dl_{10}$（1997—2000 年）— $Dl_8 < Dl_{10}$（2004—2006 年）— $Dl_8 > Dl_{10}$（2007—2008 年）— $Dl_8 < Dl_{10}$（2009—2012 年），说明外企数量重心与 IBT 重心在纬度上的聚合和离散程度、外企投资重心与 IBT 重心的聚合和离散程度始终处于动态变化之中。

3. 两类重心一致性指数的演变

通过重心一致性模型 [式 (3-11)]，计算出外企数量重心与 IBT 重心的变动一致性指数 C_1、外企投资重心与 IBT 重心的变动一致性指数 C_2（见图 3-9），由此可以判断二者演变方向的变化。C_1、C_2 小于 0 的次数分别是 6 次和 7 次，这说明 15 年间外企数量重心和 IBT 重心反向运动的次数是 6 次，而外企投资重心和 IBT 重心反向运动的次数是 7 次，说明两类重心聚散的频次相当（总频次 14 次）。

观察 C_1、C_2 的值，发现均呈正负交替变化，说明 FDI 重心与 IBT 重心呈"同向—反向"交替演变。C_1 在 1998 年为正，1999—2000 年为负，2001—2004 年为正，2005—2006 年又变为负值，2007—2012 年也呈正负交替变化；C_1 的正负交替变化表明外企数量重心和 IBT 重心呈"同向—反向"交替演变。C_2 在 1998 年、2000 年、2005—2006 年、2008 年、2010 年和 2012 年为负值，其余年份为正；C_2 的正负交替变化表明外企投资重心和 IBT 重心呈"同向—反向"交替演变。

根据图 3-9，可进一步将两类重心的"同向—反向"交替演变划分为三个阶段：第一个阶段（1998—1999 年）：外企数量重心与 IBT 重心的变动一致性指数分别为 0.45 和 -0.51，而外企投资重心与 IBT 重心的变动一致性指数分别为 -0.86 和 1.00，这表明 1998—1999 年外企数量重心与 IBT 重心、外企投资重心与 IBT 重心在空间上呈"同向—反向"交替演变（正反交替）。第二个阶段（2000—2007 年）：C_1 和 C_2 的值同正同负，这表明外企数量重心与 IBT 重心、外企投资重心与 IBT 重心呈同向聚合演变。第三个阶段（2008—2012 年）：C_1 和 C_2 的值变化相反，这表明外企数量重心与 IBT 重心、外企投资重心与 IBT 重心呈"同向—反向"交替演变（正反交替）。由此

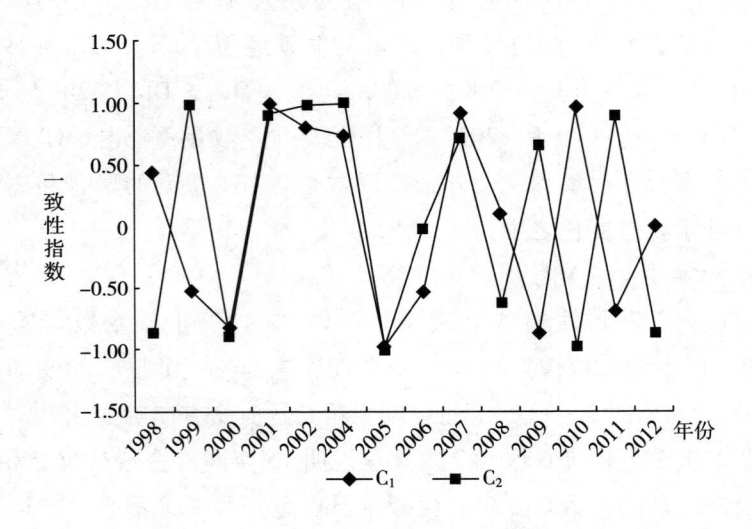

图 3-9　两类重心演变的一致性指数

说明，两类重心的空间聚散演变经历了"正反交替—同向聚合—正反交替"的变化。

(三) 两类重心空间聚散的形成机制

两类重心的空间演变态势表明，二者在空间格局形成了聚散交替的演变态势（模型假设完全成立）。重心一致性演变指数计算表明，两类重心的聚散交替演变经历了"正反交替—同向聚合—正反交替"的三阶段变化。因此，本章从两类重心空间聚散演变走势的三阶段出发讨论 FDI 和 IBT 的空间聚散的成因并总结其形成机制（图 3-10）。

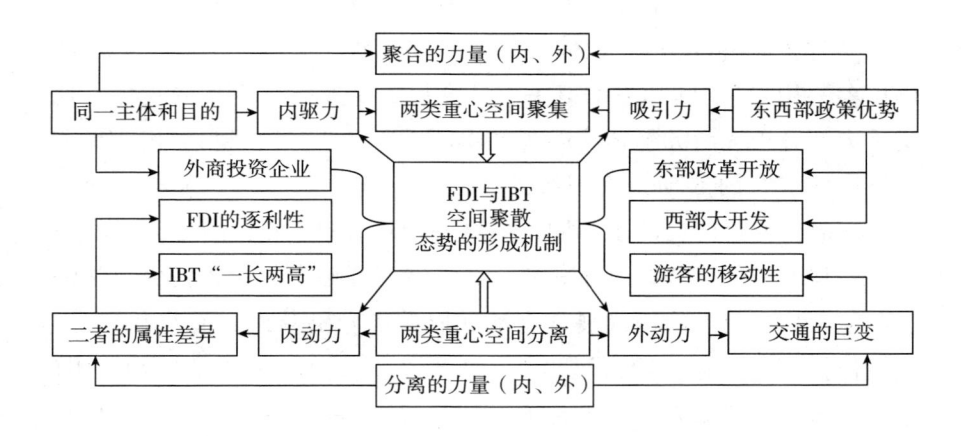

图 3-10　FDI 与 IBT 的空间聚散态势形成机制

1. 1997—1999 年的正反交替阶段

在此阶段，外企数量重心、外企投资重心分别往东南和东北移动，1997 年 IBT 重心呈南北波动；外企数量重心和外企投资重心移动方向的差异使得 C_1、C_2 的值相反，形成两类重心的"正反交替"状。外企数量重心和外企投资重心虽移动方向不同，但总体均向东移动，表明外企投资和外企数量的分布大体一致；因为外企是外商投资的载体，因此外企投资围绕外企而分布。东部在开放政策方面具有先天优势，我国的改革开放最早从东部沿海开始，一方面，通过优惠政策吸引外资以促进东南沿海贸易和经济的发展，另一方面，通过逐步打开国门吸引外国游客来华旅游。因此，能吸引众多的外企和 IBT 集聚于此，使得 FDI 重心和 IBT 重心"东移"并呈"东密西疏"的格局。IBT 重心的南北波动与其"一长两高"（逗留时间长、人均消费高、重游率高）的属性特征相关；较长的停留时间保证其有充足的时间游览周边地区，"不差钱"的商务消费使其能"游"得更远，而商旅的重复性带来的审美疲劳促进其不断求新求异，使得 IBT 重心出现南北波动。由于重心移动幅度的差异（FDI < IBT）（见图 3-9），两类重心呈现出聚散状。

2. 2000—2007 年的同向聚合阶段

在此阶段，FDI 重心和 IBT 重心向东北方向移动明显（见图 3-5）。两类重心移动方向大体一致，呈"同向聚合"状，这与 FDI 和 IBT 具有相同的主体和目的有关。外商投资企业既是 FDI 的主体，也是绝大部分入境商务游客的消费主体，因此，外商投资利益相关者和入境商务游客的活动始终围绕外企展开，从而使得两类重心同向集聚。同时，二者的目的也趋同——追逐利益（FDI 的目的是通过在华投资转移本国的优势产业而获利，而入境商务游客的主要任务也是通过实地考察或贸易洽谈或展览交流获取商机和贸易机会而获利），逐利性使得两类重心"同向聚合"。但受"一长两高"特征制约，IBT 重心在东北—西南方向上出现波动：2002—2004 年往东北方向移动，2004—2006 年往西南方向小幅移动，2007 年又折回东北方向的原路径，因而形成了两类重心的聚合（2002—2004 年）—分散（2004—2006 年）—聚合（2007 年）的空间演变。

3. 2008—2012 年的正反交替阶段

在此阶段，外企数量重心、外企投资重心移动方向相反（分别往西南和东北移动），IBT 重心向西南移动；外企数量重心和外企投资重心移动方向的不同使得两类重心又呈"正反交替"状。但外企数量重心和 IBT 重心向西移动趋势明显，外企投资重心虽仍向东北方向移动，相对于上一阶段而言也相对偏西。两类重心的西移表明西部大开发初见成效，中西部丰富的资源、廉价的劳动力和优惠政策吸引外商投资企业和入境商务游客在此集聚；但由于资本的逐利性和前期移动的惯性，外企投资重心虽有小幅西移，但仍向东北方向演变。2008—

2009年IBT重心向东北移动（与FDI重心大体一致），2010年突然向相反方向（西南）移动69.49千米，2011年往北移动，2012年又往西南方向移动；在此阶段，外企数量重心分别向西北和西南移动、外企投资重心向东北移动，但二者相对变化幅度小。因此，形成了两类重心的聚合（2008—2009年）—分散（2010年）—聚合（2010年）—分散（2012年）的空间演变。

此外，在两类重心分离的过程中，发达的交通是重要的外部力量。入境商务游客的旅游行为是基于人的移动而实现的，因此，承载"人流"的旅游交通就显得异常重要。随着我国对发展旅游业的重视和对交通基础设施的不断投入，铁路、公路以及高铁在不断修建，我国航空客运逐步普及，交通的巨变在促进我国旅游业的发展同时也方便了IBT活动的开展；特别是高铁的修建和航空的普及，刚好切合入境商务游客的诉求——追求时效且具备消费能力。因此，在交通巨变的作用下，入境商务游客的移动性得以增强，其出游半径不断扩大；当入境商务游客关注"游"而非"商"时，其移动方向与FDI不同，形成重要的分离力量。因此，交通巨变是两类重心不断分离的外部动力。

总体而言，FDI和IBT的聚合与二者具有相同的主体和目的有关（内部动力），东西部的政策优势是吸引两类重心聚集的重要力量；外商投资的逐利性和入境商务旅游"一长两高"的属性差异是两类重心空间分离的内部动力，交通巨变是两类重心不断分离的外部动力（见图3-10）。可见，FDI和IBT的空间聚散态势是在聚合的力量和分离的力量的共同作用下形成的。当聚合的力量＞分离的力量时，两类重心重叠性较好，二者呈聚合状；当聚合的力量＜分离的力量时，两类重心重叠性较差，二者呈离散态势；两种力量的不断变化最终形成了FDI和IBT的空间聚散交替态势。

四 结论

本节通过实证分析得出如下结论。

第一，重心模型计算结果表明，两类重心既空间集聚又存在一定的分离；二者在演变路径和趋势、演变幅度和速度上也有一定差异性。FDI 重心集聚于皖西这一结论与已有研究得出的我国外资沿长江流域省区的"T"形轴线分布和集中性的结论一致；而 IBT 重心集聚于鄂皖赣交界处这一结论与前人得出的入境旅游重心位于皖、鄂两省交界处的结论相符；两类重心的集聚态势表明 FDI 的分布与入境商务游客的分布大体一致，证实二者存在空间关联。在演变路径和趋势上，外企数量重心、外企投资重心和 IBT 重心分别呈反"∞"形向东南方向、线性向东北方向、反"N"形向西南方向演变；在演变幅度上，外企数量重心（61.65 千米）＜IBT 重心（65.44 千米）＜外企投资重心（201.05 千米）；在演变速度上，外企数量重心（19.81 千米/年）＜外企投资重心（24.82 千米/年）＜IBT 重心（43.97 千米/年）。对比两类重心的演变可初步判定 FDI 重心和 IBT 重心形成了聚散交替的演变格局。

第二，空间重叠性模型计算结果证实，FDI 与 IBT 之间已形成聚散交替的演变态势，且具有一定的分散趋势。对比 FDI 与 IBT 的空间聚散演变态势发现，二者具有相同的空间聚散演变节奏，但二者的聚合和分离程度有所不同。两类重心演变的一致性指数表明二者的聚散频次相当，经历了"正反交替—同向聚合—正反交替"的演变。分阶段的形成机制分析表明，二者的空间聚散态势是在聚合和分离的共同作用力下形成的：相同的主体和目的是二者聚集的内驱力，东西部的政策优势是吸引二者聚集的外部力量；外商投资和 IBT 的属性差异是二者分离的内部动力，交通巨变是二者不断分离的外部动力。

第三，重心模型是研究区域发展过程中要素空间变动的经典方法，它能在地理空间和经济要素关系上反映区域经济结构与空间的集聚形态。选取我国 31 个省区市的面板数据引入重心模型从空间重心视角进行 FDI 与 IBT 的研究，在时间上能很好地认识二者的时空动态演化过程，在空间上有助于分析二者的空间分布特征和聚散规律。FDI 和 IBT 的空间聚散交替的演变态势表明入境商务游客（"人流"）与外企所在地、外企投资总额（"资金流"）所属空间的分布既有一定的一致性也存在一定的分离；FDI 和 IBT 的空间聚散交替演变也表明二者在空间上存在一定的互动和关联。

第三节 本章小结

本章在我国 FDI 与 IBT 不断壮大的情况下，建立 FDI 与 IBT 的理论假设模型，首先通过选取外企投资、外企数量和 IBT 三项的时序数据，基于格兰杰因果检验和弹性系数对模型进行实证分析；其次，利用重心模型研究我国 FDI 与 IBT 的空间聚散及形成机制，以期能为二者的良性互动和协调发展提供一定的借鉴和指导。本章通过实证分析，主要得出以下结论。

（1）描述性分析表明，我国 FDI 和 IBT 具有相同的增长态势，二者均经历了三个阶段的增长历程。推拉方程显示，二者之间具有一定的推拉关系。协整检验得出，我国 FDI 与 IBT 有长期均衡关系，即 FDI 对 IBT 具有关联和带动作用。

（2）误差修正模型表明，我国 FDI 与 IBT 有短期动态调整关系；同时，我国的外企数量、外企投资与 IBT 的均衡关系对当期非均衡误差调整的自身修正能力较强，符合反向修正机制且调整程度大。

（3）格兰杰因果检验得出，FDI 是 IBT 的格兰杰原因成立，IBT 是 FDI 的格兰杰原因也成立。可见 IBT 的发展可以带动 FDI 的发展，即 IBT 可以推动外企数量和外企投资的发展。由此可见，IBT 发展得越好，我国的外企数量和外企投资也会更多，IBT 是 FDI 的格兰杰原因也成立。

（4）弹性系数分析得出，我国外企数量对 IBT 的弹性系数是 8.43，我国外企投资对 IBT 的弹性系数是 0.415。外企数量对 IBT 的弹性系数大于外企投资对 IBT 的弹性系数，说明外企数量对 IBT 的带动作用大于外企投资对 IBT 的带动作用。

（5）重心模型计算结果表明，两类重心既空间集聚又存在一定的分离；二者在演变路径和趋势、演变幅度和速度上也有一定的差异性。两类重心的集聚态势表明 FDI 的分布与入境商务游客的分布大体一致，证实二者存在空间关联。在演变路径和趋势上，外企数量、外企投资和 IBT 重心分别呈反"∞"形向东南方向、线性向东北方向、反"N"形向西南方向演变；在演变幅度上，外企数量（61.65 千米）＜IBT（65.44 千米）＜外企投资（201.05 千米）；在演变速度上，外企数量（19.81 千米/年）＜外企投资（24.82 千米/年）＜IBT（43.97 千米/年）。对比两类重心的演变可初步判定 FDI 重心和 IBT 重心形成了聚散交替的演变格局。

（6）空间重叠性模型计算结果证实，FDI 与 IBT 之间已形成聚散交替的演变态势，且具有一定的分散趋势。对比 FDI 与 IBT 的空间聚散演变态势发现，二者具有相同的空间聚散演变节奏，但二者的聚合和分离程度有所不同。两类重心演变的一致性指数表明二者的聚散频次相当，经历了"正反交替—同向聚合—正反交替"的演变。分阶段的形成机制分析表明，二者的空间聚散态势是在聚合和分离的共同作用力下形成的：相同的主体和目的是二者聚集的内驱力，东西部的政策优势是吸引二者聚集的外部力量；外商投资和 IBT 的属性差异是二者分离的内部动力，交通巨变是二者不断分离的外部动力。

第四章 我国东部地区 FDI 与 IBT 的关系分析

第一节 我国东部地区 FDI 与 IBT 的时序关系分析

一 我国东部地区 FDI 与 IBT 规模的发展历程分析

1995—2014 年我国东部地区 IBT 呈不断增长的发展态势（见图 4-1）。1995 年，我国东部地区入境商务客流为 66.97 万人次，随后不断增长，至 2000 年已增长至 158.01 万人次，2001 年继续增长至 167.40 万人次，2005 年已达 386.35 万人次，到 2010 年入境商务客流已增长至 502.21 万人次，随后虽增长缓慢，但在 2014 年仍保持了 485.36 万人次的规模。总体而言，我国东部地区 IBT 的增长可以划分为三个阶段：第一阶段（1995—2001 年）为较快增长阶段，第二阶段（2001—2008 年）为快速增长阶段，第三阶段（2008—2014 年）为平稳增长阶段。其中，第一阶段 IBT 的年均增长率为 15.78%，第二阶段为 18.65%，第三阶段为 1.26%。

1995—2014 年我国东部地区外企数量也呈不断增长的发展态势（见图 4-1）。1995 年东部地区外企数量为 18.67 万户，1997 年增长至 18.87 万户后有所回落，2000 年降至 16.45 万户，2001 年又增加至 16.62 万户，随后不断增长，至 2005 年已增至 22.27 万户，到 2010 年又增长至 35.27 万户，随后仍保持不断增长的态势，2014 年已增至 37.30 万户。总体而言，我国东部地区外企数量的增长可以划分为三个阶段：第一阶段（1995—2001年）为负增长阶段，第二阶段（2001—2008年）为快速增长阶段，第三阶段（2008—2014年）为缓慢增长阶段。其中，第一阶段外企数量的年均增长率为 -1.87%，第二阶段为 10.48%，第三阶段为 6.89%。

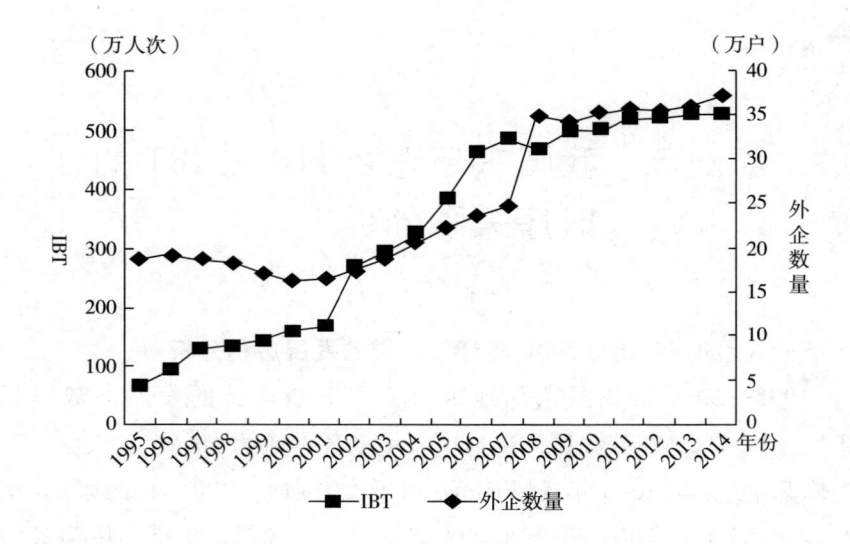

图 4-1　IBT 和外企数量的发展态势

1995—2014 年我国东部地区外企投资也呈不断增长的发展态势（见图 4-2）。1995 年东部地区外企投资为 53.14 百亿美元，随后不断增长，2000 年增长至 68.17 百亿美元，2001 年又继续增加至 73.15 百亿美元，至 2005 年已增至 124.12 百亿美元，到 2010 年又增长至 214.40 百亿美元，随后仍保持不断增长的态势，2014 年已增至 307.99 百亿美元。总体而言，我国东部地区外企投资的增长可以划分为三个阶段：第一阶段（1995—2001 年）为缓慢增长阶段，第二阶段（2001—2008 年）为快速增长阶段，第三阶段（2008—2014 年）为持续增长阶段。其中，第一阶段投资的年均增长率为 5.53%，第二阶段为 14.37%，第三阶段为 10.10%。

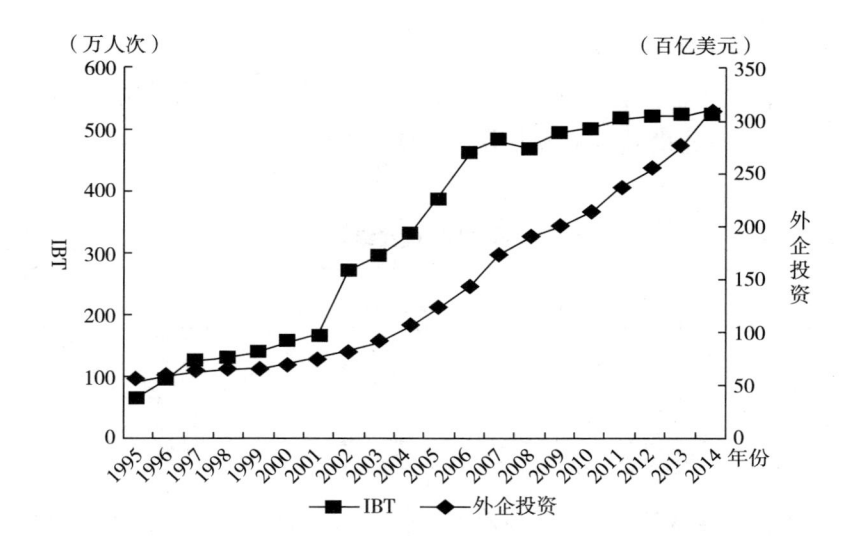

第四章 我国东部地区 FDI 与 IBT 的关系分析

图 4-2 IBT 和外企投资的发展态势

对比我国东部 IBT 和外企数量的发展态势可见，二者均呈不断增长的发展态势，均经历了三个阶段的增长历程；对比我国东部 IBT 和外企投资的发展态势可见，二者的增长态势也大致趋同，也均经历了三个阶段的增长历程。由此可见，我国东部 FDI 和 IBT 具有相同的增长态势。进一步构建东部 IBT 和外企数量、IBT 和外企投资的推拉方程，见式 (4-1)、式 (4-2)。

$$IBT = -1.614n^2 + 105.44n - 1193.3 \quad (4-1)$$

$$IBT = -0.001i^2 + 2.775i - 746.52 \quad (4-2)$$

式 (4-1) 和式 (4-2) 的 R^2 分别为 0.834 和 0.882，n 代表东部外企数量（万户），IBT 代表东部入境商务客流量（万人次），i 代表东部外企投资总额（百亿美元）。

二　我国东部 FDI 与 IBT 关系的实证分析

（一）平稳性检验

本章采用 ADF 检验法对我国东部外企数量（n）、外企投资总额（i）、入境商务旅游（IBT）三个变量进行平稳性检验。若序列检验结果为不平稳，则需要进行一阶差分或二阶差分；只有变量都为同阶单整才可进行协整检验。

本章对以上三个变量进行了自然对数转换,结果分别对应为 Ln、Li、$LIBT$。再通过 EViews 6.0 软件检验其平稳性,结果见表4-1。

表4-1　　　　　　　　变量 ADF 检验结果

变量	(C, T, K)	ADF	5%临界值	结论
$LIBT$	(C, T, 0)	1.847695	-1.960171	不平稳
Ln	(C, N, 0)	1.823293	-1.960171	不平稳
Li	(C, T, 1)	1.619088	-1.961409	不平稳

检验结果显示,在5%的水平下,三个变量的 ADF 值均小于各自的5%临界值,这说明其并不是平稳时间序列。所以需要对序列进行一阶差分,一阶差分后三项变量分别为 DLn、DLi、$DLIBT$。再对一阶差分后的变量进行平稳性检验,结果如表4-2所示。

表4-2　　　　　　变量一阶差分后 ADF 检验结果

变量	(C, T, K)	ADF	5%临界值	结论
$DLIBT$	(C, N, 1)	-3.755885	-1.961409	平稳
DLn	(C, T, 0)	-3.210820	-1.961409	平稳
DLi	(C, T, 0)	-4.016157	-3.052169	平稳

检验结果显示,一阶差分后三项变量的 ADF 值均大于各自的5%临界值,所以三项变量在5%的水平上均平稳。由此可见,三项变量都为一阶单整,所以可以进行协整检验。

(二) 协整检验

本章采用 E-G 协整检验方法,通过对回归方程残差序列的平稳性检验来反映相互之间的协整关系,若残差序列平稳则表明两者之间存在协整关系。本章运用 E-G 两步法进行协整检验:第一步,进行协整回归分析;第二步,检验残差序列的平稳性。

第四章 我国东部地区 FDI 与 IBT 的关系分析

本章对外企数量与 IBT、外企投资与 IBT 进行协整检验,其对应的协整方程与残差序列 ADF 检验结果如表 4-3、表 4-4 所示。

表 4-3　　　　　　　　　FDI 与 IBT 的协整方程

协整方程		F	DW	调整后的 R^2
$LIBT = 0.6076Ln + 8.6745$ (6.8645)　(4.8739)	(4-3)	18.3498	1.9856	0.8754
$LIBT = 0.6911Li + 6.7834$ (5.7642)　(6.7623)	(4-4)	14.6412	1.6845	0.8905

表 4-4　　　　　　　　　残差序列的平稳性检验

残差序列	(C, T, K)	ADF	5%临界值	结论
ε_n	(C, N, 1)	-6.8734	-1.9754	平稳
ε_i	(C, T, 1)	-4.7645	-1.9523	平稳

注:检验类型中的 C、T、K 分别代表单位根检验中的常数项、时间趋势项和滞后阶数;N 表示不包括 C 或 T;滞后阶数根据 AIC 和 SC 最小原则确定;以上 ADF 值均在 5% 的置信水平上显著。

表 4-3 中方程 (4-3) 为我国东部地区外企数量与 IBT 的协整方程,方程调整后的判断系数 R^2 为 0.8754,表明模型拟合效果较好。Ln 系数估计值表示的是外企数量对 IBT 的弹性,其系数为 0.6076,表明我国东部地区外企数量每增长 1%,其 IBT 会增长 0.6076%。

表 4-3 中方程 (4-4) 为我国东部地区外企投资与 IBT 的协整方程,方程调整后的 R^2 为 0.8905,表示方程拟合效果较好。方程的 Li 系数表示的是外企投资对 IBT 的弹性,其系数为 0.6911,表明我国东部地区外企投资每增长 1%,其 IBT 会增长 0.6911%。

表 4-4 为方程残差的平稳性检验结果。通过对方程的残差 ε 进行 ADF 检验,得出其在一阶差分后平稳,在 5% 的显著水平下具有稳定性。这些数据表明我国东部地区外企数量与 IBT、外企投资与 IBT

之间都有着协整关系，也就是说，它们之间有长期均衡关系。由此可得，FDI 的增长会促进 IBT 的发展，并且 FDI 对 IBT 有关联带动作用。

（三）误差修正模型

误差修正模型（ECM）是由 Davidson、Hendry 等于 1978 年提出的。上文的各项变量是通过一阶差分后转化为稳定序列的，然而简单差分并不一定可以解决非平稳时间序列所遇到的全部问题，因此，需要建立误差修正模型来弥补其不足。本章利用 Eviews 6.0 软件建立误差修正模型，如表 4 - 5 所示。

从表 4 - 5 中可以看出，模型（4 - 5）、模型（4 - 6）F 统计量的相应概率值 P 都比较小，调整后 R^2 值均在 0.95 以上，数值较大，说明模型整体的拟合效果较好。

分析模型（4 - 5）可以得出，我国东部地区外企数量对 IBT 的前一期和前两期的弹性系数分别为 0.2565 和 0.1825，表明我国东部地区外企数量每增加 1%，前一期和前两期的 IBT 会随之增加 0.2565% 和 0.1825%，但其均与长期弹性相去甚远。而其前一期与前两期的 IBT 都会对本期的 IBT 产生一定的促进作用，其贡献幅度分别是 0.2543% 和 0.1426%。误差修正项（ECM）系数为 - 0.3532，其绝对值越大说明修正能力越强。由此可见，我国东部地区外企数量与 IBT 之间的均衡关系对当期非均衡误差调整的自身修正能力较强，符合反向修正机制并具有较强的调整力度。

分析模型（4 - 6）可以得出，我国东部地区外企投资对 IBT 的前一期和前两期的弹性系数分别为 0.1518 和 0.1723，表明我国东部地区外企投资每增加 1%，前一期与前两期的 IBT 会随之增加 0.1518% 和 0.1723%，但数值远远小于长期弹性。而其前一期与前两期的 IBT 都会对本期的 IBT 产生一定推动作用，其贡献幅度分别是 0.3123% 和 0.2118%。ECM 系数为 - 0.2143，说明我国东部地区外企投资与 IBT 之间的均衡关系对当期非均衡误差调整的自身修正能力较弱，符合反向修正机制并具有一定的调整力度。

表 4-5　　FDI 与 IBT 的误差修正模型

误差修正模型	F	DW	调整后的 R^2
$D(LIBT) = 6.8745 - 0.3532ECM + 0.2543D(LIBT(-1)) + 0.1426D(LIBT(-2)) + 0.2565D(Ln(-1)) + 0.1825D(Ln(-2))$ (4-5) 　(8.8312)(6.3543)　　(3.5423)　　　　(5.6414)　　　　　(8.1137)　　　　(6.5643)	53.8745	1.8754	0.9536
$D(LIBT) = 4.6534 - 0.2143ECM + 0.3123D(LIBT(-1)) + 0.2118D(LIBT(-2)) + 0.1518D(Li(-1)) + 0.1723D(Li(-2))$ (4-6) 　(3.2943)(6.542)　　(7.3423)　　　　(5.8743)　　　　　(6.6531)　　　　(6.624)	49.8539	1.7085	0.9853

由此可见，我国东部地区 FDI 与 IBT 在短期内存在动态调整关系，但其短期弹性系数要小于长期弹性系数，说明 FDI 变化对 IBT 变化的反映在长时间段中较短期更为明显。

（四）格兰杰因果关系检验

协整检验结果说明我国东部地区 FDI 与 IBT 之间存在长期的均衡关系，但两者之间是否互为因果关系，即 FDI（外企数量、外企投资）的增多是否会促进 IBT 的发展，或 IBT 的发展是否会促使 FDI（外企数量、外企投资）的增多，则需要通过格兰杰因果关系检验进行进一步检验分析。检验结果见表 4-6。

表 4-6　　　　　　　　格兰杰因果关系检验结果

原假设	滞后阶数	F 值	P 值	结论
Ln 不是 $LIBT$ 的格兰杰原因	2	5.6634	0.0362	拒绝
$LIBT$ 不是 Ln 的格兰杰原因	2	1.5423	0.0634	拒绝
Li 不是 $LIBT$ 的格兰杰原因	2	3.3635	0.0634	拒绝
$LIBT$ 不是 Li 的格兰杰原因	2	2.4423	0.0842	拒绝

从表 4-6 中可以看到，我国东部地区外企数量与外企投资不是 IBT 的格兰杰原因的概率 P 值分别为 0.0362 与 0.0634，均小于 0.1，因此拒绝原假设，说明我国东部地区外企数量、外企投资是 IBT 的格兰杰原因，即我国东部地区 FDI 的增加会推动 IBT 的发展。我国东部地区经济发展状况很好，会吸引很多外商在此投资，由此带来大量的来华商务人员，从而有效地促进东部地区 IBT 的发展。

由表 4-6 可知，我国东部地区 IBT 不是外企数量与外企投资的格兰杰原因的概率 P 值分别为 0.0634 与 0.0842，也均小于 0.1，因此拒绝原假设，说明我国东部地区 IBT 是外企数量与外企投资的格兰杰原因，即我国东部地区 IBT 的发展也会促进 FDI 吸收。我国东部地区经济发展水平较高，经济与商贸较为发达，各种基础服务设施健全，由此吸引在此旅游的商务游客发现商机并进行投资，从而吸收大量的 FDI。

通过格兰杰因果检验结果得出，我国东部地区外企数量与 IBT 互为原因；我国东部地区外企投资与 IBT 也互为原因，即我国东部地区 FDI 与 IBT 互为因果关系。由此可以看出：在我国东部地区，FDI 的增长可以拉动其 IBT 的发展，反过来，IBT 的发展也会刺激外企数量与外企投资的增长。这是因为我国东部地区经济基础扎实，贸易与经济发展势头好，吸引 FDI 多，同时促进了 IBT 的发展。同时，东部地区各项基础设施较为完善，能够满足高端商务游客的需求，从而带来大量 FDI 的投入。

（五）FDI 对 IBT 的关联带动作用分析

通过格兰杰因果关系检验得出我国东部地区 FDI 是 IBT 的格兰杰原因，但我国东部地区 FDI 对 IBT 的拉动作用到底如何，这需要进一步进行分析。本章运用弹性系数分析法来分析我国东部地区 FDI 对 IBT 的影响程度。以我国东部地区外企数量（n）、外企投资（i）为解释变量，以我国东部地区入境商务旅游（IBT）为被解释变量，通过 OLS 回归得出其弹性系数，由此分析 FDI 对 IBT 的带动作用。计算结果见表 4-7、表 4-8。

表 4-7　　　　我国东部外企数量对 IBT 的带动作用

变量	IBT	常数项	R^2
n	14.31/15.05/16.96	19.32/21.09/14.33	0.021/0.818/0.842

表 4-8　　　　我国东部外企投资对 IBT 的带动作用

变量	IBT	常数项	R^2
i	5.46/5.46/2.44/0.434	-219.97/58.33/403.9	0.932/0.867/0.768

1. 我国东部地区外企数量对 IBT 的带动作用

理论上，外企数量的增长会使我国东部地区的来华人员增多，从而为 IBT 带来客源市场；而我国东部地区 IBT 的发展壮大也会吸引更多的外企在此设立，两者互动关系密切。从表 4-7 中可以看出，我国东部地区外企数量对 IBT 的弹性系数为 14.31，即我国东部地区外企数量每增长 1%，其 IBT 增长 14.31%。由此可见，我国东部地区外企数量对 IBT 有着非常明显的带动作用。

2. 我国东部地区外企投资对 IBT 的带动作用

理论上，外企投资的增多使外商投资者来华的次数更加频繁，为 IBT 带来更多的客源；而随着我国东部地区 IBT 的发展，外商投资者会不断加大对其投资的额度。所以，外企投资与 IBT 的互动关系也是密切的。从表 4-8 可以看出，我国东部地区外企投资对其 IBT 的弹性系数为 5.46，说明外企投资每增长 1%，其 IBT 会随之增长 5.46%。由此可见，我国东部地区外企投资对 IBT 有较为明显的带动作用。

通过对比我国东部地区外企数量、外企投资对 IBT 的弹性系数值可以发现，我国东部地区外企数量对 IBT 的弹性系数高于外企投资对 IBT 的弹性系数，也表明我国东部地区的外企数量对 IBT 的拉动作用比外企投资对 IBT 的拉动作用更为明显。这是因为外企数量的增多会直接带来大量的入境人员，通常外企设立需要很多程序，在设立过程中就会出现大量的入境人员，而在外企设立之后也会不断有相关的技术人员、监管人员与管理者从境外来对企业进行监管，从而引起更多的入境商务旅游。而外商投资带动的人员增加并没有外企数量带来的客源量明显，所以才会使我国东部地区外企数量对 IBT 的带动作用比外商直接投资对 IBT 的带动作用更强。

三 结论

本节以我国 FDI 与 IBT 为研究对象，运用平稳性检验、协整检验、误差修正模型、格兰杰因果关系检验和弹性系数分析等方法，定量分析 FDI 与 IBT 的关系，并得出以下结论：

（1）描述性分析表明，我国东部 FDI 和 IBT 具有相同的增长态势，二者均经历了三个阶段的增长历程。推拉方程显示，二者之间具有一定的推拉关系。协整检验得出，我国东部 FDI 与 IBT 有长期均衡关系，即 FDI 对 IBT 具有关联和带动作用。通过协整分析得出，我国东部地区 FDI 与 IBT 在短期内存在动态调整关系，但其短期弹性系数要小于长期弹性系数，说明 FDI 变化对 IBT 变化的反映在长时间段中较短期更为明显。

（2）误差修正模型表明，我国东部地区 FDI 与 IBT 有短期动态调整关系；同时，我国东部地区外企数量、外企投资与 IBT 之间的均衡关系对当期非均衡误差调整的自身修正能力较强，符合反向修正机制并具有一定的调整力度。同时，对比长期和短期弹性发现，东部地区 FDI 与 IBT 的短期弹性系数要小于长期弹性系数，说明 FDI 变化对 IBT 变化的反映在长时间段中较短期更为明显。格兰杰因果关系检验得出，FDI 是 IBT 的格兰杰原因在我国东部地区成立，IBT 是 FDI 的格兰杰原因也成立，东部地区 FDI 和 IBT 互为格兰杰因果关系。

（3）弹性系数分析得出，我国东部地区外企数量对 IBT 的弹性系数是 14.31，外企投资对 IBT 的弹性系数是 5.46。由此可以看出，我国东部地区外企数量对 IBT 的弹性系数大于外企投资对 IBT 的弹性系数，说明我国东部地区外企数量对 IBT 的带动作用大于外企投资对 IBT 的带动作用。

第二节　我国东部地区 FDI 重心与 IBT 重心格局演变对比

一　东部地区 FDI 重心与 IBT 重心的空间演变轨迹

（一）FDI 重心演变轨迹

根据重心模型公式［参考第三章式（3-7）至式（3-11）］计算得到我国东部地区 FDI 的空间演变轨迹（包括外企数量重心和外企投资重心的空间演变），见图 4-3。东部地区 FDI 重心位于江西东北部和安徽西南部，"东移北迁"趋势明显，这与前人得出的我国外资沿长江流域省区市的"T"形轴线分布、具有集中性的结论一致①；而外企数量重心和外企投资重心由于所受微动力影响的不同又表现出各自不同的特点。

通过分析1997—2012年东部地区外企数量重心的空间演变轨迹可见，外企数量重心变动具有如下特征：①1997—2000年我国东部地区外企数量重心在江西景德镇附近，2001—2002年向东北方向移动至安徽北部的石台县和池州市东南部，2004—2012年向东北移动并集中在安徽青阳县境内。②外企数量重心整体向东北方向呈线性移动，直线移动距离是89.28千米。其中，向东和向南移动的频率最高；在15年中，分别向东移动了9次（其中东北方向6次），表明我国东部地区的东北部是外企的聚集区。③外企数量重心的平均移动速度为17.87千米/年。2001—2002年，受中国加入WTO并颁布《外商投资企业试点办法》以鼓励外企投资的影响，大量外企进入中国东部地区，加速了外企数量重心的变动；而2008年重心剧烈变动的原因是，受全球金融危机影响，欧美经济受挫，中国反而成了许多外企的缓冲区，大量外企在中国投资避险从而加快了其移动速度。总体而言，外企数量重心年际移动速度较为缓和，表明我国东部地区外商企业的数量整体趋于稳定。④在经纬度上的移动距离相当，分别移动了57.06千米、57.87千米，说明东部地区外企数量在东西方向和南北方向上的发展较为平衡。

通过分析1997—2012年东部地区外企投资重心的空间演变轨迹（见图4-3）可知，它的变动具有如下特征：①1997—1999年东部地区外企投资重心在江西景德镇境内，2000年以后一直往东北方向呈线性移动，2005—2006年重心在安徽南陵县，2007年往西南方向移动至安徽青阳县和贵池市交界处，2008—2012年又往东北方向呈线性移动，2012年重心落在安徽无为县境内。②外企投资重心与外企数量重心移动路径相似，整体均呈线性向东北方向移动，其整体直线移动距

---

① 贺灿飞、梁进社：《中国外商直接投资的区域分异及其变化》，《地理学报》1999年第2期。

离是 259.85 千米。在 15 年中，向东北移动 13 次，移动频率为 93%，表明我国外企投资聚集在东部地区的东北部。③平均移动速度为 28.19 千米/年，其中 2000 年、2004 年、2007 年和 2010 年东部各省投资额剧增加速了外企投资重心的东移。④在经纬度上分别移动了 223.9 千米、110.87 千米，说明我国东部地区外企投资在南北方向上的差距较大。

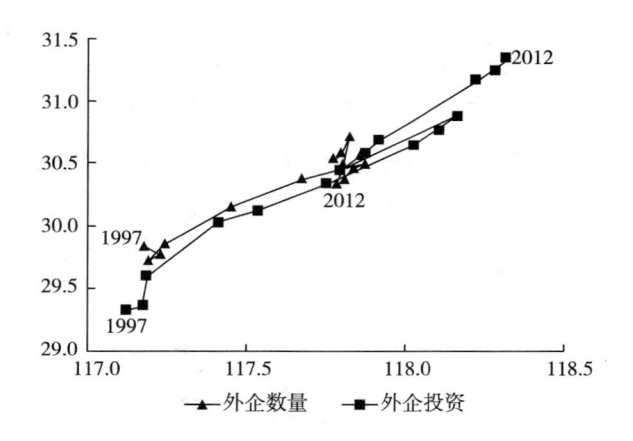

图 4-3　东部地区 FDI 重心的空间演变轨迹

（二）IBT 重心演变轨迹

计算所得东部地区 IBT（包括商务旅游、会议旅游和文体科技旅游）重心的空间演变轨迹如图 4-4 和图 4-5 所示，东部地区入境旅游（商务旅游、会议旅游和文体科技旅游）重心同外企投资重心相邻，均位于江西东北部和安徽西南部，但"东移南迁"趋势明显。对比东部 IBT 重心与我国 IBT 重心的移动趋势[①]，发现二者具有移动的同向性；而 IBT 中商务旅游、会议旅游和文体科技旅游的重心由于所受微动力影响的不同又表现出各自不同的特点。

---

① 李创新、马耀峰、张佑印：《中国旅游热点城市入境客流与收入时空动态演化与错位——重力模型的实证》，《经济地理》2010 年第 8 期。

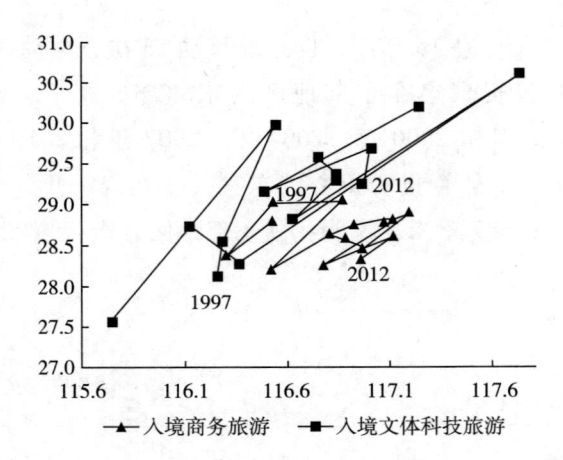

图 4-4　东部地区入境商务旅游（ibt′）和入境文体科技旅游重心的空间演变轨迹

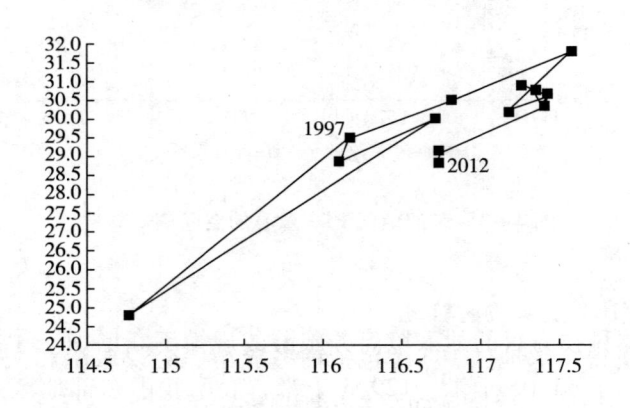

图 4-5　东部地区入境会议旅游重心的空间演变格局

由图 4-4 可知，东部地区以商务为目的的入境旅游具有如下特点：①1997 年以来我国东部地区入境商务旅游（ibt′）重心聚集在东经 116.29°—117.19°，北纬 28.20°—29.07°（位于江西北部的南昌市和乐平市之间）。②ibt′重心"东移南迁"趋势明显，其直线移动距离是 70.64 千米。其中，向东和向南分别移动了 8 次，移动频率为 57%，结合图 4-4 可知东部地区的东南部的规模日益增加。③平均移动速度是 47.69 千米/年，其中 2001 年、2005 年和 2010 年重心往西南方向的移动速度和幅度较大，其他年份较为缓和。④在经纬度上分别移动了 38.89 千米、53.34 千米，说明我国东部地区 ibt′规模在南北方向上有一定差距。

计算所得东部地区入境会议旅游的空间演变轨迹如图 4-5 所示。由图 4-5 可知：①我国东部地区入境会议旅游重心只有 2000 年重心较为特殊（在江西龙南县），整体在安徽西南部（安庆、贵池和巢湖）和江西东北部（南昌、九江和乐平）附近。②1997 年以来入境会议旅游重心"东移南迁"趋势明显，15 年来其直线移动距离为 95.7 千米。③平均移动速度是 161.3 千米/年，特别是 2000—2005 年以及 2011 年往西南方向移动速度和幅度较大，结合图 4-5 可知，东部地区西南部入境会议旅游的规模日益增加。④在经纬度上分别移动了 53.98 千米、70.89 千米，说明我国东部地区入境会议旅游规模在南北方向上有一定差距。

计算所得东部地区入境文体科技旅游的空间演变轨迹如图 4-4 所示。由图 4-4 可知：①我国东部地区入境文体科技旅游整体重心在安徽贵池市以及江西北部的南昌市和鄱阳县附近。②1997 年以来入境文体科技旅游重心"东移南迁"趋势明显，其直线移动的距离为 150.07 千米。③平均移动速度为 119.16 千米/年，2000 年和 2005 年往西南方向的变动较为剧烈，结合图 4-4 分析可知我国东部地区西南部以文体科技为目的的入境商务旅游的规模不断增加。④在经纬度上分别移动了 64.05 千米、129.3 千米，表明我国东部地区入境文体科技旅游的差距主要体现在南北方向上。

二 东部地区 FDI 重心与 IBT 重心的空间格局变动对比分析

通过对比 1997—2012 年我国东部地区外企数量重心，外企投资重心，IBT 的商务旅游重心（ibt′）、会议旅游重心、文体科技旅游重心的演变轨迹（见图 4-3、图 4-4、图 4-5），可以发现：

第一，从整体空间格局来看，我国东部地区 FDI 重心和 IBT 重心均位于几何中心（117.88°E，34.05°N）的西南方向，两类重心均聚集在江西东北部和安徽西南部且存在空间错位。相对于 FDI 重心而言，入境商务旅游重心始终偏西，这说明我国东部地区的 FDI 和 IBT

的发展既紧密相连又发展不平衡。IBT［包括商务旅游（ibt′）、会议旅游和文体科技旅游］的重心均位于外企数量重心和外企投资重心的西部，其中，会议旅游重心在其西北方向，而商务旅游（ibt′）和文体科技旅游重心在其西南方向。外企数量重心与 IBT［商务旅游（ibt′）、会议旅游和文体科技旅游］重心的平均距离分别是 198.27 千米、132.39 千米、164.37 千米；外企投资重心与 IBT［商务旅游（ibt′）、会议旅游和文体科技旅游］重心的平均距离分别是 221.07 千米、156.91 千米、188.01 千米；两类重心间的平均距离是 176.84 千米，这说明我国东部 FDI 分布和 IBT 分布存在空间错位。

第二，从整体演变格局和趋势来看，我国东部两类重心均呈现向偏东方向移动的趋势，但 FDI 重心呈"东移北迁"趋势，而 IBT 重心呈"东移南迁"趋势，两类重心具有一定的分离趋势；同时，两类重心在移动距离和年际移动速度上也有差异。在直线移动距离上：入境商务旅游重心（ibt′）（70.64 千米）＜外企数量重心（89.28 千米）＜入境会议旅游重心（95.7 千米）＜入境文体科技旅游重心（150.07 千米）＜外企投资重心（259.85 千米）；在累计移动距离上：外企数量重心（250.23 千米）＜外企投资重心（394.7 千米）＜入境商务旅游重心（ibt′）（667.6 千米）＜入境文体科技旅游重心（1668.28 千米）＜入境会议旅游重心（2258.24 千米）；在年际移动速度上：外企数量重心（17.87 千米/年）＜外企投资重心（28.19 千米/年）＜入境商务旅游重心（ibt′）（47.69 千米/年）＜入境文体科技旅游重心（119.16 千米/年）＜入境会议旅游重心（161.3 千米/年）。

第三，从内部重叠性和变动一致性来看，我国东部外企数量重心和外企投资重心之间及入境商务旅游（ibt′）重心、入境会议旅游重心和入境文体科技旅游重心之间具有良好的重叠性和变动一致性。在空间距离上，外企数量重心和外企投资重心之间平均距离为 41.56 千米；入境商务旅游重心和入境会议旅游重心之间的平均距离为 191.77 千米；入境商务旅游（ibt′）重心和入境文体科技旅游重心之间的平均距离为 102.96 千米；入境会议旅游重心（ibt′）和入境文体科技旅游重心之间的平均距离为 130.86 千米。总体而言，除了入境商务旅

第四章 我国东部地区 FDI 与 IBT 的关系分析

游（ibt'）重心和入境会议旅游重心之间在 2000 年和 2004 年距离较远，分别为 518.92 千米、333.38 千米，两类重心内部的距离均小于两类重心间的平均距离 176.84 千米，这说明两类重心均具有良好的内部重叠性。在变动一致性上，外企数量重心和外企投资重心的变动一致性指数均接近 1 或 -1，表明二者变动一致；由图 4-6 可知，入境商务旅游重心（ibt'）、入境会议旅游重心和入境文体科技旅游重心三者之间的变动一致性指数也较接近 1 或 -1，说明 IBT 重心内部具有较好的变动一致性。

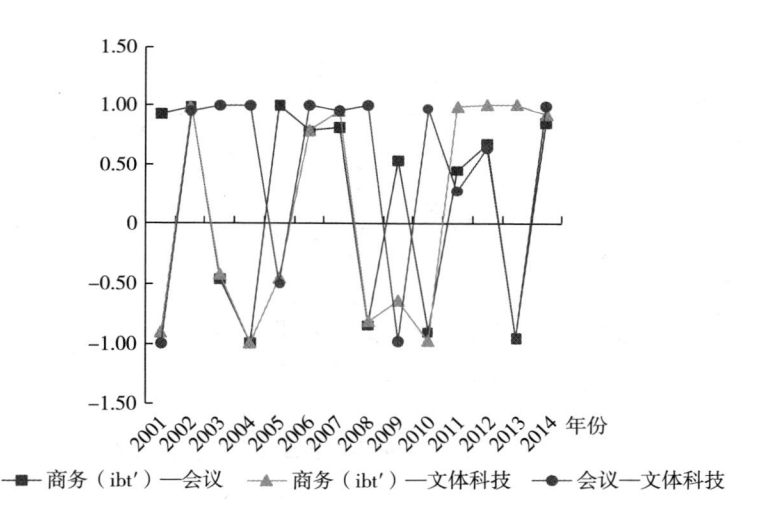

图 4-6　东部地区 IBT 重心的变动一致性

第四，从经度和纬度上看，我国东部地区两类重心呈现出不同的特点。从经度上看，如图 4-7 所示，FDI 重心位于较高经度，IBT 重心在较低经度，二者均向高经度移动。外企数量重心和外企投资重心以 2007 年为节点，先后呈线性东移趋势；IBT 重心以 2004 年为节点，呈波浪式东移趋势；其中，入境会议旅游重心在经度上的波动最大。在经度的整体移动幅度上：入境商务旅游（ibt'）重心（38.89 千米）＜入境会议旅游重心（53.98 千米）＜外企数量重心（57.06 千米）＜入境文体科技旅游重心（64.05 千米）＜外企投资重心（110.87 千米）。从纬度上看，如图 4-8 所示，FDI 重心和 IBT 重心向相反方向变动。外企数量重心和外企投资重心以 2007 年为节点，先后呈线性北移趋势；IBT 重心以 2004 年为节点，呈波浪式南移趋势，其中，入境会议旅游重心在纬度上的波动最大。在纬度的整体移动幅度上：入境商务旅游（ibt′）重心（53.34 千米）＜外企数量重心（57.87 千米）＜入境会议旅游重心（70.89 千米）＜入境文体科技旅游重心（129.3 千米）＜外企投资旅游重心（223.9 千米）。

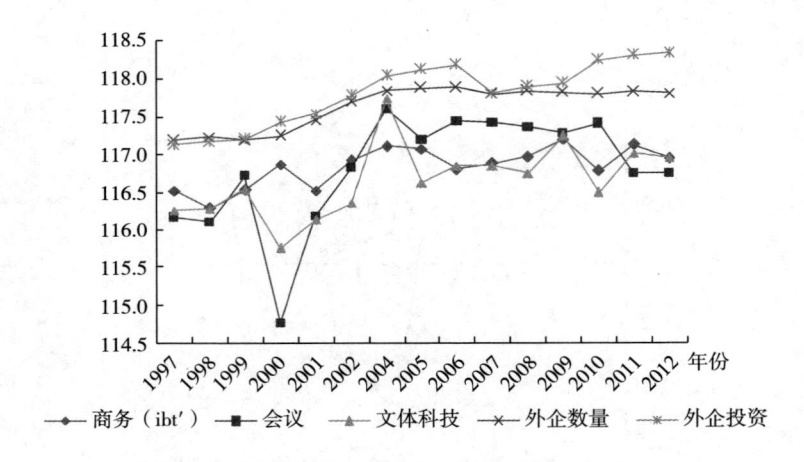

图 4-7　东部地区两类重心在经度上的演变路径对比

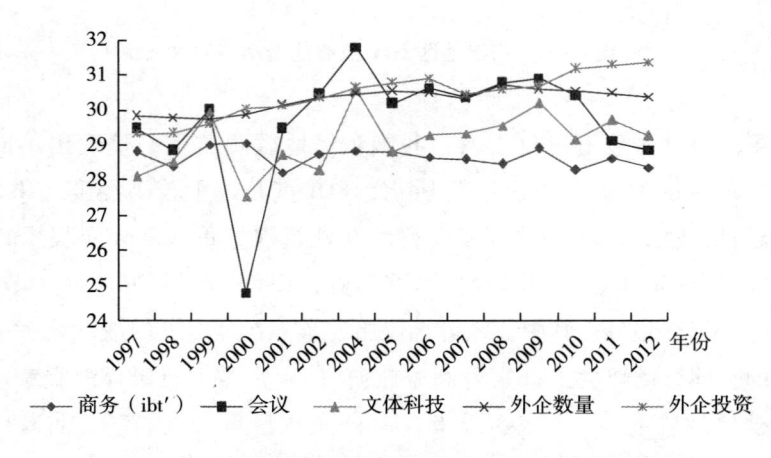

图 4-8　东部地区两类重心在纬度上的演变路径对比

第五,从空间相关性来看,如表4-9所示,在经度的联系上,我国东部地区 FDI 重心和 IBT 重心呈正相关关系,但在纬度上相关性不显著。外企数量重心与入境商务旅游(ibt′)重心、入境会议旅游重心和入境文体科技旅游重心在经度上均呈较强的正相关关系,相关系数分别为 0.784、0.781 和 0.693;外企投资重心与入境商务旅游(ibt′)重心、入境会议旅游重心和入境文体科技旅游重心在经度上也呈较强的正相关关系,相关系数分别为 0.753、0.615 和 0.600。而在纬度的联系上,FDI 重心和 IBT 重心的相关性不显著。这说明我国东部地区 FDI 与 IBT 的相互作用主要体现在东西方向上。

表4-9　东部地区 FDI 重心与 IBT 重心在经纬度上的相关性

		外企数量	外企投资	入境商务旅游(ibt′)	入境会议旅游	入境文体科技旅游
经度	外企数量	1				
	外企投资	0.674***	1			
	入境商务旅游(ibt′)	0.784**	0.753**	1		
	入境会议旅游	0.781**	0.615*	0.826***	1	
	入境文体科技旅游	0.693**	0.600*	0.736***	0.651***	1

注:***、**、*分别表示 1%、5%、10% 的显著性水平。

三　东部地区 FDI 重心与 IBT 重心空间格局变动的动因探析

东部地区两类重心聚集在江西东北部和安徽西南部且东移趋势明显,这与我国经济、社会发展水平和 FDI 的特点相关。我国东部地区不仅人口密集、经济发达,而且区位交通、政策优势明显,开放度高,因而能吸引众多外企长期集聚在此。而随着东部地区 FDI 的增加,大量商务游客的到来发展并壮大了东部地区 IBT,使得东部地区 IBT 也呈现出聚集性,这说明东部地区 IBT 规模与东部地区外企数量、外企投资总额的多寡有关,使得两类重心在空间分布上始终相邻,并表现出一定的相关性,并且均具有"东移"趋势。这证实了 FDI 与 IBT 的关联性,也从投资贸易的视角印证了贸易与旅游的互动理论。

两类重心又存在空间偏离且有一定的分离趋势。外企数量和外企投资重心偏东与我国东部地区良好的基础条件相关；而 IBT 重心偏西，这是由 IBT "四高一长"的特点决定的。2012 年入境商务游客在华平均停留时间约为 7 天，来华次数大于等于 4 次的商贸人员占总入境游客的 57.3%，近 30% 的入境商务游客游览了 2—3 个区域。较长的停留时间保证其有充足的闲暇时间游览周边地区；而商旅的重复性必然带来旅游审美的疲劳；"不差钱"的商务消费给予商旅游客更多的旅游消费选择，使其能"游"得更远，于是，在求新求异的驱动和高度发达的交通网络的推动下，越来越多的入境商务旅游者能深入中国腹地。近年来东部地区西南部出现的大量入境商务旅游者就是很好的例证。因此，东部地区两类重心的空间偏离是一种必然，这是由东部地区的经济、社会发展水平，外商投资特点和入境商务旅游者的旅游出游特点决定的。同时，随着 FDI 和 IBT 的发展，两类重心会更加偏离，其表现就是 FDI 重心"东移北迁"，而 IBT 重心"东移南迁"，这也是由东部地区的客观条件决定的。

两类重心的内部重叠性和内部变动一致性表明，外企数量分布和外企投资分布密切相关，入境商务旅游（ibt'）、入境会议旅游和入境文体科技旅游的分布密切相连。外企是外商投资的载体，因而外企数量分布和外企投资分布密切相关，两类重心具有重叠性和变动一致性。入境商务旅游（ibt'）、入境会议旅游和入境文体科技旅游的分布密切相关是因为它们都围绕着外商投资活动而展开，三者具有交叉性；但三者重心的变动又具有各自的特性：相对于入境文体科技旅游重心而言，入境会议旅游重心偏北，这与北京是我国政治中心、各类会议较多有关；而入境商务旅游（ibt'）重心较之偏南，这与上海、广州发达的经济、商务洽谈较多有关系。因此，东部入境商务旅游（ibt'）重心、入境会议旅游重心和入境文体科技旅游重心才呈现出不同的演化路径和趋势，并在移动距离和移动速度上也有所差距。

四 结论

总体而言，东部地区 FDI 重心和 IBT 重心的空间格局和演变规律与我国东部地区外商投资特征和商务旅游"四高一长"的特点密切相关,与我国旅游业发展国情密切相关,也与我国经济、社会发展水平相吻合。

第三节 本章小结

本章在我国东部地区 FDI 与 IBT 不断壮大的情况下,首先通过选取我国东部地区 FDI(外企数量、外企投资)和 IBT 的时序数据,基于格兰杰因果关系检验和弹性系数分析了二者在时间序列上的关系;同时,利用重心模型、重心重叠性模型和一致性模型研究我国东部地区 FDI 与 IBT 的空间关系。本章通过实证分析,主要得出以下结论:

(1)描述性分析表明,我国东部地区 FDI 和 IBT 具有相同的增长态势,二者均经历了三个阶段的增长历程。推拉方程显示,二者之间具有一定的推拉关系。协整检验得出,我国东部地区 FDI 与 IBT 有长期均衡关系,即 FDI 对 IBT 具有关联和带动作用。通过协整分析得出,我国东部地区 FDI 与 IBT 在短期内存在动态调整关系,但其短期弹性系数要小于长期弹性系数,说明 FDI 变化对 IBT 变化的反映在长时间段中较短期更为明显。

(2)误差修正模型表明,我国东部地区 FDI 与 IBT 有短期动态调整关系;同时,我国东部地区外企数量、外企投资与 IBT 之间的均衡关系对当期非均衡误差调整的自身修正能力较强,符合反向修正机制并具有一定的调整力度。同时,对比长期和短期弹性发现,东部 FDI 与 IBT 的短期弹性系数要小于长期弹性系数,说明 FDI 变化对 IBT 变化的反映在长时间段中较短期更为明显。格兰杰因果检验得出,FDI 是 IBT 的格兰杰原因在我国东部地区成立,IBT 是 FDI 的格兰杰原因也成立,东部地区的 FDI 和 IBT 互为格兰杰因果关系。

(3)弹性系数分析得出,我国东部地区外企数量对 IBT 的弹性系数是 14.31,我国外企投资对 IBT 的弹性系数是 5.46。由此可以看出,我国东部地区外企数量对 IBT 的弹性系数大于外企投资对 IBT 的弹性系数，说明我国东部地区外企数量对 IBT 的带动作用大于外企投资对 IBT 的带动作用。

（4）就整体空间格局而言，我国东部地区两类重心位于我国几何中心的西南方向，15 年间的平均空间距离为 176.84 千米。相对 FDI 重心而言，IBT 重心偏西；其中，入境会议旅游重心在其西北方向，而入境商务旅游（ibt'）重心和入境文体科技旅游重心在其西南方向。从整体演变格局和趋势来看，两类重心分别"东移北迁""东移南迁"且具有一定的分离趋势，同时，在移动距离和年际移动速度上也有差异。在直线移动距离上：入境商务旅游（ibt'）重心变动幅度最小（70.64 千米），外企投资重心变动幅度最大（259.85 千米）；在累计变动幅度上，外企数量重心（250.23 千米）变动幅度最小，入境会议旅游重心（2258.24 千米）变动幅度最大；在年际移动速度上，外企数量重心移动最慢（17.87 千米/年），入境会议旅游重心移动最快（161.3 千米/年）。两类重心的演变格局和趋势也是由东部地区的客观条件决定的。

（5）两类重心的内部重叠性和变动一致性表明，我国东部地区外企数量分布和外企投资分布密切相关，入境商务旅游（ibt'）、入境会议旅游和入境文体科技旅游的分布密切相连。在经纬度的移动上，我国东部地区两类重心在经度上的移动方向一致：前者呈线性东移，后者呈波浪式东移；在纬度上向相反方向移动：FDI 重心呈线性北移、IBT 重心呈波浪式南移。在经度和纬度的移动幅度上，FDI 重心变动的幅度最大（分别为 110.87 千米、223.9 千米）、IBT 重心变动的幅度最小（分别为 53.89 千米、53.34 千米）。从空间相关性分析来看，两类重心在经度上呈正相关关系，而在纬度上的相关性不显著，说明我国东部地区 FDI 与 IBT 的相互作用主要体现在东西方向上。

第五章 我国中部地区 FDI 与 IBT 的关系分析

第一节 我国中部地区 FDI 与 IBT 的时序关系分析

我国有三大经济带，分别是东部、中部和西部。中部地区位于我国内陆腹地，包括山西、吉林、黑龙江、安徽、江西、河南、湖北和湖南八省。中部地区在中国起到承东启西、连接南北、吸引四面、辐射八方的重要作用。中部地区十分特殊，地理位置较中心，经济地位较突出。从我国整体发展趋势考虑，中部地区的经济发展在一定程度上会影响中西部的经济发展。FDI 在我国经济中占有重要位置，但是我国 FDI 分布不均匀，而且大部分集中在我国东部沿海地区，大约占到 85%。改革开放以来，中部地区实行"中部大开放"，极大地促进了中部地区的经济发展。我国吸引 FDI 的政策和进程是从东到西呈逐渐递减态势，此时中部地区经济发展处于中间位置（东部 > 中部 > 西部）。

截至 2002 年，我国经济增长趋势有所改变（东部 > 西部 > 中部），有学者讨论这是因为中部地区长期处于"东部大开放"和"西部大开发"的夹缝中间，导致出现"中部塌陷"。对此国家于 2004 年首次提出了"中部崛起"战略。已有文献表明，"中部塌陷"的原因有两方面：其一，中部地区 GDP 虽然每年呈增长趋势，但是和长三角、珠三角、环渤海这些区域的经济差距越来越大；其二，中部地区经济地位较突出，但是占全国 GDP 的比重在持续下降。外商投资为我国带入大量资金，解决了技术上的稀缺性，也逐渐在影响我国的产业结构。比如，大量外资投入中部地区，会带动中部地区的入境商务旅游，从而逐渐改变中部地区的产业结构，缓解中部地区"经济塌陷"的问题。

本章节选择中部地区作为研究案例，是从实际出发，基于"中部崛起"的战略考虑。第一，我国经济区域发展不平衡导致出现"中部塌陷"的问题。第二，和我国东西部地区 FDI 相比，中部地区 FDI 在全国占的比重低且规模相对较小，这个弱势导致的结果是中部地区缺少有实力、有国际竞争力的企业或集团，中部地区企业发展相对于东西部地区企业发展更为缓慢，而且产业结构单一。第三，中部地区发展缓慢不仅不利于我国经济的全面发展，也没有发挥出中部地区承东启西、连接南北的作用。综上所述，中部地区 FDI 和 IBT 的研究无论是对缓解"中部塌陷"问题、促进我国经济全面发展，还是调节中部地区产业结构来说都有重要意义。

一 我国中部地区 FDI 与 IBT 规模的发展历程

我国中部地区 FDI 与 IBT 规模的发展历程如下。

1995—2014 年我国中部地区 IBT 总体上呈不断增长的发展态势（见图 5 - 1）。1995 年中部地区入境商务客流为 3.59 万人次，至 1997 年已增长至 8.94 万人次，1998 年回落至 6.83 万人次，随后不断增长，于 2006 年增长至 30.58 万人次，2011 年继续增长至 50.6 万人次，接下来两年又有所回落，于 2013 年达到 47.13 万人次，并在 2014 年入境商务客流已达 61.64 万人次。我国中部地区 IBT 的发展颇具波动性，总是在达到一个新增长点之后有所回落，之后再进入快速增长阶段，达到又一新高度，但是总体而言，可以划分为三个阶段：第一阶段（1995—2001 年）为快速增长阶段，第二阶段（2001—2008 年）为持续增长阶段，第三阶段（2008—2014 年）为平稳增长阶段。其中，第一阶段的年均增长率为 23.64%，第二阶段的年均增长率为 20.83%，第三阶段的年均增长率为 11.3%。

1995—2014 年我国中部地区外企数量也呈不断增长的发展态势

(见图 5-1)。1995 年中部地区外企数量为 2.07 万户，1996 年增长至 2.09 万户后有所回落，2002 年降至 1.35 万户，2001 年又增加至 1.45 万户，随后不断增长，至 2005 年已增至 1.68 万户，到 2010 年又增长至 4 万户，随后仍保持不断增长的态势，2014 年已增至 3.88 万户。总体而言，我国中部地区外企数量的增长可以划分为三个阶段：第一阶段（1995—2001 年）为负增长阶段，第二阶段（2001—2008 年）为快速增长阶段，第三阶段（2008—2014 年）为持续增长阶段。其中，第一阶段的年均增长率为 -6.14%，第二阶段的年均增长率为 15.89%，第三阶段的年均增长率为 16.5%。

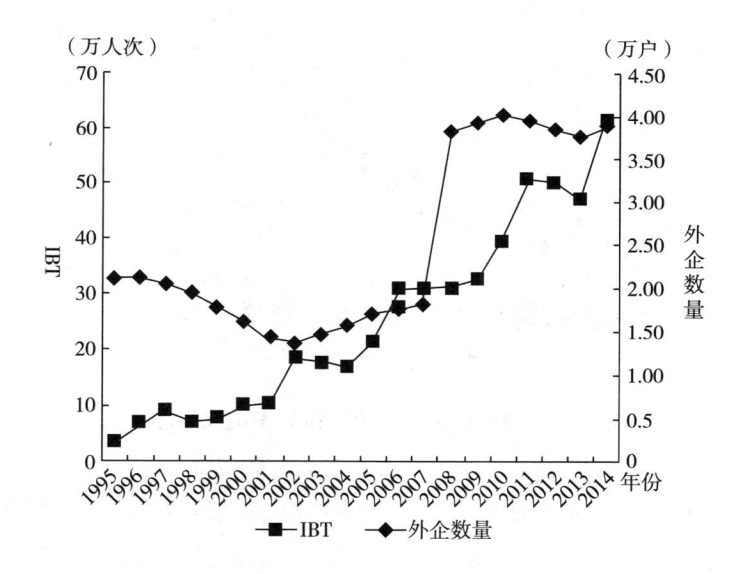

图 5-1　中部地区外企数量和 IBT 的发展态势

1995—2014 年我国中部地区外企投资也呈不断增长的发展态势（见图 5-2）。1995 年中部地区外企投资为 4.31 百亿美元，随后不断增长，2000 年增长至 5.62 百亿美元，2001 年虽降至 5.23 百亿美元，但 2005 年已增至 10.39 百亿美元，到 2010 年又增长至 21.03 百亿美元，随后仍保持不断增长的态势，2014 年已增至 33.7 百亿美元。总体而言，我国中部地区外企投资的增长可以划分为三个阶段：第一阶段（1995—2001 年）为缓慢增长阶段，第二阶段（2001—2008 年）为快速增长阶段，第三阶段（2008—2014 年）为持续增长阶段。其中，第一阶段的年均增长率为 5.63%，第二阶段的年均增长率为 14.95%，第三阶段的年均增长率为 12.11%。

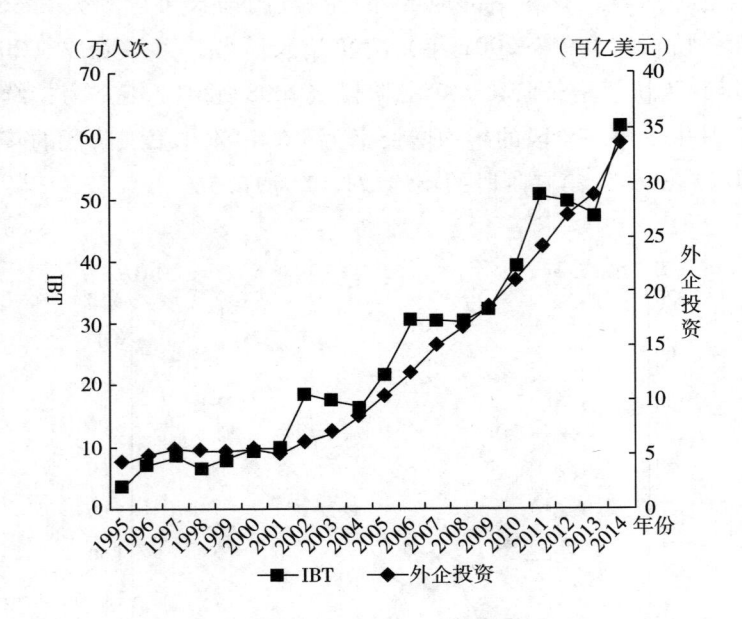

图 5-2　中部地区外企投资和 IBT 的发展态势

对比我国中部地区 IBT 和外企数量的发展态势可见，二者均呈不断增长的发展态势，且均经历了三个阶段的增长历程；对比我国中部地区 IBT 和外企投资的发展态势可见，二者的增长态势也大致趋同，也均经历了三个阶段的增长历程。由此可见，我国中部地区 FDI 和 IBT 具有相同的增长态势。进一步，构建中部地区 IBT 和外企数量、IBT 和外企投资的推拉方程如下：

$$IBT = 10.341n^2 - 43.945n + 59.198 \tag{5-1}$$

$$IBT = 0.0209i^2 + 2.5486i - 3.4818 \tag{5-2}$$

方程（5-1）和方程（5-2）的 R^2 分别为 0.7045 和 0.9638，n 代表中部地区外企数量（万户），IBT 代表中部地区入境商务客流量

(万人次)，i 代表中部地区外企投资总额（百亿美元）。

二 我国中部地区 FDI 和 IBT 时序关系的实证分析

（一）平稳性检验

本章采用 ADF 检验法对我国中部地区 1995—2014 年外企数量（记为 n）、外企投资（记为 i）、入境商务旅游（记为 ibt）进行平稳性检验。ADF 检验通常分三步：首先，对原始时间序列进行检验（2003 年因受 SARS 影响数据缺失，采取了内插法进行了修正）。如果没有通过检验就说明原始时间序列不平稳。其次，对原始时间序列进行一阶差分后再检验，若没有通过就得进行二次差分变换。最后，通过二次差分序列的检验，通常到此步序列就已经平稳了。需要注意的是，必须为方程设置合理的滞后阶数，通常采用 AIC 准则来确定给定时间序列模型的滞后阶数。

ADF 单位根检验结果（见表 5-1）表明：在 5% 的水平下，三个变量的 ADF 值均小于各自的 5% 临界值，这说明其并不是平稳时间序列，所以需要对序列进行一阶差分，一阶差分后三项变量分别为 DLn、DLi、$DLibt$。再对一阶差分后的变量进行平稳性检验，结果如表 5-2 所示。

表 5-1　　　　　　　　变量 ADF 检验结果

变量	(C, T, K)	ADF	5%临界值	结论
$Libt$	(C, T, 1)	-1.3812	-3.0300	不平稳
Ln	(C, N, 0)	0.2421	-3.8723	不平稳
Li	(C, T, 1)	1.8731	-3.9823	不平稳

注：检验类型中的 C、T、K 分别代表单位根检验中的常数项、时间趋势项和滞后阶数；N 表示不包括 C 或 T；滞后阶数根据 AIC 和 SC 最小原则确定；以上 ADF 值均在 5% 的置信水平上显著。（余同）

在对外企数量、外企投资和 IBT 数据进行一阶差分后，变量的 ADF 值均大于各自的 5% 临界值，在 5% 的显著水平下都是平稳的，三项变量都为一阶单整,可以进行协整检验。

表 5-2　　　　　一阶差分后变量 ADF 检验结果

变量	(C, T, K)	ADF	5%临界值	结论
DLibt	(C, T, 1)	-6.4523	-3.8734	平稳
DLn	(C, T, 5)	-5.6734	-3.7824	平稳
DLi	(C, T, 1)	-5.7845	-3.8742	平稳

(二) E-G 协整检验

根据 ADF 平稳性检验,可以进行 E-G 协整检验。E-G 两步法是基于回归残差的检验,第一步做协整回归分析;第二步检验残差序列的平稳性,用 ADF 通过建立模型检验其残差的平稳性。本章对我国中部地区外企数量与 IBT、外企投资总额与 IBT 相互之间的关系进行协整检验,对应的协整方程与残差序列 ADF 检验结果如表 5-3、表 5-4 所示。

表 5-3　　　　　FDI 与 IBT 的协整方程

协整方程		F	DW	调整后的 R^2
$Libt = 0.3832Ln + 7.6761$　　(5-3) 　(4.6823)　(8.9824)		13.4523	1.8956	0.8923
$Libt = 0.3312Li + 8.7834$　　(5-4) 　(8.3786)　(8.4271)		18.6523	1.8765	0.8542

表 5-3 中方程 (5-3) 是我国中部地区外企数量与 IBT 的协整方程,方程调整后的判断系数 R^2 为 0.8923,表明模型拟合效果较好。方程中 Ln 系数估计值表示的是外企数量对 IBT 的弹性,其系数为 0.3832,表明我国中部地区外企数量每增长 1%,其 IBT 会增长 0.3832%。

表 5-4　　　　　　　　　　残差的平稳性检验

残差序列	(C, T, K)	ADF	5%临界值	结论
ε_n	(C, T, 0)	-4.6534	-3.6745	平稳
ε_i	(C, T, 1)	-6.824	-3.6634	平稳

表 5-3 中方程（5-4）是我国中部地区外企投资与 IBT 的协整方程，方程调整后的 R^2 为 0.8542，表示方程拟合效果较好。方程的 Li 系数表示的是外企投资对入境商务旅游的弹性，其系数为 0.3312，表明我国中部地区外企投资每增长 1%，其 IBT 会增长 0.3312%。

表 5-4 为方程残差的平稳性检验结果。通过对方程的残差 ε 进行 ADF 检验，得出其在一阶差分后平稳，在 5% 的显著水平下显出稳定性。这组数据表明我国中部地区外企数量与 IBT、外企投资与 IBT 之间都有着协整关系，也就是说，它们之间有长期均衡关系。从而得出结论：FDI 的增长会促进 IBT 的发展，并且 FDI 对 IBT 有关联带动作用。

（三）误差修正模型

误差修正模型（Error Correction Model，ECM）是 1978 年由 Davidson、Hendry 等提出的。各变量（外企数量、外企投资总额和 IBT）是通过一阶差分后变化为稳定序列的（具有协整关系的变量都存在误差修正机制），但是简单地差分并不一定能解决非平稳时间序列所遇到的全部问题，所以需要建立误差修正模型来弥补不足。本章利用 EViews 6.0 软件建立误差修正模型，如表 5-5 所示。

由表 5-5 可知，模型（5-5）、模型（5-6）的 F 统计量的相应概率值 P 非常小，经过调整 R^2 的值比较大，都在 0.9 以上，说明模型整体的拟合效果较好。

分析模型（5-5）可以得出，我国中部地区外企数量对 IBT 前一期和前两期的弹性系数分别为 0.1423 和 0.1652，表明我国中部地区外企数量每增加 1%，前一期和前两期 IBT 会随之增加 0.1423% 和 0.1652%，但其均与长期弹性相去甚远。而其前一期与前两期都会对

表 5 – 5　　误差修正模型

误差修正模型	F	DW	调整后的 R^2
$D(Libt) = 8.6534 - 0.8153ECM + 0.3523D(Libt(-1)) + 0.2154D(Libt(-2)) + 0.1423D(Ln(-1)) + 0.1652D(Ln(-2))$ (5-5) (2.1643)(2.8754)　(4.8463)　　(4.2536)　　(2.5176)　　(3.4324)	34.6732	2.0634	0.9145
$0.9145D(Libt) = 1.6534 - 0.01143ECM + 0.2265D(Libt(-1)) + 0.1324D(Libt(-2)) + 0.1524D(Li(-1)) + 0.1673D(Li(-2))$ (5-6) (5.7424)　(6.1543)　　(8.6534)　　(5.7643)　　(5.7643)　　(3.4654)	51.4413	1.7634	0.9436

本期产生一定的促进作用,其贡献幅度分别是 0.3523% 和 0.2154%。误差修正项(ECM)系数为 -0.8153,其绝对值越大说明修正能力越强。可知我国中部地区外企数量与 IBT 符合反向修正机制并具有较强的调整力度。

分析模型(5-6)可以得出,我国中部地区外企投资对 IBT 前一期和前两期的弹性系数分别为 0.1524 和 0.1673,表明我国中部地区外企投资每增加 1%,前一期与前两期 IBT 会随之增加 0.1524% 和 0.1673%,但数值远远小于长期弹性。而其前一期与前两期都会对本期产生一定的推动作用,贡献幅度分别是 0.2265% 和 0.1324%。ECM 系数为 -0.01143,说明我国中部地区外企投资与 IBT 符合反向修正机制并具有一定的调整力度。

由此可见,我国中部地区 FDI 与 IBT 在短期内存在动态调整关系,但其短期弹性系数要小于长期弹性系数,说明两者在长时间的影响较为明显。

(四)格兰杰因果关系检验

格兰杰因果关系检验分析是 2003 年诺贝尔经济学奖得主克莱夫·格兰杰(Clive Granger)所开创的,用于分析经济变量之间的因果关系。协整检验说明了我国中部地区 FDI 和 IBT 之间存在长期均衡关系,但是不能因此说明它们之间有因果关系,也就是说,我国中部地区外企数量的增长能否带动 IBT 的增长或 IBT 的增长能否带动外企数量的增长,我国中部地区外企投资的增长能否带动 IBT 的增长或 IBT 的增长能否带动外企投资的增长,这些都需要经过格兰杰因果关系检验来验证。格兰杰因果关系检验结果如表 5-6 所示。

表 5-6　　　　　　　　格兰杰因果关系检验结果

原假设	滞后阶数	F 值	P 值(%)	结论
Ln 不是 $LIBT$ 的格兰杰原因	2	4.3342	0.0643	拒绝
$LIBT$ 不是 Ln 的格兰杰原因	2	5.3523	0.1852	接受
Li 不是 $LIBT$ 的格兰杰原因	2	2.3314	0.0546	拒绝
$LIBT$ 不是 Li 的格兰杰原因	2	5.6534	0.1864	接受

由表5-6可知：我国中部地区外企数量不是IBT格兰杰原因的概率是0.0643，结论拒绝原假设，也就表明我国中部地区外企数量的增加能够促进IBT的发展，原因是我国中部地区外企数量增加，导致因公来华的客源增加，所以我国中部地区外企数量是IBT的格兰杰原因。

我国中部地区外企投资不是IBT格兰杰原因的概率是0.0546，结论拒绝原假设，也就表明我国中部地区外企投资的增加能够促进IBT的发展，原因是我国中部地区外企投资的增加会不同程度上促进业务交流、人员往来，以此促进IBT的发展，所以我国中部地区外企投资是IBT的格兰杰原因。

我国中部地区IBT不是外企数量格兰杰原因和我国中部地区IBT不是外企投资格兰杰原因的概率分别是0.1852、0.1864，结论接受原假设，所以中部地区IBT不是FDI的格兰杰原因。虽然中部地区IBT不是FDI的格兰杰原因，但并不代表我国中部地区IBT对FDI没有促进作用。IBT的快速发展为中部地区带来更多的客源。IBT客源通常具有双重身份，他们在旅游的同时也在寻找商机。因此，他们既为中部地区带来更多的外汇收入，而且也可能带动中部地区投资的增长。综上所述，我国中部地区外企数量和外企投资是IBT的单向格兰杰原因。

（五）FDI对IBT的带动作用分析

格兰杰因果关系检验得出我国中部地区FDI是IBT的格兰杰原因，但是FDI对IBT有多大程度的带动作用，还需要利用弹性系数分析法进行分析。以我国中部地区外企数量（n）、外企投资（i）为解释变量，以我国中部地区入境商务旅游（ibt）为被解释变量，利用OLS回归计算其弹性系数，分析我国中部地区FDI对IBT的带动作用。结果见表5-7、表5-8。

表5-7　　　　　　　外企数量对IBT的带动作用

变量	IBT	常数项	R^2
n	6.32/11.32/-1.34	-3.56/-9.85/15.84	0.823/0.854/0.842

表 5-8　　　　　　　　外企投资对 IBT 的带动作用

变量	IBT	常数项	R^2
i	0.313/1.893/0.742	2.534/-0.3132/4.8745	0.842/0.843/0.941

（1）我国中部地区外企数量增长对 IBT 的带动作用。外企数量大量增长，中部地区因公来华人数增多，促进了中部地区 IBT 的发展。而我国中部地区 IBT 的快速发展也会吸引更多的外商在这里投资，使得 FDI 也不断增长。从表 5-7 中可以看出，我国中部地区外企数量对 IBT 的弹性系数为 6.32，即我国中部地区外企数量每增长 1%，其 IBT 增长 6.32%。由此可见，我国中部地区外企数量对 IBT 有着非常明显的带动作用。

（2）我国中部地区外企投资对 IBT 的带动作用。随着外企投资的增多，外国因公来华的人数和频率会增加，为 IBT 带来更多的客源。随着中部地区经济的发展，IBT 的快速增加会加大外商投资者投入的资金量，所以外企投资与 IBT 的关系也是非常密切的。从表 5-8 可以看出，我国中部地区外企投资对其 IBT 的弹性系数为 0.313，说明中部地区外企投资每增长 1%，其 IBT 也会随之增长 0.313%。由此可见，我国中部地区外商投资对 IBT 的带动作用较小。

通过对比我国中部地区外企数量、外企投资对 IBT 的弹性系数值可以发现，我国中部地区外企数量对 IBT 的弹性系数高于外企投资对 IBT 的弹性系数，也就是说，我国中部地区外企数量对 IBT 的拉动作用比外企投资对 IBT 的拉动作用更为明显。这是因为外企数量的增多会带来大量的技术人员、管理人员和其他因公入境人员，而外商投资的增多直接带来的人员增加没有外企数量增加带来的客源量大，所以我国中部地区外企数量对 IBT 的带动作用比外企投资总额对 IBT 的带动作用更大。

三　结论与讨论

本节将我国中部地区 FDI 和 IBT 作为研究对象，选取 1995—2014 年外企投资、外企数量和 IBT 的数据通过协整检验、误差修正模型、格兰杰因果关系检验和弹性系数分析法分析二者之间的时间序列关系，并得出以下结论：

（1）描述性分析表明，我国中部地区 FDI 和 IBT 具有相同的增长态势，二者均经历了三个阶段的增长历程。推拉方程显示，二者之间具有一定的推拉关系。协整检验得出，我国中部地区 FDI 与 IBT 有长期均衡关系，即 FDI 对 IBT 具有关联和带动作用。通过协整分析得出，我国中部地区 FDI 与 IBT 在短期内存在动态调整关系，但其短期弹性系数要小于长期弹性系数，说明 FDI 变化对 IBT 变化的反映在长时间段中较短期更为明显。

（2）误差修正模型表明，我国中部地区 FDI 与 IBT 有短期动态调整关系；同时，我国中部地区外企数量、外企投资与 IBT 之间的均衡关系对当期非均衡误差调整的自身修正能力较强，符合反向修正机制并具有一定的调整力度。同时，对比长期和短期弹性发现，中部地区 FDI 与 IBT 的短期弹性系数要小于长期弹性系数，说明 FDI 变化对 IBT 变化的反映在长时间段中较短期更为明显。格兰杰因果检验得出，FDI 是 IBT 的格兰杰原因在我国中部地区成立，IBT 是 FDI 的格兰杰原因并不成立，因而，中部地区 FDI 是 IBT 的单向格兰杰因果关系。

（3）弹性系数分析得出，我国中部地区外企数量对 IBT 的弹性系数是 6.32，外企投资对 IBT 的弹性系数是 0.313。由此可以看出，我国中部地区外企数量对 IBT 的弹性系数大于外企投资对 IBT 的弹性系数，说明我国中部地区外企数量对 IBT 的带动作用大于外企投资对 IBT 的带动作用。

第二节　我国中部地区 FDI 重心与 IBT 重心格局演变对比

一　中部地区 FDI 重心与 IBT 重心的空间演变轨迹

（一）FDI 重心演变轨迹

根据重心公式计算得到我国中部地区 FDI 的空间演变轨迹（包括外企数量重心和外企投资重心的空间演变），见图 5-3。中部地区

FDI 重心位于湖北省东北部和河南省东南部,"南迁"趋势明显;而外企数量重心和外企投资重心由于所受不同的微动力影响又表现出各自不同的特点。

通过分析 1997—2014 年中部地区外企数量重心的空间演变轨迹可见,外企数量重心变动具有如下特征:1997—2000 年我国中部地区外企数量重心在湖北省武汉市北部地区,2001—2007 年向西南方向移动至孝感市东北部地区,2008—2012 年向东移动并集中在孝感市和武汉市的交界处,之后又向西北方向移动,2014 年重心落在武汉市北部。外企数量重心整体呈线性向西北方向移动,直线移动距离是 14.66 千米。其中,向西和向北移动的频率最高;在 17 年的移动过程中,分别向东移动了 7 次(其中向南 6 次),表明我国中部地区西南部是外企的聚集区。外企数量重心的平均移动速度为 11.61 千米/年。

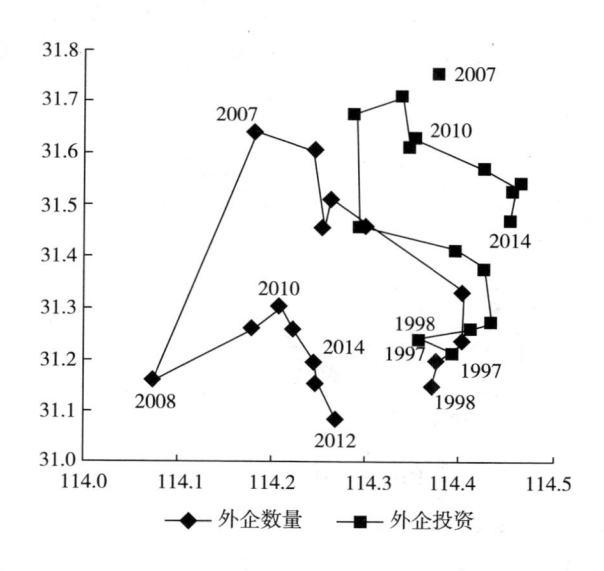

图 5-3 中部地区 FDI 重心的空间演变轨迹

通过分析 1997—2014 年中部地区外企投资重心的空间演变轨迹(见图 5-3),归纳其变动特征如下:①1997—2000 年中部地区外企投资重心在武汉市的东北部地区和麻城市的西北部地区,2000 年往后一直往西北方向呈线性移动,2001—2005 年重心在孝感市东南部,

2006—2010 年往北移动至孝感市东北部地区和信阳的交界处，2011—2014 年又往南呈线性移动，2014 年重心落在孝感市东北部地区。②外企投资重心与外企数量重心移动路径相似，整体均呈线性向西北方向移动，直线移动距离是 29.53 千米。其中，向北移动的频率最高；在 17 年的移动过程中，分别向北移动了 8 次（其中向东移动 7 次），表明我国中部地区东北部是外企的聚集区。③外企数量重心的年均移动速度为 8.09 千米/年。

（二）IBT 重心演变轨迹

计算所得中部地区 IBT 重心［包括入境商务旅游（ibt′）、入境会议旅游和入境文体科技旅游］的空间演变轨迹，如图 5-4 和图 5-5 所示，中部地区 IBT［入境商务旅游（ibt′）、入境会议旅游和入境文体科技旅游］重心同外企投资重心相邻，均位于湖北省中部和河南省东南部，但"东移北迁"趋势明显。而入境商务旅游（ibt′）、入境会议旅游和入境文体科技旅游重心由于所受不同的微动力影响又表现出各自不同的特点。

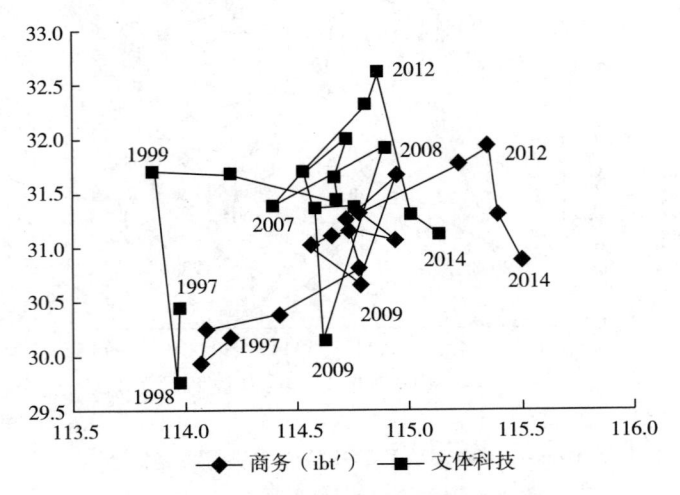

图 5-4 中部地区 IBT 重心的空间演变轨迹

由图 5-4 可知，中部地区以商务为目的的入境旅游（ibt′）具有如下特点：①1997 年以来我国中部地区入境商务旅游重心（ibt′）聚集在东经 114.06°—115.51°，北纬 29.93°—31.92°（位于河南省东南部的信阳市和湖北省中部的咸宁市、武汉市、麻城市之间)。②重心"东移南迁"趋势明显,其直线移动距离是 166.26 千米。其中,向东和向北分别移动了 10 次,移动频率为 58.82%,结合图 5-4 可知中部地区东北部入境商务旅游(ibt′)的规模日益增加。③平均移动速度是 45.68 千米/年,其中 2001 年、2008 年和 2011 年重心往西南方向的移动速度和幅度较大,其他年份较为缓和。④在经纬度上分别移动了 121.85 千米、80.93 千米,说明我国中部地区入境商务旅游(ibt′)规模在南北方向上有一定差距。

计算所得中部地区入境会议旅游的空间演变轨迹如图 5-5 所示。由图 5-5 可知:①我国中部地区入境会议旅游重心只有 1998 年重心较为特殊(在湖北省咸宁市),整体在湖北省中部(武汉市、麻城市和咸宁市)和河南省东南部(信阳市)附近。②1997 年以来入境会议重心"东移北迁"趋势明显,17 年来其直线移动距离为 111.88 千米。③平均移动速度是 63.35 千米/年,特别是 1999—2001 年以及 2008 年往东北方向移动速度和幅度较大,结合图 5-5 可知,中部地区东北部入境会议旅游的规模日益增加。④在经纬度上分别移动了 21.70 千米、108.93 千米,说明我国中部地区入境会议旅游规模在南北方向上有一定差距。

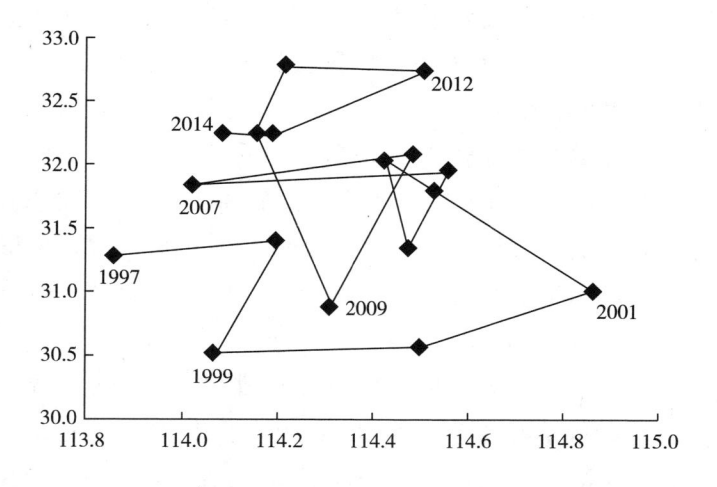

图 5-5　中部地区入境会议旅游的空间演变格局

计算所得中部地区入境文体科技旅游的空间演变轨迹如图 5-4 所示。由图 5-4 可知：①我国中部地区入境文体科技旅游整体重心在湖北省东北部孝感市和麻城市以及河南省东南部的信阳市附近。②1997 年以来入境文体科技旅游重心"东移北迁"趋势明显，其直线移动的距离为 147.47 千米。③平均移动速度为 76.89 千米/年，2008 年和 2011 年往东北方向的变动较为剧烈，结合图 5-4 分析可知我国中部地区东北部以文体科技为目的的入境商务旅游的规模不断增加。④在经纬度上分别移动了 106.63 千米、74.80 千米，表明我国中部地区入境文体科技旅游的差距主要体现在南北方向上。

二 中部地区 FDI 重心与 IBT 重心的空间格局变动对比分析

通过对比 1997—2014 年我国中部地区外企数量重心、外企投资重心、入境商务旅游（ibt'）重心、入境会议旅游重心和入境文体科技旅游重心的演变轨迹（见图 5-3、图 5-4、图 5-5）发现：

第一，从整体空间格局来看，我国中部地区 FDI 重心和 IBT 重心均聚集在湖北省东北部和河南省东南部且存在空间错位。相对于 FDI 重心而言，IBT 重心始终偏东，这说明我国中部地区 FDI 和 IBT 的发展既紧密相连又发展不平衡。IBT［包括入境商务旅游（ibt'）、入境会议旅游和入境文体科技旅游］重心均位于外企数量重心和外企投资重心的东部，其中，入境商务旅游（ibt'）重心在其东南方向，而入境会议旅游（ibt'）重心和入境文体科技旅游重心在其东北方向。外企数量重心与 IBT［入境商务旅游（ibt'）、入境会议旅游和入境文体科技旅游］重心的平均距离分别是 92.07 千米、78.91 千米、81.00 千米；外企投资重心与 IBT［入境商务旅游（ibt'）、入境会议旅游和入境文体科技旅游］重心的平均距离分别是 86.85 千米、67.15 千米、69.24 千米；两类重心间的平均距离是 79.20 千米，这说明我国中部地区 FDI 分布和 IBT 分布存在空间错位。

第二，从整体演变格局和趋势来看，两类重心均呈现向南移动的趋势，但外企数量重心"东移南迁"，外企投资重心"先北后南"，而 IBT 重心整体呈"东移北迁"，两类重心具有一定的分离趋势；同时，两类重心在移动距离和年际移动速度上也有差异。在直线移动距离

第五章　我国中部地区 FDI 与 IBT 的关系分析 | 141

上：外企数量重心（14.66 千米）＜外企投资重心（29.53 千米）＜入境会议旅游重心（111.88 千米）＜入境文体科技旅游重心（147.47 千米）＜入境商务旅游（ibt′）重心（166.26 千米）。在累计移动距离上：外企投资重心（137.29 千米）＜外企数量重心（197.50 千米）＜入境商务旅游（ibt′）重心（776.57 千米）＜入境会议旅游重心（1093.97 千米）＜入境文体科技旅游重心（1307.16 千米）。在年际移动速度上：外企投资重心（8.09 千米/年）＜外企数量重心（11.61 千米/年）＜入境商务旅游（ibt′）重心（45.68 千米/年）＜入境会议旅游重心（64.35 千米/年）＜入境文体科技旅游重心（76.89 千米/年）。

第三，从内部重叠性和变动一致性来看，我国中部地区外企数量重心和外企投资重心之间及入境商务旅游（ibt′）重心、入境会议旅游重心和入境文体科技旅游重心之间的重叠性不太稳定，但是具有较好的变动一致性。在空间距离上，外企数量重心和外企投资重心之间的平均距离为 24.53 千米；入境商务旅游（ibt′）重心和入境会议旅游重心之间的平均距离为 96.34 千米；入境商务旅游（ibt′）重心和入境文体科技旅游重心之间的平均距离为 63.60 千米；入境会议旅游和入境文体科技旅游重心之间的平均距离为 81.71 千米。总体而言，两类重心内部的距离在多个年份均大于两类重心间的平均距离，这说明两类重心的内部重叠性不太稳定。在变动一致性上，外企数量重心和外企投资重心的变动一致性指数均接近 1 或 -1，表明二者变动一致；由图 5 - 6 可知，入境商务旅游（ibt′）重心、入境会议旅游重心和入境文体科技旅游重心之间的变动一致性指数也较接近 1 或 -1，说明 IBT 重心内部具有较好的变动一致性。

第四，从经度和纬度上看，我国中部地区两类重心呈现出不同的特点。从经度上看，如图 5 - 7 所示，FDI 重心位于较低经度，IBT 重心在较高经度，IBT 重心向高经度移动。外企数量重心和外企投资重心以 2001 年为节点，先后呈线性东移趋势；IBT 重心也以 2001 年为节点，呈波浪式东移趋势，其中，入境商务旅游（ibt′）重心在经度上的波动最大。在经度的整体移动幅度上：外企投资重心（5.44 千

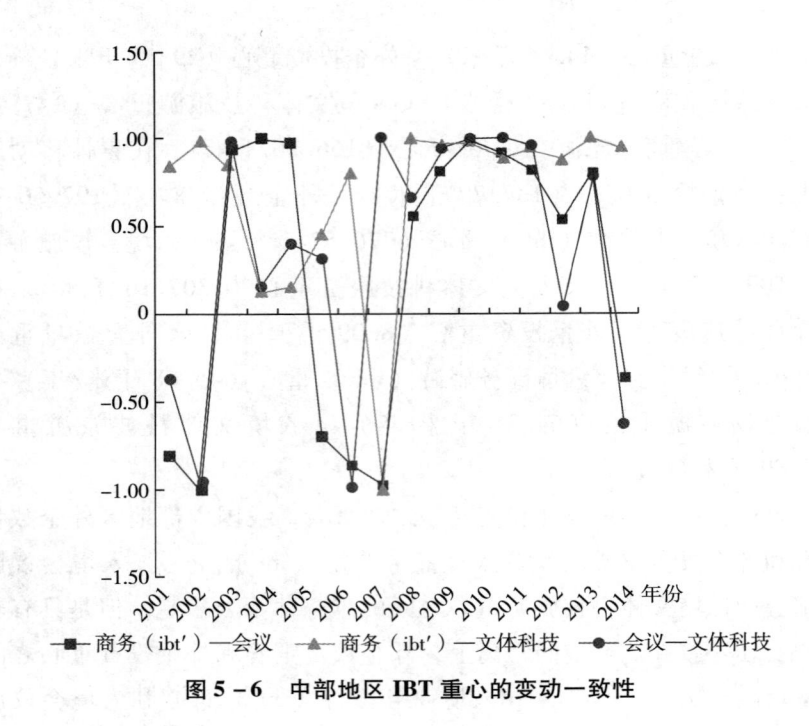

图 5-6 中部地区 IBT 重心的变动一致性

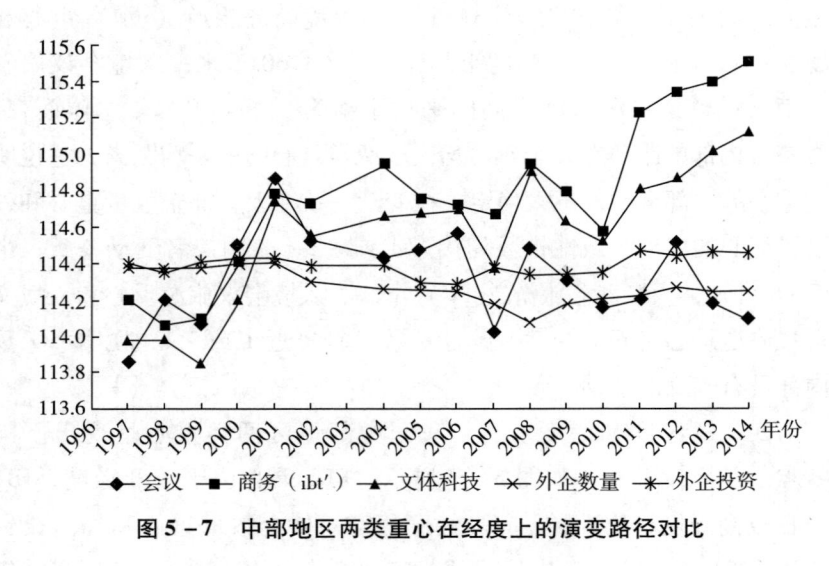

图 5-7 中部地区两类重心在经度上的演变路径对比

米)＜外企数量重心（12.30 千米）＜入境会议旅游重心（21.70 千米）＜入境文体科技旅游重心（106.63 千米）＜入境商务旅游

第五章　我国中部地区 FDI 与 IBT 的关系分析 ▎143

(ibt′) 重心（121.85 千米）。从纬度上看，如图 5-8 所示，FDI 重心和 IBT 重心向相反方向变动。外企数量重心和外企投资重心以 2000 年为节点，先后呈线性北移趋势；IBT 重心以 1998 年为节点，呈波浪式南移趋势；其中，入境文体科技旅游重心在纬度上的波动最大。在纬度的整体移动幅度上：外企数量重心（0.19 千米）＜外企投资重心（28.83 千米）＜入境文体科技旅游重心（74.80 千米）＜入境商务旅游（ibt′）重心（80.93 千米）＜入境会议旅游重心（108.93 千米）。

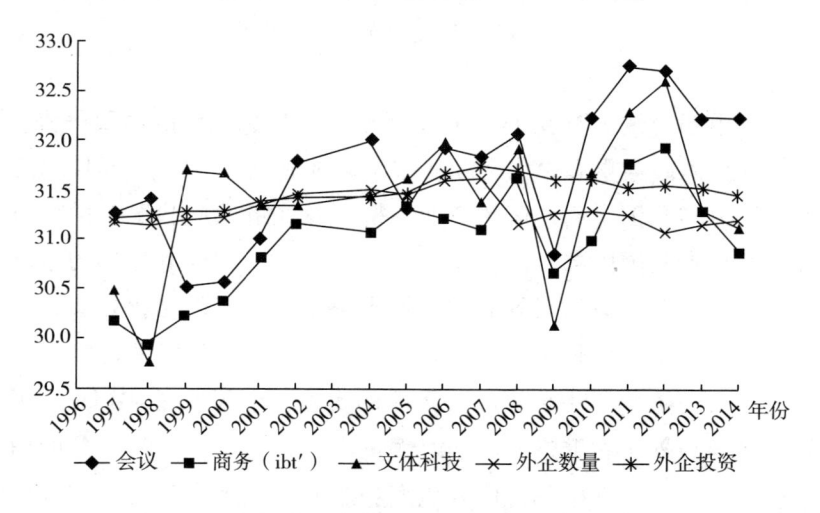

图 5-8　中部地区两类重心在纬度上的演变路径对比

第五，从空间相关性来看，如表 5-9 所示，在经度的联系上，我国中部地区 FDI 重心和 IBT 重心呈正相关关系，但在纬度上相关性不显著。外企数量重心与入境商务旅游（ibt′）重心、入境会议旅游重心和入境文体科技旅游重心在经度上均呈较强的正相关关系，相关系数分别为 0.741、0.686 和 0.618；外企投资重心与入境商务旅游（ibt′）重心、入境会议旅游重心和入境文体科技旅游重心在经度上也呈较强的正相关关系，相关系数分别是 0.726、0.642 和 0.526。而在纬度的联系上，FDI 重心和 IBT 重心的相关性不显著。这说明我国中部地区 FDI 与 IBT 的相互作用主要体现在东西方向上。

表 5-9　中部地区 FDI 重心与 IBT 重心在经纬度上的相关性

维度		外企数量	外企投资总额	入境商务旅游（ibt′）	入境会议旅游	入境文体科技旅游
经度	外企数量	1				
	外企投资总额	0.786***	1			
	入境商务旅游（ibt′）	0.741**	0.726**	1		
	入境会议旅游	0.686**	0.642*	0.732***	1	
	入境文体科技旅游	0.618**	0.526*	0.707***	0.602***	1

注：***、**、*分别表示1%、5%、10%的显著性水平。

三　中部地区 FDI 重心与 IBT 重心空间格局变动的动因探析

中部地区两类重心聚集在湖北省东北部和河南省东南部且北迁趋势明显，这与我国中部地区的产业结构以及经济发展状况有关。由于中部地区地处我国内部腹地，具有"连接东西、启承南北"的地理优势，是我国能源和原材料等的主要输出地，产业基础比较扎实，劳动力充足，科教力量比较丰富，具有很大的发展潜力，因此能吸引外商企业进入。而随着"中部崛起"策略的实施，中部地区对 FDI 的吸引力不断增强，外企相继进入，同时大量商务客人的往来使中部的商务旅游得以发展，使得中部地区入境商务旅游也呈现出聚集性，这说明中部地区入境商务旅游规模与其外企数量、外企投资的多少有关，使得两类重心在空间分布上始终相邻，并表现出一定的相关性，并且均呈现"南迁"趋势。这证实了外商投资活动与商务旅游活动的关联性，也从投资贸易的视角印证了贸易与旅游的互动理论。

两类重心又存在空间偏离且有一定的分离趋势。外企数量重心和外企投资重心偏西与我国中部地区的经济发展状况及产业分布有关；而 IBT 重心偏东与商务旅游者所具有的特点有关。商务旅游者在华的平均逗留时间比较长，而且由于业务原因其来华的次数也比较多。由于商务旅游者停留时间较长，其有足够的时间进行长距离的旅游；而商务旅游的重复性也会使得其对同一目的地产生审美疲劳；"商务性"又使得商务旅游者大多属于高薪阶层，有"远"游的资金保障。因此，在交通日益发达和信息流速加快的情况下，越来越多的入境商务游客进入中国的内陆地区，比如近些年大量的商务旅游者进入中部地区西北部。因此，中部地区两类重心的空间偏离是一种必然现象，这是由中部地区的经济、社会发展水平，外商投资特点和入境商务旅游者的出游特点决定的。同时，随着 FDI 和 IBT 的发展，两类重心会更加偏离，其表现就是外企数量重心"东移南迁"，外企投资重心"先北后南"，而 IBT 重心整体呈"东移南迁"，这也是由中部的客观条件决定的。

两类重心的内部重叠性和内部变动一致性表明，外企数量分布和外企投资分布密切相关，入境商务旅游、入境会议旅游和入境文体科技旅游的分布密切相连。外企是外商投资的载体，因而外企数量分布和外企投资分布密切相关，两类重心具有重叠性和变动一致性。入境商务旅游（ibt'）、入境会议旅游和入境文体科技旅游的分布密切相关是因为它们都围绕着外商的投资活动而展开，三者具有交叉性；但三者重心的变动又具有各自的特性：相对于入境文体科技旅游重心而言，入境会议旅游重心、入境商务旅游（ibt'）重心偏东南，这与河南省、武汉市的经济发展状况以及在我国所处地位有较大关系。因此，中部地区入境商务旅游（ibt'）重心、入境会议旅游重心和入境文体科技旅游重心才呈现出不同的演化路径和趋势，并在移动距离和移动速度上也有所差距。

总体而言，中部地区 FDI 重心和 IBT 重心的空间格局和演变规律与我国中部地区外商投资特征和商务旅游的特点密切相关，与我国旅游业发展密切相关，也与我国经济结构、社会发展水平相关。

四 结论

根据重心模型对比分析了我国中部地区 17 年来 FDI 重心和 IBT 重心格局演变及其在经纬度上的变化，并得到如下结论：

（1）就整体空间格局而言，中部地区 FDI 重心和 IBT 重心均聚集在湖北省东北部和河南省东南部，两类重心间的平均距离是 79.20 千米，相对于 FDI 重心而言，IBT 重心始终偏东；其中，入境商务旅游（ibt'）重心在其东南方向，而入境会议旅游重心和入境文体科技旅游重心在其东北方向。两类重心的空间格局既与 FDI 和 IBT 活动的关联性相关,又与入境商务旅游者的出游特点相关,同时还与社会经济发展水平密切相连。

(2) 从整体演变格局和趋势来看,我国中部地区两类重心均呈现向南移动的趋势,但外企数量重心"东移南迁",外企投资重心"先北后南",而 IBT 重心呈"东移南迁",两类重心具有一定的分离趋势;同时,两类重心在移动距离和年际移动速度上也有差异。在直线移动距离上:我国中部地区外企数量重心变动幅度最小(14.66千米),入境商务旅游(ibt′)重心变动幅度最大(166.26千米);在累计移动距离上:外企投资重心变动幅度最小(137.29千米),入境文体科技旅游重心变动幅度最大(1307.16千米);在年际移动速度上:外企投资重心变动幅度最小(8.09千米/年),入境文体科技旅游重心变动幅度最大(76.89千米/年)。两类重心的演变格局和趋势也是由中部地区的客观条件决定的。

(3) 两类重心的内部重叠性和变动一致性表明,我国中部地区外企数量分布和外企投资分布密切相关。在经纬度的移动上,两类重心在经度上的移动方向一致:前者呈线性东移,后者呈波浪式东移;在纬度上向相反方向移动:FDI 重心呈线性北移,IBT 呈波浪式南移。在经度的移动幅度上,外企投资重心变动的幅度最小(5.44千米)、入境商务旅游(ibt′)重心变动的幅度最大(121.85千米);在纬度的移动幅度上,外企数量重心变动的幅度最小(0.19千米)、入境会议旅游重心变动的幅度最大(108.93千米)。从空间相关性分析来看,我国中部地区两类重心在经度上呈正相关关系,而在纬度上的相关性不显著,说明我国中部地区 FDI 与 IBT 的相互作用主要体现在东西方向上。

第三节 本章小结

本章在我国中部地区 FDI 与 IBT 不断壮大的情况下,通过选取我国中部地区 FDI(外企数量、外企投资)和 IBT 的时序数据,基于格兰杰因果关系检验和弹性系数分析了二者在时间序列上的关系;同时，利用重心模型、重心重叠性模型和一致性模型研究我国中部地区FDI与IBT的空间关系。本章通过实证分析主要得出以下结论：

（1）描述性分析表明，我国中部地区FDI和IBT具有相同的增长态势，二者均经历了三个阶段的增长历程。推拉方程显示，二者之间具有一定的推拉关系。协整检验得出，我国中部地区FDI与IBT有长期均衡关系，即FDI对IBT具有关联和带动作用。通过协整分析得出，我国中部地区FDI与IBT在短期内存在动态调整关系，但其短期弹性系数要小于长期弹性系数，说明FDI变化对IBT变化的反映在长时间段中较短期更为明显。

（2）误差修正模型表明，我国中部地区FDI与IBT有短期动态调整关系；同时，我国中部地区外企数量、外企投资与IBT之间的均衡关系对当期非均衡误差调整的自身修正能力较强，符合反向修正机制并具有一定的调整力度。同时，对比长期和短期弹性发现，中部地区FDI与IBT的短期弹性系数要小于长期弹性系数，说明FDI变化对IBT变化的反映在长时间段中较短期更为明显。格兰杰因果关系检验得出，FDI是IBT的格兰杰原因在我国中部地区成立，IBT是FDI的格兰杰原因并不成立，因而中部地区FDI是IBT的单向格兰杰因果关系。

（3）弹性系数分析得出，我国中部地区外企数量对IBT的弹性系数是6.32，我国外企投资对IBT的弹性系数是0.313。由此可以看出，我国中部地区外企数量对IBT的弹性系数大于外企投资对IBT的弹性系数，说明我国中部地区外企数量对IBT的带动作用大于外企投资对IBT的带动作用。

（4）就整体空间格局而言，中部地区FDI重心和IBT重心均聚集在湖北东北部和河南东南部，两类重心间的平均距离是79.20千米，相对于FDI重心而言，IBT重心始终偏东；其中，入境商务旅游重心在其东南方向，而入境会议旅游重心和入境文体科技旅游重心在其东北方向。两类重心的空间格局既与外商投资活动和商务旅游活动的关联性相关，又与入境商务旅游者的出游特点相关，还与社会经济发展水平密切相连。

（5）从整体演变格局和趋势来看，我国中部地区两类重心均呈现向偏北方向移动的趋势，但外企数量重心"东移南迁"，外企投资重心"先北后南"，而 IBT 重心"东移南迁"，两类重心具有一定的分离趋势；同时，两类重心在移动距离和年际移动速度上也有差异。在直线移动距离上：外企数量重心变动幅度最小（14.66 千米），入境商务旅游（ibt′）重心变动幅度最大（166.26 千米）；在累计移动距离上：外企投资重心变动幅度最小（137.29 千米），入境文体科技旅游重心变动幅度最大（1307.16 千米）；在年际移动速度上：外企投资重心变动幅度最小（8.09 千米/年），入境文体科技旅游重心变动幅度最大（76.89 千米/年）。两类重心的演变格局和趋势也是由中部地区的客观条件决定的。

（6）两类重心的内部重叠性和变动一致性表明，我国中部地区外企数量分布和外企投资分布密切相关。在经纬度的移动上，两类重心在经度上的移动方向一致：前者呈线性东移、后者呈波浪式东移；在纬度上向相反方向移动：FDI 重心呈线性北移、IBT 重心呈波浪式南移。在经度的移动幅度上，外企投资重心变动的幅度最小（5.44 千米）、入境商务旅游（ibt′）重心变动的幅度最大（121.85 千米）。在纬度的移动幅度上，外企数量重心变动的幅度最小（0.19 千米）、入境会议旅游重心变动的幅度最大（108.93 千米）。从空间相关性分析来看，我国中部地区两类重心在经度上呈正相关关系，而在纬度上的相关性不显著，说明我国中部地区 FDI 与 IBT 的相互作用主要体现在东西方向上。

第六章　我国西部地区 FDI 与 IBT 的关系分析

第一节　我国西部地区 FDI 与 IBT 的时序关系分析

虽然 FDI 在我国的发展比较迅速，但其在我国区域内的分布不均衡，大部分集中在我国东部沿海经济较发达地区，占到 85% 左右；而西部地区仅占我国 FDI 的 5%，这种资源配置与经济发展不协调的情况在一定程度上会制约我国经济的发展。虽然自实施"西部大开发"战略以来，西部地区的经济以及 FDI 取得了长足发展，但是与东部地区的差距仍在不断扩大。西部地区拥有土地面积 538 万平方千米，占全国国土面积的 56%，总人口约 2.87 亿，占全国人口的 22.99%，经济地位比较重要。因此，解决地区发展不协调的问题，对我国经济与旅游业的发展以及亚欧大陆桥经济带的建设有十分重要的意义。

本章选取西部地区 12 个省区市（包括四川、云南、贵州、西藏、重庆、陕西、甘肃、青海、新疆、宁夏、内蒙古、广西）作为研究样本。主要考虑以下方面原因：首先，西部地区地域辽阔，矿产、土地、水等资源十分丰富，是我国旅游资源最丰富的地区，具有资源类型全面、特色与垄断性强，自然景观与人文景观交相辉映的特点，其旅游业发展十分旺盛，具有极大的开发潜力。其次，与东部地区相比，西部地区的市场尚未饱和且增长速度较快，同时西部地区有大量的廉价劳动力，对于吸引 FDI 有明显的优势。最后，虽然自实施西部大开发战略以及建设丝绸之路经济带以来，西部地区对外贸易得到了迅猛发展，对外贸易的规模和增长速度都在不断加快，贸易结构也在逐渐优化，在使用外资增速方面也保持了较高增长（据统计，2016 年 1—9 月西部地区实际使用外资 417.6 亿元，同比增长 18.2%），但是西部地区与中东部地区相比仍存在较大差距，这种情况严重制约了我国经济的协调发展，且西部地区各省区市之间发展也较不平衡，会对丝绸之路经济带的建设产生消极作用。因此，选择我国西部地区作为样本研究对象对平衡我国东西部地区之间的差异以及进一步促进我国经济发展具有一定的意义。

一　我国西部地区 FDI 与 IBT 规模的发展历程分析

我国西部地区 FDI 与 IBT 规模的发展历程如下。

1995—2014 年我国西部地区 IBT 呈不断增长的发展态势（见图 6-1）。1995 年西部的入境商务客流为 11.64 万人次，随后不断增长，至 2001 年已增长至 14.59 万人次，2002 年继续增长至 24.85 万人次，2005 年已达 42.44 万人次，到 2011 年已增长至 52.37 万人次，

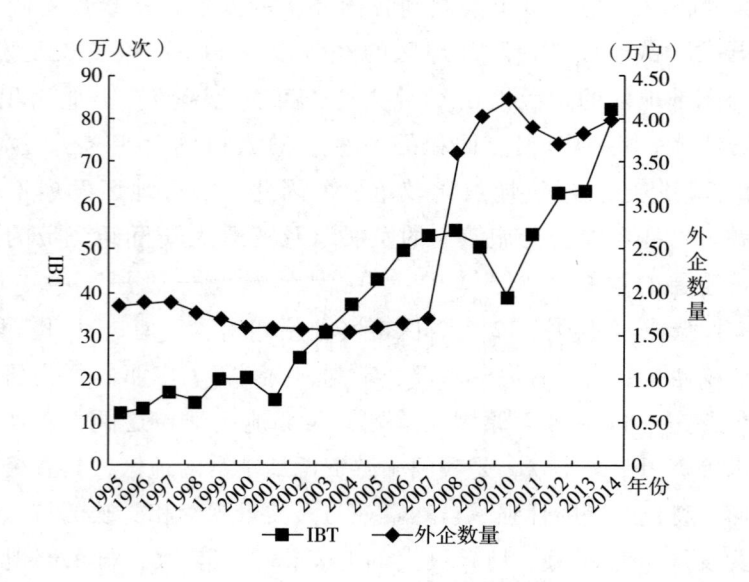

图 6-1　西部地区外企数量和 IBT 的发展态势

随后虽增长缓慢,但在 2014 年达到了 81.65 万人次的规模。总体而言,我国西部地区 IBT 的增长可以划分为三个阶段:第一阶段(1995—2001 年)为缓慢增长阶段,第二阶段(2001—2008 年)为快速增长阶段,第三阶段(2008—2014 年)为平稳增长阶段。其中,第一阶段 IBT 的年均增长率为 6.38%,第二阶段为 20.19%,第三阶段为 8.2%。

1995—2014 年我国西部地区外企数量也呈不断增长的发展态势(见图 6-1)。1995 年西部地区外企数量为 1.82 万户,1997 年增长至 1.87 万户,2000 年回落至 1.57 万户,2001 年保持在 1.56 万户,随后不断增长,至 2008 年已增至 3.57 万户,到 2010 年又增长至 4.22 万户,随后仍保持稳定状态,2014 年为 3.95 万户。总体而言,我国西部地区外企数量的增长可以划分为三个阶段:第一阶段(1995—2001 年)为缓慢增长阶段,第二阶段(2001—2008 年)为快速增长阶段,第三阶段(2008—2014 年)为持续增长阶段。其中,第一阶段年均增长率为 2.48%,第二阶段为 15.11%,第三阶段为 18.09%。

1995—2014 年我国西部地区外企投资也呈不断增长的发展态势(见图 6-2)。1995 年西部地区外企投资为 4.13 百亿美元,随后不断增长,2000 年增长至 5.03 百亿美元,2001 年又继续增加至 5.26 百亿美元,至 2006 年已增至 10.24 百亿美元,到 2011 年又增长至 22.45 百亿美元,随后仍保持不断增长的态势,2014 年已增至 32.45 百亿美元。总体而言,我国西部地区外企投资的增长可以划分为三个阶段:第一阶段(1995—2001 年)为缓慢增长阶段,第二阶段(2001—2008 年)为快速增长阶段,第三阶段(2008—2014 年)为持续增长阶段。其中,第一阶段投资的年均增长率为 4.09%,第二阶段为 15.75%,第三阶段为 14.3%。

对比我国西部地区 IBT 和外企数量的发展态势可见,二者均呈不断增长的发展态势,且均经历了三个阶段的增长历程;对比我国西部地区 IBT 和外企投资的发展态势可见,二者的增长态势也大致趋同,也均经历了三个阶段的增长历程。由此可见,我国西部地区 FDI 和

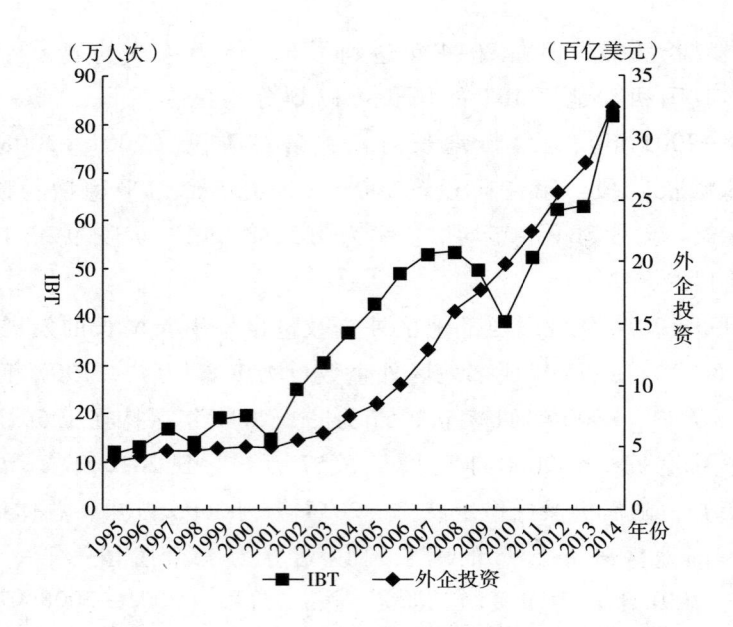

图 6-2 西部地区外企投资和 IBT 的发展态势

IBT 具有相同的增长态势。进一步，构建西部地区 IBT 和外企数量、IBT 和外企投资的推拉方程如下：

$$IBT = 1.2613n^2 + 5.9729n + 13.83 \qquad (6-1)$$
$$IBT = 0.0468i^2 + 3.5683i + 3.9996 \qquad (6-2)$$

方程（6-1）和方程（6-2）的 R^2 分别为 0.4843 和 0.8434，n 代表外企数量（万户），IBT 代表入境商务客流量（万人次），i 代表外企投资总额（百亿美元）。

二 我国西部地区 FDI 与 IBT 时序关系分析

（一）平稳性检验

协整关系可以解释为时序变量之间存在的一种长期稳定关系。只有当两个变量的时间序列是同阶单整序列，才可能存在协整关系，因此在进行协整关系检验之前，必须先确定时间序列的平稳性，若两个时间序列变量都是不平稳的，则会导致其所得到的是虚假结果。因此，先对变量进行 ADF 平稳性检验，检验结果如表 6-1 所示。

表6-1　　　　　　　　变量 ADF 检验结果

变量	(C,T,K)	ADF	5%临界值	结论	变量	(C,T,K)	ADF	5%临界值	结论
$Libt$	(C,T,1)	-0.4323	-1.6734	不平稳	$DLibt$	(C,N,1)	-3.6823	-1.8762	平稳
Ln	(C,T,0)	0.4742	-1.6861	不平稳	DLn	(C,T,0)	-4.8943	-1.8715	平稳
Li	(C,T,0)	2.6523	-1.4312	不平稳	DLi	(C,T,0)	-6.3751	-1.8063	平稳

ADF 检验结果表明，在 5% 的水平下，三组时间序列变量都存在单位根，且三者的 ADF 值都小于其对应的 5% 临界值，所以说明其并不平稳；但经过一阶差分后，三者在 5% 的显著性水平下都是平稳的，故其三个变量均是一阶单整，说明这三组数据在时间序列上长期平稳，可以进行下一步的协整检验。

（二）协整检验

ADF 检验表明变量具有平稳性，可以进行协整检验。本章采用 Engle 和 Granger 提出的两步法进行协整检验：第一步在变量有协整关系的条件下，进行最小二乘法回归分析；第二步利用 ADF 检验法对回归残差进行单位根检验，若残差序列具有平稳性，则说明变量之间存在着协整关系，否则就不存在协整关系。具体检验步骤如下：

第一步：根据协整的定义：k 维向量 $Y_t = (y_{1t}, y_{2t}, \cdots, y_{kt})$ 的分量间被称为 d, b 阶协整，记为 $Y_t \sim CI(d, b)$，如果满足：①$y_{1t}, y_{2t}, \cdots, y_{kt}$ 都是 d 阶单整的，即 $Y_t \sim I(d)$，要求 Y_t 的每个分量 $y_{it} \sim I(d)$；②存在非零向量 $x = (x_1, x_2, \cdots, x_k)$，使得 $Y_t \sim I(d-b)$，$0 < b \leq d$，简称 Y_t 是协整的，向量 x 又称为协整向量。建立如下回归方程：

$$Y_t = \alpha + \beta X_t + \varepsilon$$

模型估计的残差项表示为：

$$\varepsilon_t = Y_t - \alpha - \beta X_t$$

第二步：对残差项 ε_t 的平稳性进行检验。

本章对西部地区 FDI 与 IBT 两者之间的关系进行协整检验，对应的协整方程与残差序列平稳性检验结果如下。

表 6-2 中方程（6-3）代表西部地区外企数量与 IBT 之间的协

整方程,方程调整后的判断系数 R^2 为 0.8653,表明其模型拟合效果较好。各方程的系数估计值表示的是外企数量对 IBT 的弹性,其系数为 0.3123,表明外企数量每增长 1%,IBT 增长 0.3123%。

表 6-2 中方程 (6-4) 表示西部地区外企投资与 IBT 之间的协整方程,方程调整后的判断系数 R^2 为 0.8865,表明其模型拟合效果较好。各方程的系数估计值表示的是外企投资对 IBT 的弹性,其系数为 0.3018,表明外企投资每增长 1%,IBT 增长 0.3018%。

表 6-2　　　　西部地区 FDI 与入境商务旅游的协整方程

协整方程		F	DW	调整后的 R^2
$Libt = 0.3123Ln + 7.8496$ 　(9.3164)　(8.5427)	(6-3)	14.4565	1.8643	0.8653
$Libt = 0.3018Li + 6.8734$ 　(6.972)　(7.2684)	(6-4)	15.7324	1.7723	0.8865

利用 ADF 对残差 ε 进行单位根检验,其中不含常数和时间趋势的结果见表 6-3。检验发现 ADF 值均小于 5% 的临界值,残差序列 ε_n、ε_i 在 5% 的显著水平下否定了原假设,得出并不存在单位根的结论,说明西部地区的残差序列 ε 是平稳序列。这些数据表明西部地区外企数量与 IBT、外企投资与 IBT 之间存在协整关系,即它们之间存在长期均衡关系,由此可以推断出 FDI 与 IBT 之间存在关联,FDI 可以带动 IBT 的发展。

表 6-3　　　　　　　残差的平稳性检验

残差序列	(C, T, K)	ADF	5%临界值	结论
ε_n	(C, T, 1)	-5.6634	-1.9634	平稳
ε_i	(C, T, 0)	-3.6834	-1.9425	平稳

注:表中的 C、T、K 分别代表单位根检验中的常数项、时间趋势项和滞后阶数;滞后阶数根据 AIC 和 SC 最小原则确定。

（三）误差修正模型

在上文中通过协整检验得出西部地区外企数量与 IBT、外企投资与 IBT 之间存在长期均衡关系，但现实经济数据并不是由"均衡过程"形成的。因此，为了增强模型的精确度，需要以变量之间的协整关系构成误差修正项，建立误差修正模型（见表6-4）。

由表6-4可知，模型的 F 统计量的相应概率值 P 比较小，经过调整的 R^2 值比较大，并且都在 0.9 之上，说明模型估计整体上是明显的。

由方程（6-5）可知，外企数量对 IBT 前一期和前两期弹性分别是 0.1037 和 0.0532，说明外企数量每上升 1%，前一期和前两期 IBT 将分别增加 0.1037% 和 0.0532%，远远小于长期弹性，说明其对整体稳定影响不大。而其前一期和前两期 IBT 都会对本期产生一定的推动作用，贡献幅度分别为 0.1542% 和 0.1321%。误差修正项 ECM 的系数为 -0.7423，其变动的程度很小，符合反向修正机制并具有一定的调整力度。

由方程（6-6）可知，外企投资对 IBT 的前一期和前两期弹性分别是 0.1183 和 0.0463，说明吸收外商投资每上升 1%，前一期和前两期 IBT 人数将分别增加 0.1183% 和 0.0463%，均远小于长期弹性，说明其对整体稳定的影响不大。IBT 前一期和前两期对本期具有一定的推动作用，贡献幅度分别为 0.2537% 和 0.1642%。误差修正项 ECM 系数为 -0.3543，说明其变动的程度很小，符合反向修正机制并具有一定的调整力度。

（四）格兰杰因果关系检验

格兰杰因果关系检验是在时间序列情形下提出的计量经济学关系检验，其定义为：存在两个经济变量 x、y，若要判断 x 是不是能够导致 y 变化，首先需要对变量 y 进行考察，看 y 是否可以由 y 的过去值对其进行预测，然后将变量 x 的滞后值代入进行考察，看能否有助于变量 y 的解释程度。如果变量 x 能够改善对变量 y 将来变化的解释，则认为变量 x 是引起变量 y 变化的格兰杰原因。

协整检验表明西部地区 FDI（外企数量、外企投资）与 IBT 之间存在长期的均衡关系，但这种协整关系是否构成因果关系，即外企数

表6－4　误差修正模型

误差修正模型				F	DW	调整后的 R^2
$D(Lib_t) = 8.6523 - 0.7423ECM + 0.1542D(Lib_t(-1)) + 0.1321D(Lib_t(-1)) + 0.1037D(Ln(-1)) + 0.0532D(Ln(-2))$						
(7.6537) (8.8643) (3.8737)	(4.8724)	(3.7242)	(2.4982)	(6-5) 35.6523	2.0743	0.93516
$D(Lib_t) = 5.8743 - 0.3543ECM + 0.2537D(Lib_t(-1)) + 0.1642D(Lib_t(-2)) + 0.1183D(Li(-1)) + 0.0463D(Li(-2))$						
(5.5426) (3.7634) (5.2143)	(6.8532)	(4.5426)	(4.5637)	(6-6) 36.7428	1.9873	0.9133

量的增长能否引起 IBT 的增加或 IBT 的增长是否带来外企数量的增加，以及外企投资的增加是否引起 IBT 的增长或 IBT 增长是否会导致外企投资的增加，FDI 与 IBT 之间因果关系如何，需对其进行格兰杰因果关系检验，其检验结果如表 6-5 所示。

表 6-5　　　　　　　　格兰杰因果关系检验结果

原假设	滞后阶数	F 值	P 值（%）	结论
Ln 不是 $Libt$ 的格兰杰原因	2	5.2423	0.0634	拒绝
$Libt$ 不是 Ln 的格兰杰原因	2	5.6976	0.1442	接受
Li 不是 $Libt$ 的格兰杰原因	2	2.1234	0.0431	拒绝
$Libt$ 不是 Li 的格兰杰原因	2	8.2312	0.1243	接受

从表 6-5 可以看出，在 5% 水平下，IBT 对于外企数量接受了其原假设，而外企数量对 IBT 否定了其原假设，这就说明它们之间只存在单向格兰杰因果关系，即外企数量是 IBT 的单向格兰杰原因，而 IBT 不是外企数量的单向格兰杰原因。同时，外企投资对 IBT 否定了其原假设，IBT 对外企投资接受了其原假设，说明外企投资是 IBT 的单向格兰杰原因，而 IBT 不是外企投资的单向格兰杰原因。因此，FDI（外企数量、外企投资）是 IBT 的单向格兰杰原因。

由此可见，FDI（外企数量、外企投资）对 IBT 具有带动作用，即外企数量、外企投资的增加可以促进 IBT 的发展。首先，这与 FDI 本身所具有的特征息息相关，外商在投资前必然要进行市场实地考察和商务洽谈、签订协议和厂房建设等一系列的前期商务活动，由此引发的旅游活动会带来入境商务客源。其次，在外商投资经营活动中所伴随的人力资源的流动以及与母公司或海外子公司之间的业务交往也会产生入境商务客源。因此，FDI 可以促进 IBT 的发展。

但是，IBT 不是 FDI 的格兰杰原因，并不是说 FDI 与 IBT 的发展没有联系。这有可能是因为格兰杰因果关系检验只是基于时间序列数据模型的检验，其检验结果只是一种预测，并不是真正意义上的因果关系，所以不能完全作为判断因果关系的根据。当然，这也可能与

FDI 及 IBT 在我国西部地区的发展有关：首先，目前 FDI 在西部地区所占的比重较小而且质量也较低，在各行业的分布也不平衡。其次，FDI 在西部地区的利用方式大多是中外合资，并且规模较小。这些情况都会限制西部地区对 FDI 的吸引力。从 IBT 的发展来说，西部地区处于我国内陆，虽然拥有丰富的自然资源和独特的旅游资源，但很多人并不了解，同时，因为西部地区的经济落后，所以对旅游业投入的资金不足；西部地区地形复杂，目前交通运输网络并不完善，基础设施的建设相对比较落后，对入境游客的吸引力比较小，其市场对外开放程度也不高，难以引起投资者的兴趣，不利于西部地区 FDI 的发展。

（五）FDI 对 IBT 的拉动作用分析

格兰杰因果关系检验分析得出 FDI 是 IBT 的格兰杰原因，但 FDI 对 IBT 具有怎样的带动作用呢？这个问题需要进一步利用弹性系数分析法进行分析。相关分析和回归分析只能得出 FDI 是 IBT 的影响因素，无法明确具体有多大的影响；弹性系数分析法通过求弹性系数可以解决这一问题。利用苏建军、孙根年的双对数模型求弹性系数法可知，对变量求自然对数后进行 OLS 回归计算，所得回归系数即为变量间的弹性系数。本章分别以外企数量（n）、外企投资（i）为解释变量，以入境商务旅游（IBT）为被解释变量，用 OLS 回归计算其弹性系数，判断 FDI 对 IBT 的带动作用。计算结果如表 6-6、表 6-7 所示，方程 R^2 值均在 0.79 以上，且均通过了 1% 的显著性水平，表明方程拟合效果比较好。

表 6-6　　　　　　　　外企数量对 IBT 的拉动作用

变量	IBT	常数项	R^2
n	6.21/12.16/8.12	-8.95/-11.64/4.72	0.883/0.815/0.814

表 6-7　　　　　　　　外企投资对 IBT 的拉动作用

变量	IBT	常数项	R^2
i	1.231/3.1423/1.532	0.1542/-4.412/4.1423	0.799/0.917/0.816

第一，外企数量的增多对 IBT 的拉动作用。对于 IBT 来说，随着外企数量的增加和人力资源的不断流动，与外商投资利益相关的人员数量越来越多，为 IBT 的发展带来客源。而随着 IBT 的发展，入境商务游客也会越来越多，带动我国的经济发展，进一步扩大我国的资本市场，吸引更多的外商企业。所以，外企数量与 IBT 的互动关系比较明显，二者之间关系密切。从弹性系数看，外企数量对西部地区 IBT 的弹性系数为 8.12，即外企数量每增加 1%，西部地区 IBT 增长 8.12%。可以看出，在西部地区外企数量对 IBT 有明显的带动作用。

第二，外企投资增长对 IBT 的拉动。对于 IBT 来说，随着外企投资的增多，引发外商投资者对其投资越来越重视，从而增加其来华的次数，为 IBT 的增加做出贡献，进一步使得 IBT 发展的水平越来越高。对于外企投资来说，IBT 接待水平的不断提高有利于引起入境商务游客的动机和兴趣，增加其转化为外商投资者的可能性，从而进一步促进外商投资的发展。因此，外企投资与 IBT 有明显的互动关系，两者间关系密切。从弹性系数看，西部地区外企投资对 IBT 的弹性系数为 1.532，即外企投资增长 1%，IBT 随之增加 1.532%。外企投资对 IBT 增长的带动作用在西部地区比较明显。

对比外企数量和外企投资对 IBT 的弹性系数可以看出，外企数量对 IBT 的弹性系数明显高于外企投资对 IBT 的弹性系数，说明外企数量对 IBT 的带动作用大于外企投资对 IBT 的带动作用。这与改革开放以来 FDI 在我国的发展有关，虽然我国吸引 FDI 的能力比较强，但是 FDI 的利用主要集中在东部和中部地区，而西部地区较少且增长速度比较慢，大项目投资比较少，多为中小企业投资，所以使得外企数量对 IBT 的拉动作用强于外企投资对 IBT 的拉动作用。

三 结论与讨论

本章以西部地区 FDI 与 IBT 为研究对象，选取了 1997—2014 年的数据，采用平稳性检验、协整检验、误差修正模型、格兰杰因果关系检验和弹性系数分析法分析二者之间的时间序列关系，并得出以下结论：

（1）描述性分析表明，我国西部地区 FDI 和 IBT 具有相同的增长态势，二者均经历了三个阶段的增长历程。推拉方程显示，二者之间具有一定的推拉关系。通过 ADF 平稳性检验得出三组数据在长期时间序列上平稳，可以进行协整检验；协整检验得出，我国西部 FDI 与 IBT 有长期均衡关系，即 FDI 对 IBT 具有关联和带动作用。通过协整分析得出，我国西部地区 FDI 与 IBT 在短期内存在动态调整关系，但其短期弹性系数要小于长期弹性系数，说明 FDI 变化对 IBT 变化的反映在长时间段中较短期更为明显。

（2）误差修正模型表明，我国西部地区 FDI 与 IBT 有短期动态调整关系；同时，我国西部地区外企数量、外企投资与 IBT 之间的均衡关系对当期非均衡误差调整的自身修正能力较强，符合反向修正机制并具有一定的调整力度。同时，对比长期和短期弹性发现，西部 FDI 与 IBT 的短期弹性系数要小于长期弹性系数，说明 FDI 变化对 IBT 变化的反映在长时间段中较短期更为明显。格兰杰因果检验得出，FDI 是 IBT 的格兰杰原因在我国西部地区成立，IBT 是 FDI 的格兰杰原因并不成立，因而，西部地区 FDI 是 IBT 的单向格兰杰因果关系。

（3）弹性系数分析说明，西部地区外企数量对西部地区 IBT 的弹性系数为 8.12，外企投资对 IBT 的弹性系数为 1.532。对比外企数量和外企投资对 IBT 的弹性系数可以得出，外企数量对 IBT 的弹性系数明显高于外企投资对 IBT 的弹性系数，说明外企数量对 IBT 的带动作用大于外企投资对 IBT 的带动。

第二节　我国西部地区 FDI 重心与 IBT 重心格局演变对比

一　西部地区 FDI 重心与 IBT 重心的空间演变轨迹

（一）FDI 重心演变轨迹

根据重心公式计算得到我国西部地区 FDI 重心的空间演变轨迹（包括外企数量重心和外企投资重心的空间演变），见图 6-3。西部地区 FDI 重心位于四川省西部与重庆市西部地区，"东移北迁"趋势明显；而外企数量重心和外企投资重心由于受不同的微动力影响又表现出各自不同的特点。

通过分析1997—2014年西部地区外企数量重心的空间演变轨迹可见，外企数量重心变动具有如下特征：①1997—2000年我国西部地区外企数量重心在四川省遂宁县与重庆市的交界处附近，2001—2008年向北方向移动至四川省遂宁西部和绵阳市东南部，2009—2014年向东北移动并集中在绵阳市境内。②外企数量重心整体呈线性向东北方向移动，直线移动距离是160.47千米。其中，向北移动的频率最高；在17年的移动过程中，分别向北移动了10次，表明我国西部地区北部是外企的聚集区。③外企数量重心的平均移动速度为26.68千米/年。

通过分析1997—2014年西部地区外企投资重心的空间演变轨迹（见图6-3），归纳其变动特征如下：①1997年西部地区外企投资重心在四川省仁寿县境内，1998年开始移动至重庆市西北部地区，1999—2005年往东北方向移动至四川省南充市和巴中市交界处，2006—2010年往西南方向呈线性移动，2011—2014年又往东北方向移动，2014年重心落在四川省南充市境内。②外企投资重心与外企数量重心移动路径相似，整体均呈线性向东北方向移动，其整体直线移动距离是215.05千米。在17年的移动过程中，向北移动10次，向东移动9次，向东北移动6次，表明我国外企投资聚集在西部地区东北部。③平均移动速度为34.03千米/年，其中，1998年、2004年西部地区各省投资额剧增加速了外企投资重心的东移。

（二）IBT重心演变轨迹

计算所得西部地区IBT重心［包括入境商务旅游（ibt′）、入境会议旅游和入境文体科技旅游］的空间演变轨迹如图6-4和图6-5所示，西部IBT重心同FDI重心相邻，主要聚集于四川省、青海省、甘肃省、陕西省和重庆市等地，但"西移南迁"趋势明显。而入境商务旅游（ibt′）重心、会议旅游重心和文体科技旅游重心由于受不同的微动力影响又表现出各自不同的特点。

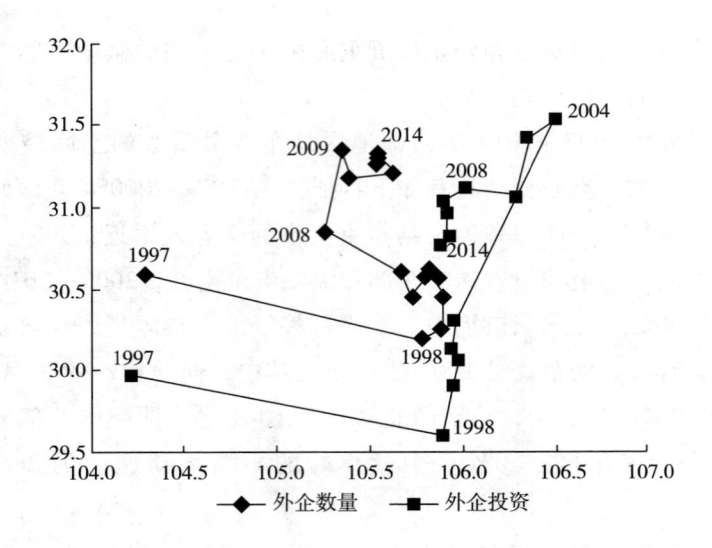

图 6-3　西部地区 FDI 重心的空间演变轨迹

由图 6-4 可知，西部地区以商务为目的的入境旅游具有如下特点：①1997 年以来我国西部地区入境商务旅游（ibt′）重心聚集在东经 104.09°—109.73°，北纬 29.43°—37.24°（位于四川省西部和重庆市西部以及甘肃省、宁夏回族自治区和陕西省）。②重心"北迁"趋势明显，其直线移动距离是 479.32 千米。其中，向南移动了 7 次，移动频率为 47.7%，结合图 6-4 可知西部地区南部入境商务旅游（ibt′）的规模日益扩大。③平均移动速度是 204.08 千米/年，其中 2000 年、2010 年和 2013 年的重心往西移动速度和幅度较大，其他年份较为缓和。④在经纬度上分别移动了 269.84 千米、355.61 千米，说明我国西部地区入境商务旅游（ibt′）规模在南北方向上有一定差距。

计算西部地区入境会议旅游重心的空间演变轨迹如图 6-5 所示。由图 6-5 可知：①我国西部地区入境会议旅游重心只有 1998 年和 2000 年较为特殊（在青海省玛沁县和甘肃省与陕西省交界处），整体在四川省北部（马尔康县、绵阳市）和甘肃省南部（夏河县、成县和定西市）附近。②1997 年以来入境会议旅游重心"西移南迁"趋势明显，17 年来其直线移动距离为 207.74 千米。③平均移动速度是

223.34 千米/年，特别是 2001 年、2004 年、2006 年以及 2011 年往西南方向移动速度和幅度较大，结合图 6-5 可知，西部地区西南部入境会议旅游的规模日益扩大。④在经纬度上分别移动了 80.13 千米、184.62 千米，说明我国西部地区入境会议旅游规模在南北方向上有一定差距。

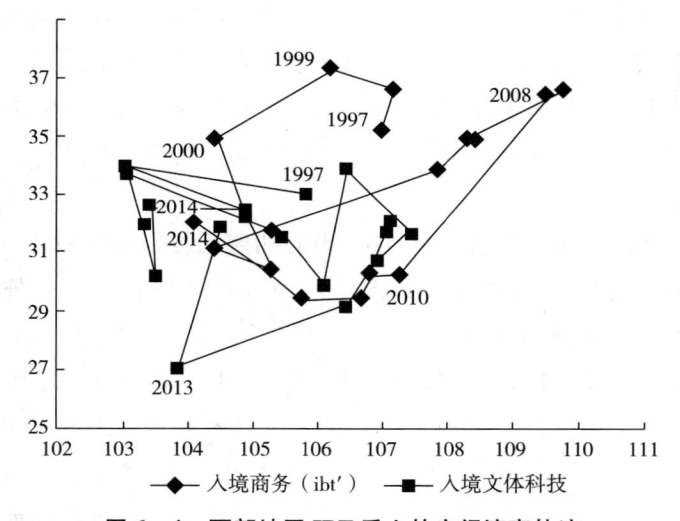

图 6-4 西部地区 IBT 重心的空间演变轨迹

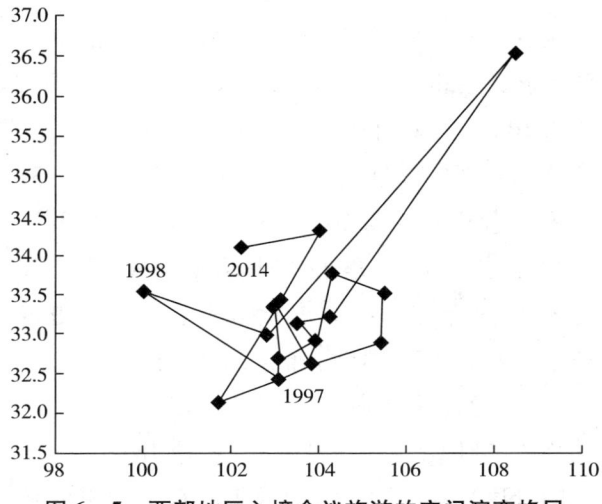

图 6-5 西部地区入境会议旅游的空间演变格局

计算所得西部地区入境文体科技旅游重心的空间演变轨迹如图 6-4 所示。由图 6-4 可知：①我国西部地区入境文体科技旅游整体重心在四川省东北部马尔康县、绵阳市、广元市、巴中市以及重庆市西部和甘肃省成县附近。②1997 年以来入境文体科技旅游重心"东移南迁"趋势明显，其直线移动的距离为 195.96 千米。③平均移动速度为 246.26 千米/年，2001 年、2012 年和 2013 年往东南方向的变动较为剧烈，结合图 6-4 分析可知我国西部地区东南部以文体科技为目的的 IBT 规模不断扩大。④在经纬度上分别移动了 120.64 千米、133.19 千米，表明我国西部地区入境文体科技旅游的差距主要体现在南北方向上。

二 西部地区 FDI 重心与 IBT 重心的空间格局变动对比分析

通过对比 1997—2014 年我国西部地区外企数量重心、外企投资重心、入境商务旅游（ibt'）重心、入境会议旅游重心和入境文体科技旅游重心的演变轨迹（见图 6-3、图 6-4、图 6-5）发现：

第一，从整体空间格局来看，我国西部地区 FDI 重心和 IBT 重心均聚集在四川省东北部、重庆市西部和甘肃省东南部且存在空间错位。相对于 FDI 重心而言，IBT 重心始终偏北，这说明我国西部地区 FDI 和 IBT 的发展既紧密相连又发展不平衡。IBT 重心均位于外企数量重心和外企投资重心的北部，其中，入境会议旅游重心在其西北方向，而入境商务旅游（ibt'）重心和入境文体科技旅游重心在其北方。外企数量重心与 IBT［入境商务旅游（ibt'）、入境会议旅游和入境文体科技旅游］重心的平均距离分别是 402.49 千米、371.93 千米、262.61 千米；外企投资重心与 IBT［入境商务旅游（ibt'）、入境会议旅游和入境文体科技旅游］重心的平均距离分别是 385.06 千米、401.37 千米、339.87 千米；两类重心间的平均距离是 360.55 千米，这说明西部地区 FDI 分布和 IBT 分布存在空间错位。

第二，从整体演变格局和趋势来看，我国西部地区两类重心均呈现不同的移动趋势，FDI 重心"东移北迁"，而 IBT 重心"南迁"，两类重心具有一定的分离趋势；同时，两类重心在移动距离和年际移动速度上也有差异。在直线移动距离上：外企数量重心（160.47 千米）<

入境文体科技旅游重心(195.96 千米) < 入境会议旅游重心(207.74 千米) < 外企投资重心(215.05 千米) < 入境商务旅游(ibt′)重心(479.32 千米);在累计移动距离上:外企数量重心(453.71 千米) < 外企投资重心(578.59 千米) < 入境商务旅游(ibt′)重心(3469.47 千米) < 入境会议旅游重心(3796.78 千米) < 入境文体科技旅游重心(4186.485 千米);在年际移动速度上:外企数量重心(17.87 千米/年) < 外企投资重心(28.19 千米/年) < 入境商务旅游(ibt′)重心(47.69 千米/年) < 入境文体科技旅游重心(119.16 千米/年) < 入境会议旅游重心(161.3 千米/年)。

第三,从内部重叠性和变动一致性来看,我国西部地区外企数量和外企投资重心之间及入境商务旅游(ibt′)重心、入境会议旅游重心和入境文体科技旅游重心之间具有良好的变动一致性,但是内部重叠性不太稳定。在空间距离上,外企数量重心和外企投资重心之间的平均距离为 69.22 千米;入境商务旅游(ibt′)重心和入境会议旅游重心之间的平均距离为 458.2 千米;入境商务旅游(ibt′)重心和入境文体科技旅游重心之间的平均距离为 339.32 千米;入境会议旅游重心和入境文体科技旅游重心之间的平均距离为 217.61 千米。总体而言,在多个年份两类重心内部的距离均小于两类重心间的平均距离 271.08 千米,这说明两类重心的内部重叠性不太稳定。在变动一致性上,外企数量重心和外企投资重心的变动一致性指数均接近 1 或 -1,表明二者变动一致。由图 6-6 可知,入境商务旅游(ibt′)重心、入境会议旅游重心和入境文体科技旅游重心三者之间的变动一致性指数也较接近 1 或 -1,说明 IBT 重心内部具有较好的变动一致性。

第四,从经度和纬度上看,我国西部地区两类重心呈现出不同的特点。从经度上看,如图 6-7 所示,FDI 重心位于较高经度,IBT 重心在较低经度,FDI 重心基本上在同一经度水平上移动。外企数量重心和外企投资重心以 2002 年为节点,先后呈线性东移趋势。IBT 旅游重心以 1998 年为节点,呈波浪式东移趋势;其中,入境会议旅游重心在经度上的波动最大。在经度的整体移动幅度上:入境会议旅游重心(80.13 千米) < 外企数量重心(116.71 千米) < 入境文体科技旅游

图 6-6 西部地区 IBT 重心的变动一致性

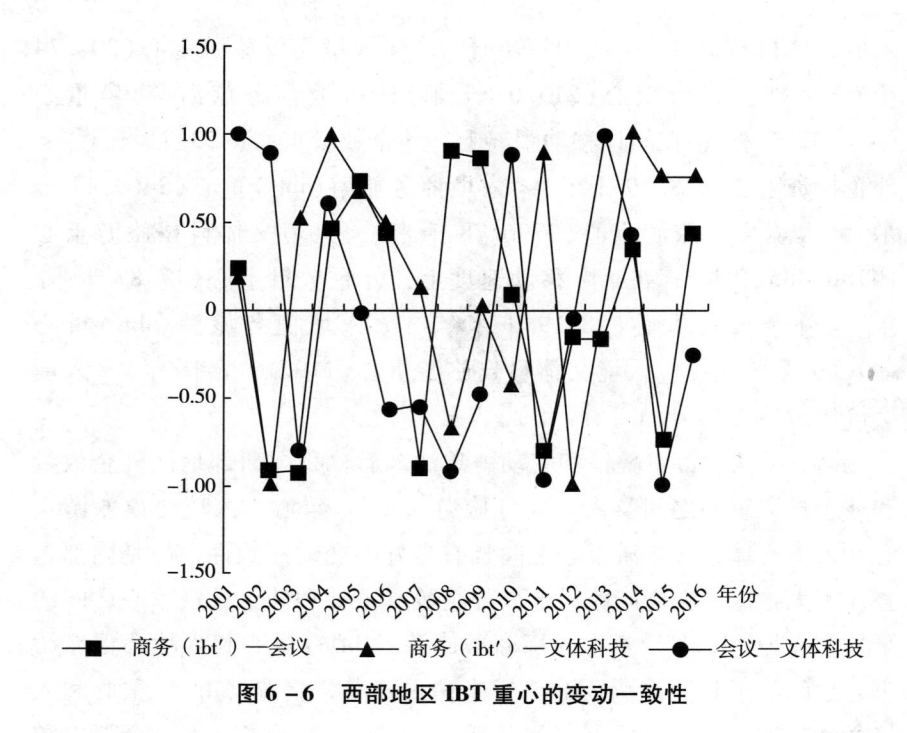

图 6-7 西部地区两类重心在经度上的演变路径对比

重心(120.64 千米)<外企投资重心(161.86 千米)<入境商务旅游(ibt′)重心(269.84 千米)。从纬度上看，如图 6-8 所示，FDI 重心和入境商务旅游(ibt′)重心向相反方向变动。外企数量重心和外企投资重心以 2001 年为节点，先后呈线性北移趋势。IBT 重心以 1998 年为节点，呈波浪式南移趋势；其中，入境商务旅游(ibt′)重心在纬度上的波动最大。在纬度的整体移动幅度上：外企数量重心(80.01 千米)<外企投资重心(95.00 千米)<入境文体科技旅游重心(133.19 千米)<入境会议旅游重心(184.62 千米)<入境商务旅游(ibt′)重心(355.61 千米)。

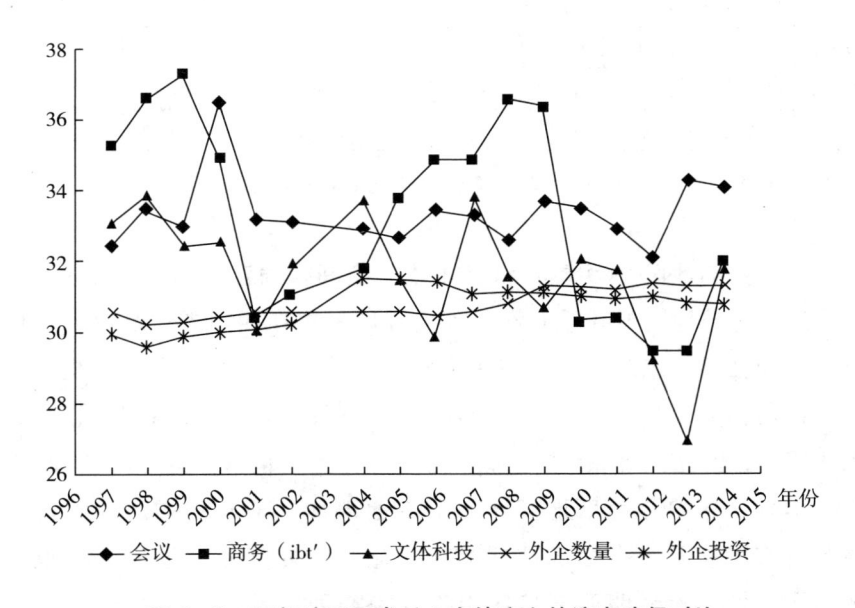

图 6-8　西部地区两类重心在纬度上的演变路径对比

第五，从空间相关性来看，如表 6-8 所示，在经度的联系上，我国西部地区 FDI 重心和 IBT 重心呈正相关关系，但在纬度上相关性不显著。外企数量重心与入境商务旅游（ibt′）重心、入境会议旅游重心和入境文体科技旅游重心在经度上均呈较强的正相关关系，相关系数分别是 0.615、0.632 和 0.672；外企投资重心与入境商务旅游（ibt′）重心、入境会议旅游重心和入境文体科技旅游重心在经度上也呈较强的正相关关系,相关系数分别是 0.726、0.652 和 0.538。而在纬度的联系上,FDI 重心和 IBT 重心的相关性不显著。这说明我国西部地区 FDI 与 IBT 的相互作用主要体现在东西方向上。

表 6 – 8　　　　　西部地区 FDI 重心与 IBT 重心在经纬度上的相关性

		外企数量	外企投资	入境商务旅游（ibt′）	入境会议旅游	入境文体科技旅游
经度	外企数量	1				
	外企投资	0.685***	1			
	入境商务旅游（ibt′）	0.615**	0.726**	1		
	入境会议旅游	0.632**	0.652*	0.862***	1	
	入境文体科技旅游	0.672**	0.538*	0.772***	0.627***	1

注：＊＊＊、＊＊、＊分别表示1%、5%、10%的显著性水平。

三　西部地区 FDI 重心和 IBT 重心空间格局变动的动因探析

我国西部地区 FDI 重心和 IBT 重心均聚集在四川省东北部、重庆市西部和甘肃省东南部,这与我国经济、社会发展水平和外商投资活动的特点相关。我国西部地区土地辽阔、资源丰富、人口密集且政策优势明显、经济水平相对较为落后,具有极大的发展潜力,因此能够吸引外企聚集在西部地区。而随着西部地区 FDI 的增加,大量的商务游客发展壮大了西部地区的商务旅游,使得西部地区 IBT 也呈现出聚集性,这说明西部地区 IBT 规模与西部地区外企数量、外企投资总额有关,使得两类重心在空间分布上始终相邻,表现出一定的相关性,并且分布区域比较相似。这证实了外商投资活动与商务旅游活动的关联性,也从投资贸易的视角印证了贸易与旅游的互动理论。

两类重心又存在空间偏离且有一定的分离趋势。外企数量和外企投资重心偏南与我国西部地区的经济发展状况相关；IBT 重心偏北,是由 IBT 的特点以及旅游资源的分布决定的。2012 年入境商务游客在华平均停留时间约为 7 天，来华次数大于等于 4 次的商贸人员占总入境游客的 57.3%，近 30% 的入境商务游客游览了 2—3 座城市。较长的停留时间保证其有充足的闲暇时间游览周边地区；而商旅的重复性必然带来旅游审美的疲劳。"不差钱"的商务消费给予商旅游客更多的旅游消费选择，使其能"游"得更远。同时，在我国西部地区西南部分布着一些比较独特且极具文化价值和观赏性的旅游资源。所以，在探索新奇心理和交通便捷的推动下，越来越多的入境商务旅游者深入中国西部地区，近年来西部地区西南部出现的大量入境商务旅游者就是很好的例证。因此，西部地区两类重心的空间偏离是一种必然，是由西部地区的经济、社会发展水平、资源分布、外商投资特点和入境商务旅游者的出游特点决定的。同时，随着 FDI 和 IBT 的发展，两类重心会更加偏离，其表现就是 FDI 重心"东移北迁"，而 IBT 重心"南迁"，这也是由西部地区的客观条件决定的。

两类重心的内部重叠性和内部变动一致性表明，外企数量分布和外企投资分布密切相关，入境商务旅游、入境会议旅游和入境文体科技旅游的分布密切相连。外企是 FDI 的载体，因而外企数量分布和外企投资分布密切相关，两类重心具有重叠性和变动一致性。入境商务旅游（ibt′）、入境会议旅游和入境文体科技旅游的分布密切相关是因为它们都围绕着外商的投资活动而展开，三者具有交叉性；但三者重心的变动又具有各自的特性：相对于入境文体科技旅游重心而言，入境会议旅游重心偏北与四川省是我国自由贸易试验区、西部综合交通枢纽有关；入境商务旅游（ibt′）重心偏南与四川省、重庆市发达的经济、贸易往来有关。因此，西部地区入境商务旅游（ibt′）重心、入境会议旅游重心和入境文体科技旅游重心才呈现出不同的演化路径和趋势，并在移动距离和移动速度上也有所差距。

总体而言，西部地区 FDI 和 IBT 重心的空间格局和演变规律与我国西部地区外商投资特征和商务旅游的特点密切相关，与我国旅游业发展国情密切相关，也与我国经济、社会发展水平相吻合。

四 结论

根据重心模型对比分析了我国西部地区 17 年来 FDI 和 IBT 重心

格局演变及其在经纬度上的变化，并得到如下结论。

（1）就整体空间格局而言，我国西部地区 FDI 重心和 IBT 重心均聚集在四川省东北部、重庆市西部和甘肃省东南部且存在空间错位，两类重心间的平均距离是 360.55 千米，相对于 FDI 重心而言，IBT 重心始终偏北；其中，入境会议旅游重心在其西北方向，而入境商务旅游（ibt′）重心和入境文体科技旅游重心在其北方。两类重心的空间格局既与外商投资活动及商务旅游活动的关联性相关，又与入境商务旅游者的出游特点相关，同时与社会经济发展水平密切相连。

（2）从整体演变格局和趋势来看，我国西部地区两类重心均呈现不同的移动趋势，FDI 重心"东移北迁"，而 IBT 重心"南迁"，两类重心具有一定的分离趋势；同时，两类重心在移动距离和年际移动速度上也有差异。在直线移动距离上：外企数量重心变动幅度最小（160.47 千米），入境商务旅游（ibt′）重心变动幅度最大（479.32 千米）；在累计移动距离上：外企数量重心变动幅度最小（453.71 千米），入境文体科技旅游重心变动幅度最大（4186.485 千米）；在年际移动速度上：外企数量重心变动幅度最小（17.87 千米/年），入境会议旅游重心变动幅度最大（161.3 千米/年）。两类重心的演变格局和趋势也是由西部地区的客观条件决定的。

（3）我国西部地区两类重心的内部重叠性和变动一致性表明，外企数量分布和外企投资分布密切相关。在经纬度的移动上，我国西部地区两类重心在经度上的移动方向一致：前者呈线性东移，后者呈波浪式东移；在纬度上向相反方向移动：前者呈线性北移，后者呈波浪式南移。在经度的移动幅度上，入境会议旅游重心变动的幅度最小（80.13 千米），入境商务旅游（ibt′）重心变动的幅度最大（269.84 千米）。在纬度的移动幅度上，外企数量重心变动的幅度最小（80.01 千米），入境商务旅游（ibt′）重心变动的幅度最大（355.61 千米）。从空间相关性分析来看，两类重心在经度上呈正相关关系，而在纬度上的相关性不显著，说明我国西部地区 FDI 与 IBT 的相互作用主要体现在东西方向上。

第三节 本章小结

本章在我国东西部地区发展不平衡的情况下,首先基于西部地区"大开发战略"以及"丝绸之路经济带"的建设,分析 FDI 与 IBT 两者之间的发展历程,建立两者之间的推拉方程,然后选取外企数量、外企投资和 IBT 的时间序列数据,利用格兰杰因果关系检验和弹性系数对模型进行了实证分析;其次,通过对比西部地区外企投资与 IBT 重心格局演变,探析两类重心空间格局变动的动因。主要得出以下结论。

(1)描述性分析表明,我国西部地区 FDI 和 IBT 具有相同的增长态势,二者均经历了三个阶段的增长历程。推拉方程显示,二者之间具有一定的推拉关系。协整检验得出,我国西部地区 FDI 与 IBT 有长期均衡关系,即 FDI 对 IBT 具有关联和带动作用。通过协整分析得出,我国西部地区 FDI 与 IBT 在短期内存在动态调整关系,但其短期弹性系数要小于长期弹性系数,说明 FDI 变化对 IBT 变化的反映在长时间段中较短期更为明显。

(2)误差修正模型表明,我国西部地区 FDI 与 IBT 有短期动态调整关系;同时,我国西部地区外企数量、外企投资与 IBT 之间的均衡关系对当期非均衡误差调整的自身修正能力较强,符合反向修正机制并具有一定的调整力度。同时,对比长期和短期弹性发现,西部地区 FDI 与 IBT 的短期弹性系数要小于长期弹性系数,说明 FDI 变化对 IBT 变化的反映在长时间段中较短期更为明显。格兰杰因果关系检验得出,FDI 是 IBT 的格兰杰原因在我国西部地区成立,IBT 是 FDI 的格兰杰原因并不成立,因此,西部地区 FDI 是 IBT 的单向格兰杰因果关系。

(3)弹性系数分析得出,我国西部地区外企数量对 IBT 的弹性系数是 8.12,外企投资对 IBT 的弹性系数是 1.532。由此可以看出,我国西部地区外企数量对 IBT 的弹性系数大于外企投资对 IBT 的弹性系数,说明我国西部地区外企数量对 IBT 的带动作用大于外企投资对

IBT 的带动作用。

（4）就整体空间格局而言，我国西部地区 FDI 重心和 IBT 重心均聚集在四川省东北部、重庆省西部和甘肃省东南部且存在空间错位，两类重心间的平均距离是 360.55 千米，相对于 FDI 重心而言，IBT 重心始终偏北；其中，入境会议旅游重心在其西北方向，而入境商务旅游（ibt'）重心和入境文体科技旅游重心在其北方。两类重心的空间格局既与外商投资活动及商务旅游活动的关联性相关，又与入境商务旅游者的出游特点相关，同时与社会经济发展水平密切相连。

（5）从整体演变格局和趋势来看，我国西部地区两类重心均呈现不同的移动趋势，FDI 重心"东移北迁"，而 IBT 重心"南迁"，两类重心具有一定的分离趋势；同时，两类重心在移动距离和年际移动速度上也有差异。在直线移动距离上：外企数量重心变动幅度最小（160.47 千米），入境商务旅游（ibt'）重心变动幅度最大（479.32 千米）；在累计移动距离上：外企数量重心变动幅度最小（453.71 千米），入境文体科技旅游重心变动幅度最大（4186.485 千米）。在年际移动速度上：外企数量重心变动幅度最小（17.87 千米/年），入境会议旅游重心变动幅度最大（161.3 千米/年）。两类重心的演变格局和趋势也是由西部地区的客观条件决定的。

（6）我国西部地区两类重心的内部重叠性和变动一致性表明，外企数量分布和外企投资分布密切相关。在经纬度的移动上，我国西部地区两类重心在经度上的移动方向一致：前者呈线性东移、后者呈波浪式东移；在纬度上向相反方向移动：前者呈线性北移、后者呈波浪式南移。在经度的移动幅度上，入境会议旅游重心变动的幅度最小（80.13 千米）、入境商务旅游（ibt'）重心变动的幅度最大（269.84 千米）。在纬度的移动幅度上，外企数量重心变动的幅度最小（80.01 千米）、入境商务旅游（ibt'）重心变动的幅度最大（355.61 千米）。从空间相关性分析来看，两类重心在经度上呈正相关关系，而在纬度上的相关性不显著，说明我国西部地区 FDI 与 IBT 的相互作用主要体现在东西方向上。

第七章 典型省市 FDI 与 IBT 的关系分析

前文的描述性分析表明，我国 FDI 和 IBT 具有相同的增长态势，二者均经历了三个阶段的增长历程。推拉方程显示，二者之间具有一定的推拉关系。协整检验得出，我国 FDI 与 IBT 有长期均衡关系和短期动态调整关系。格兰杰因果关系检验得出，二者之间互为因果关系或存在单向格兰杰因果关系。弹性系数分析得出，外企数量对 IBT 的带动作用大于外企投资总额对 IBT 的带动作用。就整体空间格局而言，FDI 重心和 IBT 重心既集聚又存在空间错位。两类重心的内部重叠性和变动一致性表明，外企数量分布和外企投资分布密切相关。从空间相关性分析来看，两类重心在经度上呈正相关关系。由于地区差异的存在，东中西部 FDI 与 IBT 的关系并不完全相同，因此，要彻底理清二者的关系问题不仅需要分地区对待，更需要分省市进行研究。因此，本章选取北京、上海、广州、江苏和浙江五省市的时间序列数据，进一步分析并证实了二者关系的空间差异。

第一节 北、上、广 FDI 与 IBT 的关系分析

一 基于推拉关系的对比

(一) 研究方法

本章选取 1995—2013 年北、上、广 FDI 和 IBT 的时间序列数据，利用 OLS 回归分析方法，从两个层面定量分析 FDI 和 IBT 的互动关系：首先，验证北、上、广 FDI 与 IBT 的互动关系，其次对二者在北、上、广的互动关系进行地区差异的对比。具体的分析步骤如下：

①通过构建推拉方程，分析北、上、广外企数量、外企投资与 IBT 之间的推拉关系；②通过构建弹性系数方程，探讨北、上、广 IBT 占比对外资依存度的拉动作用；③根据定量分析结果对比北、上、广 FDI 与 IBT 互动关系的地区差异。其中，IBT 占比和外资依存度两组变量的界定如表 7-1 所示。

表 7-1　　　　　　　IBT 占比和外资依存度的界定

IBT 占比	外资依存度
IBTS 占比 = $\dfrac{\text{入境本地的商务游客}}{\text{全国入境商务游客总和}}$	外资依存度 = $\dfrac{\text{外商投资总额}}{\text{GDP}}$

（二）案例选择

选择北京、上海和广州三个城市作为本章案例的缘由：第一，我国的改革开放是从东部沿海开始的，一方面通过吸引外资以拉动国内经济发展，另一方面通过发展入境旅游吸引入境游客以创汇。因此北、上、广是我国吸引 FDI、发展 IBT 的"前线"城市，发展历史悠久。第二，北、上、广是我国三大经济圈（京津冀、长三角和珠三角）的核心城市，不仅承载着三大经济圈 FDI（"资金流"）和 IBT（"人流"）的聚散功能，而且是我国吸收 FDI、发展 IBT 高水平的代表。因此，选择北、上、广研究 FDI 和 IBT 的关系具有一定的典型性。

（三）入境商务客流量与 FDI 的推拉关系

1. 入境商务客流量与外企数量的推拉关系

1995—2013 年北、上、广入境商务游客和外企数量均有很大幅度的增长。北京 IBT 由 15.16 万人次增长至 32.26 万人次，年均增长率为 5.16%；上海 IBT 由 11.59 万人次增长至 54.84 万人次，年均增长率为 10.78%；广州 IBT 由 44.02 万人次增长至 168.53 万人次，年均增长率为 7.92%。北京外企数量由 9619 户增长至 27061 户，年均增长率为 6.83%；上海外企数量由 14487 户增长至 64412 户，年均增长率为 9.23%；广州外企数量由 7825 户增长至 18487 户，年均增长率为 5.85%。分别对比北、上、广 IBT 和外企数量的变化可见，二者呈现出双增长的态势，增长速率整齐（IBT 的增长速率为 5.16%—10.78%，外企数量的增长速率为 5.85%—9.23%）。

1995 年以来，北京 IBT 与外企数量关系密切，二者呈现出同步增长的特征。由图 7-1 可知，18 年来北京 IBT 与外企数量的增长经历了三个阶段：第一阶段（1995—2000 年），IBT 与外企数量均呈波动性缓慢增长态势，IBT 从 1995 年的 15.16 万人次波动增长至 1997 年的 19.26 万人次，2000 年又降至 17.28 万人次；外企数量从 1995 年的 9691 户波动增长至 1997 年的 10448 户，至 2000 年又降至 8495 户。第二阶段（2001—2009 年），IBT 与外企数量均呈稳步增长态势，IBT 从 20.34 万人次增长至 35.43 万人次，外企数量从 8818 户增长至 23293 户。第三阶段（2010—2013 年），IBT 与外企数量持续增长，IBT 从 37.13 万人次增长至 42.3 万人次，随后又降至 32.26 万人次，但 IBT 持续增长的趋势仍在。外企数量对 IBT 的推拉方程如式（7-1）所示。

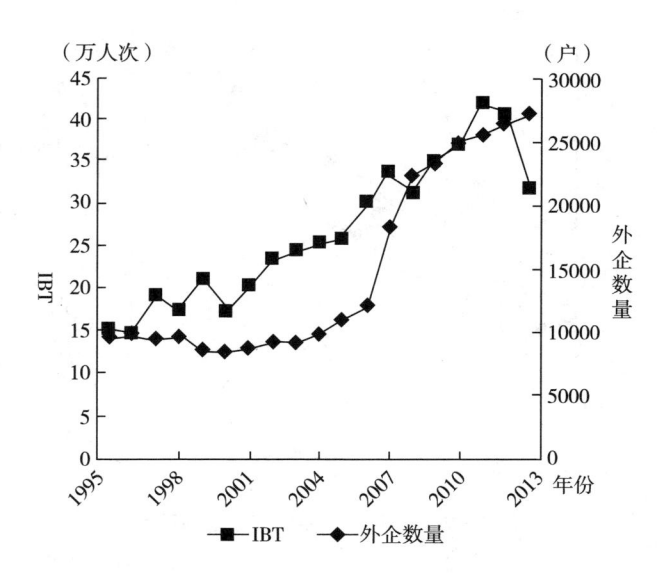

图 7-1　IBT 与外企数量（北京）

$$IBT_B = 18.77\text{Ln}(FN_B) - 150.9 \qquad (7-1)$$

其中，$R^2 = 0.849$；FN_B 为北京外企数量（户）；IBT_B 为北京入境商务游客（万人次）。

1995年以来，上海 IBT 与外企数量关系密切，二者呈现出同步增长的特征。由图7-2可知，18年来上海 IBT 与外企数量的增长经历了两个阶段：第一阶段（1995—2000年），IBT 与外企数量均呈缓慢增长态势，IBT 从1995年的11.59万人次增长至2000年的16.54万人次；外企数量从1995年的14487户增长至2000年的15930户。第二阶段（2001—2013年），IBT 与外企数量均呈持续增长态势，IBT 从2001年的18.64万人次增长至2011年的70.44万人次，随后有所收缩，至2013年降至54.84万人次；外企数量从2001年的18160户增长至2013年的64412户。外企数量对 IBT 的推拉方程如式（7-2）所示。

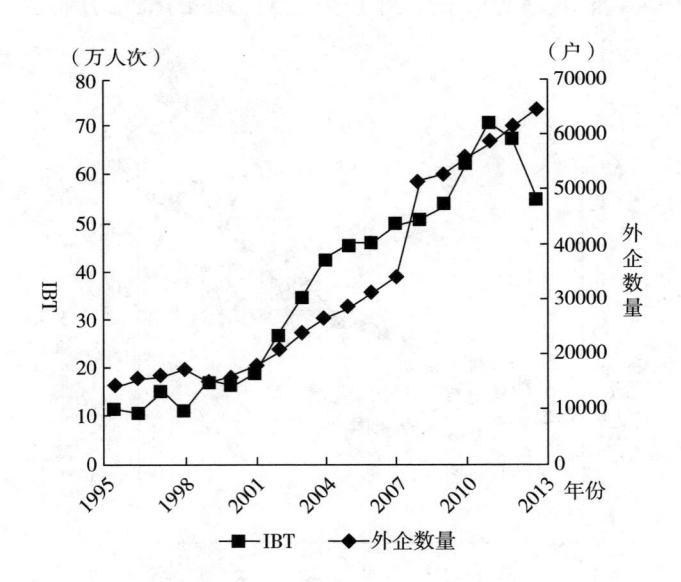

图7-2　IBT 与外企数量（上海）

$$IBT_S = 35.80\text{Ln}(FN_S) - 330 \qquad (7-2)$$

其中，$R^2 = 0.920$；FN_S 为上海外企数量（户）；IBT_S 为上海入境

商务游客(万人次)。

1995年以来,广州IBT与外企数量关系密切,二者呈现出同步增长的特征。由图7-3可知,18年来广州IBT与外企数量的增长经历了两个阶段:第一阶段(1995—2000年),IBT与外企数量均呈缓慢增长态势,IBT从1995年的44.02万人次增长至2000年的68.34万人次;外企数量从1995年的7825户增长至2000年的8033户。第二阶段(2001—2013年),IBT与外企数量均呈持续增长态势,IBT从2001年的83.96万人次增长至2013年的168.53万人次。外企数量从2001年的8085户增长至2013年的18487户。外企数量对IBT的推拉方程如式(7-3)所示。

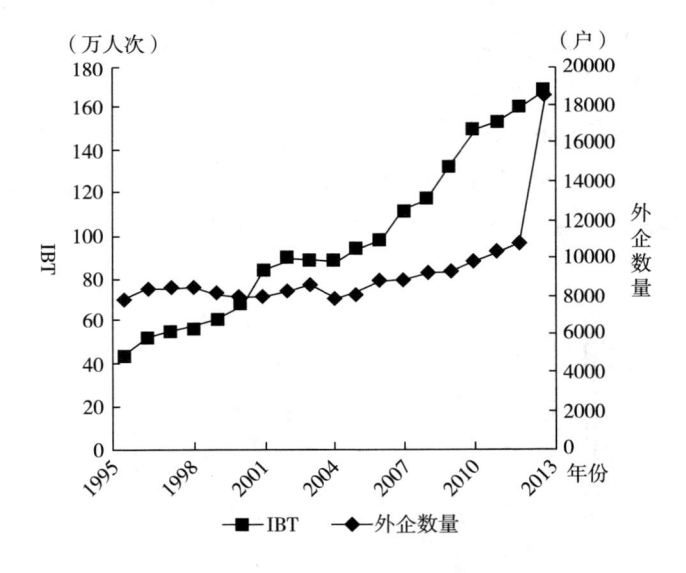

图7-3 IBT与外企数量(广州)

$$IBT_G = 318.1\text{Ln}(FN_G) - 2793 \qquad (7-3)$$

其中,$R^2 = 0.807$;FN_G为广州外企数量(户);IBT_G为广州入境商务游客(万人次)。

2. 入境商务客流量与外企投资的推拉关系

1995—2013年北、上、广IBT和外企投资均有很大幅度的增长。

北京 IBT 由 15.16 万人次增长至 32.26 万人次，年均增长率为 5.16%；上海 IBT 由 11.59 万人次增长至 54.84 万人次，年均增长率为 10.78%；广州 IBT 由 44.02 万人次增长至 168.53 万人次，年均增长率为 7.92%。北京外企投资由 288 亿美元增长至 1771 亿美元，年均增长率为 10.8%；上海外企投资由 677 亿美元增长至 4579 亿美元，年均增长率为 11.3%；广州外企投资由 4234 亿美元增长至 11674 亿美元，年均增长率为 5.9%。分别对比北、上、广 IBT 和外企投资的变化可见，二者呈现出双增长的态势，增长速率整齐（IBT 的增长速率是 5.16%—10.78%，外企投资的增长速率是 5.9%—11.3%）。

1995 年以来，北京的 IBT 与外企投资关系密切，二者呈现出同步增长的特征。由图 7－4 可知，18 年来北京 IBT 与外企投资的增长可分为两个阶段：第一阶段（1995—2000 年），IBT 呈波动性缓慢增长态势，从 1995 年的 15.16 万人次波动增长至 2000 年的 17.28 万人次；外企投资呈缓慢增长态势，从 1995 年的 288 亿美元增长至 2000 年的 402 亿美元。第二阶段（2001—2013 年），IBT 与外企投资均呈稳步增长态势，IBT 从 2001 年的 20.34 万人次增长至 2011 年的 42.3

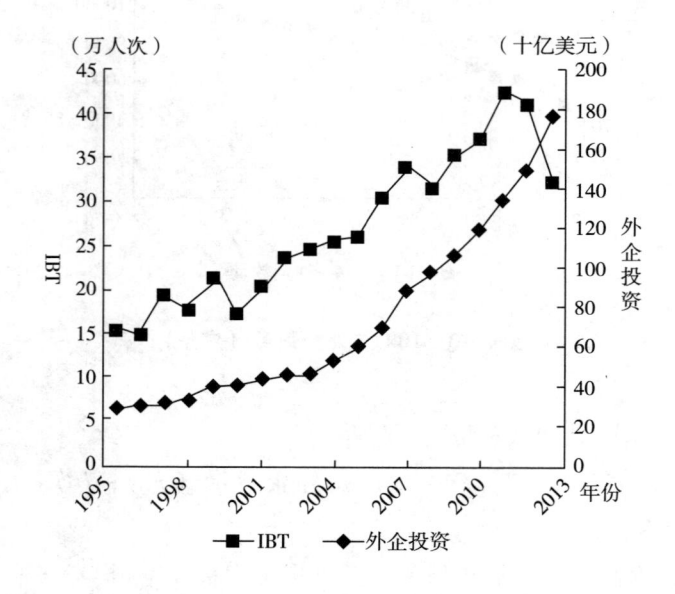

图 7－4 IBT 与外企投资（北京）

万人次,随后又降至32.26万人次,但IBT持续增长的趋势仍在;外企投资从429亿美元增长至1771亿美元。外企投资对IBT的推拉方程如式(7-4)所示。

$$IBT_B = 15.81\text{Ln}(FI_B) - 147 \tag{7-4}$$

其中,$R^2 = 0.971$;FI_B为北京外企投资(亿美元);IBT_B为北京入境商务游客(万人次)。

1995年以来,上海IBT与外企投资关系密切,二者呈现出同步增长的特征。由图7-5可知,18年来上海IBT与外企投资的增长经历了两个阶段:第一阶段(1995—2000年),IBT与外企投资均呈缓慢增长态势,IBT从1995年的11.59万人次增长至2000年的16.54万人次;外企投资从1995年的677亿美元增长至2000年的985亿美元。第二阶段(2001—2013年),IBT与外企投资均呈持续增长态势,IBT从2001年的18.64万人次增长至2011年的70.44万人次,随后有所收缩,至2013年降至54.84万人次;外企投资从2001年的1127亿美元增长至2013年的4579亿美元。外企投资对IBT的推拉方程如式(7-5)所示。

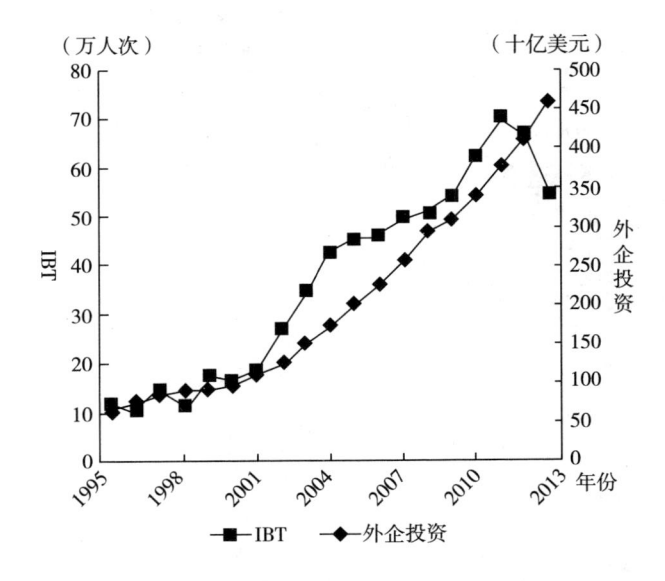

图7-5 IBT与外企投资(上海)

$$IBT_S = 31.83\text{Ln}(FI_S) - 546.9 \tag{7-5}$$

其中，$R^2 = 0.945$；FI_S 为上海外企投资（亿美元）；IBT_S 为上海入境商务游客（万人次）。

1995 年以来，广州 IBT 与外企投资关系密切，二者呈现出同步增长的特征。由图 7-6 可知，18 年来广州 IBT 与外企投资的增长经历了两个阶段：第一阶段（1995—2000 年），IBT 与外企投资均呈缓慢增长态势，IBT 从 1995 年的 44.02 万人次增长至 2000 年的 68.34 万人次；外企投资从 1995 年的 4234 亿美元增长至 2000 年的 4740 亿美元。第二阶段（2001—2013 年），IBT 与外企投资均呈持续增长态势，IBT 从 2001 年的 83.96 万人次增长至 2013 年的 168.53 万人次，外企投资从 2001 年的 4862 亿美元增长至 2013 年的 11674 亿美元。外企投资对 IBT 的推拉方程如式（7-6）所示。

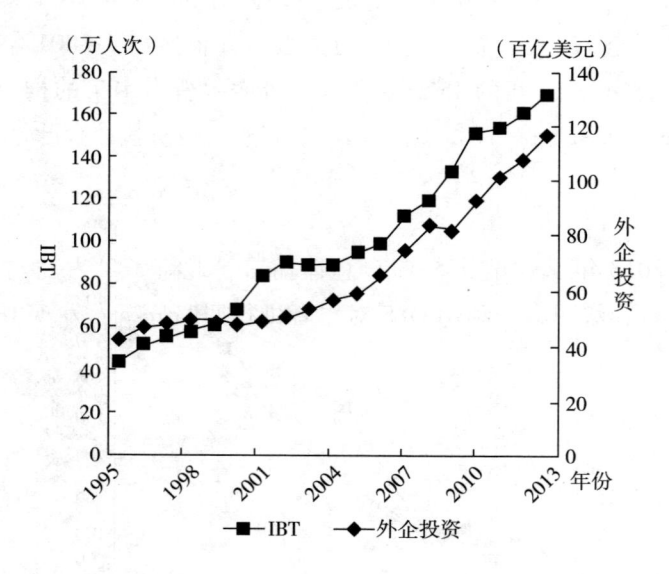

图 7-6　IBT 与外企投资（广州）

$$IBT_G = 117.2\text{Ln}(FI_G) - 1738 \tag{7-6}$$

其中，$R^2 = 0.942$；FI_G 为广州外企投资（亿美元）；IBT_G 为广州入境商务游客（万人次）。

（四）入境商务旅游占比与外资依存度的推拉关系

随着国内经济和旅游的发展，1995—2013 年北、上、广 IBT 占比和外资依存度均有很大幅度的下滑。北京 IBT 占比由 13.17% 下降至 4.84%，年均下滑 4.56%；上海 IBT 占比由 12.06% 下滑至 3.23%，年均下滑 6.53%；广州 IBT 占比由 38.21% 下滑至 25.28%，年均下滑 1.41%。北京外资依存度由 1.6% 下滑至 0.55%，年均下滑 0.06%；上海外资依存度由 2.26% 下滑至 1.3%，年均下滑 0.03%；广州外资依存度由 2.84% 下滑至 0.47%，年均下滑 0.09%。分别对比北、上、广 IBT 占比和外资依存度的变化可见，二者均呈现出下滑的态势，IBT 占比的下滑速率较快（为 1.41% — 6.53%），外资依存度的下滑速率较慢（为 0.03% — 0.47%）；二者的下滑态势表明我国的经济和旅游发展正逐步摆脱对外资和入境旅游的依赖。

1995 年以来，北京 IBT 占比与外资依存度呈现出同步下降的特征。由图 7-7 可知，北京 IBT 占比由 1995 年的 13.17% 下降至 2000 年的 7.54%，2005 年降为 6.71%，2010 年降至 5.12%，2013 年降至 4.84%。随着北京 IBT 占比的下降和经济的不断发展，其外资依存度也在不断下降。北京外资依存度由 1995 年的 1.6% 下降至 2000 年的 1.05%，2005 年降为 0.71%，2010 年降至 0.57%，2012 年降至 0.53%，2013 年反弹至 0.55%。总体而言，北京 IBT 占比与外资依存度的下行趋势明显，利用 OLS 对二者进行回归分析，发现 IBT 占比对外资依存度的带动方程如式（7-7）所示。

$$FID_B = 12.51 IBTP_B - 0.118 \tag{7-7}$$

其中，$R^2 = 0.905$；FID_B 为北京外资依存度；$IBTP_B$ 为北京入境商务游客占全国入境商务游客的比重。由方程（7-7）可知，北京的入境商务游客占全国入境商务游客的比重每提高或降低 1 个百分点，其外资依存度将提高或降低 12.51 个百分点。

1995 年以来，上海 IBT 占比与外资依存度呈现同步下降的特征。由图 7-8 可知，上海 IBT 占比由 1995 年的 12.06% 下降至 2000 年的 9.06%，2005 年降为 7.08%，2010 年降至 4.66%，2013 年降至 3.23%。随着上海 IBT 占比的下降和经济的不断发展，其外资依存度

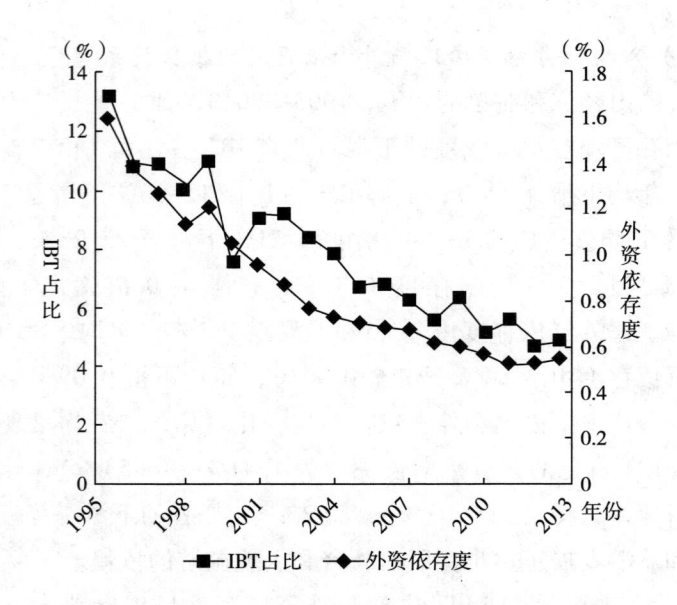

图 7-7 IBT 占比与外资依存度（北京）

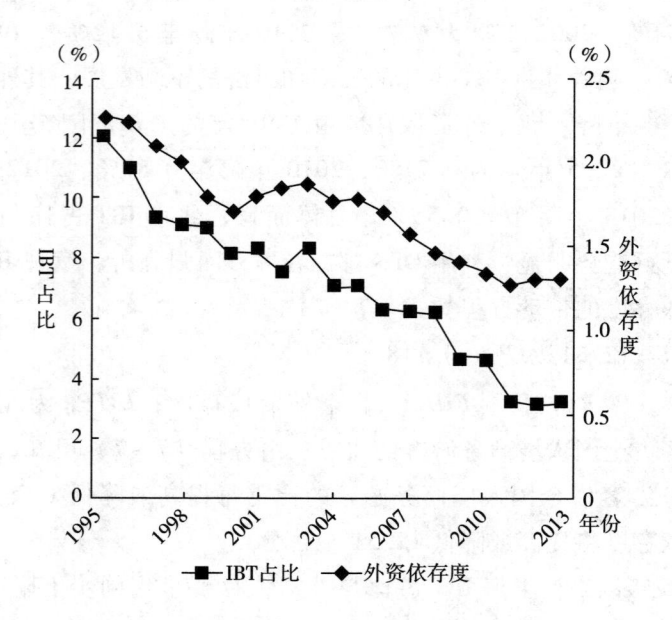

图 7-8 IBT 占比与外资依存度（上海）

也在不断下降。上海外资依存度由 1995 年的 2.26% 下降至 2000 年的 1.79%，2005 年降为 1.77%，2010 年降至 1.4%，2013 年降至 1.3%。总体而言，上海 IBT 占比与外资依存度的下行趋势明显，利用 OLS 对二者进行回归分析，发现 IBT 占比对外资依存度的带动方程如式（7-8）所示。

$$FID_S = 11.71 IBTP_S + 0.877 \tag{7-8}$$

其中，$R^2 = 0.930$；FID_S 为上海外资依存度；$IBTP_S$ 为上海入境商务游客占全国入境商务游客的比重。由方程（7-8）可知，上海入境商务游客占全国入境商务游客的比重每提高或降低 1 个百分点，其外资依存度将提高或降低 11.71 个百分点。

1995 年以来，广州 IBT 占比与外资依存度呈现出同步下降的特征。由图 7-9 可知，广州 IBT 占比由 1995 年的 38.21% 下降至 2000 年的 29.81%，2005 年降为 24.57%，2010 年降至 20.76%，2013 年降至 25.28%。随着广州 IBT 占比的下降和经济的不断发展，其外资依存度也在不断下降。广州外资依存度由 1995 年的 2.84% 下降至 2000 年的 1.65%，2005 年降为 0.95%，2010 年降至 0.58%，2013 年降至 0.47%。总体而言，广州 IBT 占比与外资依存度的下行趋势明显，利用 OLS 对二者进行回归分析，发现 IBT 占比对外资依存度的带动方程如式（7-9）所示。

$$FID_G = 10.27 IBTP_G - 1.542 \tag{7-9}$$

其中，$R^2 = 0.905$；FID_G 为广州外资依存度；$IBTP_G$ 为广州入境商务游客占全国入境商务游客的比重。由方程（7-9）可知，广州的入境商务游客占全国入境商务游客的比重每提高或降低 1 个百分点，其外资依存度将提高或降低 10.27 个百分点。

（五）三地入境商务 FDI 与旅游互动关系对比

北、上、广 IBT 和外企数量均呈现出同步增长的特征，三地外企数量对其 IBT 均有不同程度的带动作用；北、上、广 IBT 和外企投资也呈现出同步增长的态势，三地外企投资对其 IBT 也具有不同程度的带动作用。由此可见，FDI 活动有助于 IBT 的发展。北、上、广 IBT 占比和外资依存度呈现出同步下降的特征，三地 IBT 占比对其外资依存度均有不同程度的拉动作用。由此可见，IBT带动了FDI的发展。综合北、上、广FDI对其IBT的带动作用、IBT占比对其外资依存度的拉动作用可见，三地FDI与IBT互动关系显著。

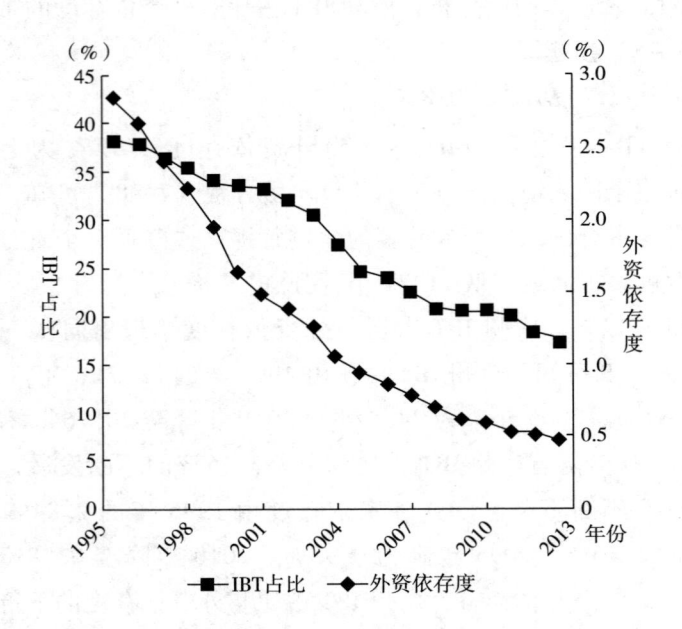

图7-9　IBT占比与外资依存度（广州）

但进一步对比北、上、广外企数量对IBT的带动作用可见，广（381.1）＞上（35.80）＞北（18.77）；对比北、上、广外企投资对IBT的带动作用可见，广（117.2）＞上（31.83）＞北（15.81）。总体而言，三地FDI对IBT的带动作用表现出广＞上＞北的地区差异。同时，进一步对比北、上、广IBT占比对外资依存度的拉动作用可见，北（12.51）＞上（11.71）＞广（10.27）。可见，三地的IBT对FDI的拉动作用表现出北＞上＞广的地区差异。北、上、广FDI与IBT互动关系的差异与三地的城市分工有关（见图7-10）。

地域分工理论认为地域分工必然导致经济区的形成，事实上，北、上、广三大城市由于分工的差异已形成了三大著名的经济区（环渤海、长三角和珠三角经济区）。北、上、广三地城市分工的不同使得三地在吸引 FDI 时呈现出一定的地区差异（在 FDI 的发达程度上，广＞上＞北①）。三地 FDI 发达程度的差异使得所带来的 IBT 也呈现出相应的地区差异（在 IBT 的发达程度上，广＞上＞北②）。具体而言，位于珠三角的广州是我国的"千年商都"，是我国重要的商贸集散中心和枢纽；相对于上海和北京，广州外企较多、外企投资最发达，因此带来的 IBT 也最多。位于长三角的上海是我国的"金融中心"，在吸引外企投资方面优势显著，FDI 在国民经济中所占比例较高；相对于广州和北京，上海外企数最多、外企投资较发达，因此带来的 IBT 也较多。位于环渤海经济区的北京是"中华国都"，承载了更多的政治功能，吸引投资方面较上海和广州逊色，因而能带来的 IBT 也有限。因此，三地 FDI 对 IBT 的带动作用表现出广＞上＞北的地区差异。

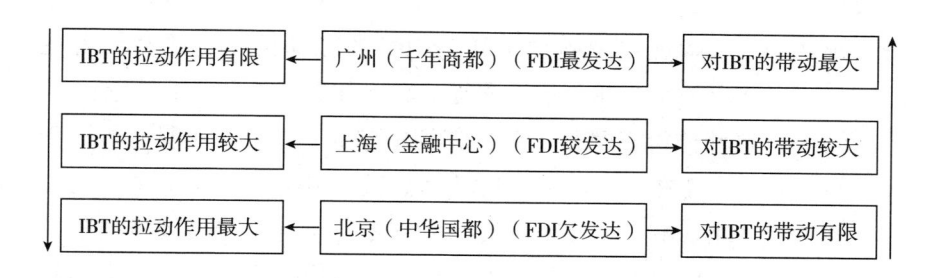

IBT 的拉动作用有限	广州（千年商都）（FDI 最发达）	对 IBT 的带动最大
IBT 的拉动作用较大	上海（金融中心）（FDI 较发达）	对 IBT 的带动较大
IBT 的拉动作用最大	北京（中华国都）（FDI 欠发达）	对 IBT 的带动有限

图 7-10　三地 FDI 和 IBT 互动关系对比

北、上、广 IBT 对 FDI 拉动作用的地区差异也与三地的城市分工有关。由于北、上、广不同的城市分工，使得三地 FDI 的发达程度呈现出广＞上＞北的地区差异。就三地对比而言，广州既有的 FDI 已最发达（外企云集、外企投资众多），因而 IBT 对其拉动作用有限；北京 FDI 欠发达（外企数量和外企投资均具有较大的增长空间），同时，

---

① 根据 1995—2013 年三地 FDI 的规模（外企投资与外企数量的比值）的均值可判定，在 FDI 的发达程度上，广（7.16）＞上（6.15）＞北（4.79）（单位：百万美元）。
② 根据 1995—2013 年三地 IBT 的均值可判定，在 IBT 的发达程度上，广（98.96）＞上（37.24）＞北（26.80）（单位：万人次）。

"中华国都"的政治地位使其拥有良好的投资环境，在吸引外商投资方面具有显著优势，因此北京 IBT 对 FDI 拉动作用最大（较上海和广州更显著）；上海 FDI 较发达（在三地中位居第二），因而 IBT 对其拉动作用也位居第二（介于广州和北京）。因此，三地的 IBT 对 FDI 的拉动作用表现出北 > 上 > 广的地区差异。

综上所述，北、上、广 FDI 与 IBT 的互动关系显著，但二者在三地的互动关系上呈现出一定的地区差异：FDI 对 IBT 的带动作用表现出广 > 上 > 北的地区差异，而 IBT 对 FDI 的拉动作用则表现出北 > 上 > 广的地区差异，这与三地的城市分工密切相关。

（六）结论

选取 1995—2013 年北、上、广外企数量、外企投资和入境商务客流数据，通过构建 IBT 占比和外资依存度两组变量，分别对三地外企数量与 IBT、外企投资与 IBT、IBT 占比与外资依存度之间的关系进行定量分析，从微观视角验证 FDI 与 IBT 的互动关系，并对二者在北、上、广互动关系的地区差异进行了对比分析。得出如下结论：

（1）描述性分析表明北、上、广 FDI 与 IBT 之间存在明显的同步关联性。主要表现在：北、上、广外企数量与 IBT 之间均呈现出同步增长的特征；北、上、广外企投资与 IBT 之间也均呈现出同步增长的态势；北、上、广 IBT 占比与外资依存度之间均呈现出同步下降的特征。通过 FDI 与 IBT 之间的同步关联可初步判断二者存在一定的互动关系。

（2）依据相关统计数据建立了 9 个推拉方程，表明北、上、广 FDI 与 IBT 之间存在互动关系。通过构建推拉方程，分析了北、上、广 FDI 与 IBT 的推拉关系，结果表明 FDI（外企数量、外企投资）对其 IBT 有不同程度的带动作用；通过构建弹性系数方程，分析了 IBT 占比对外资依存度的拉动作用，结果表明三地的 IBT 对其 FDI 具有不同程度的拉动作用。通过 9 个推拉方程的定量分析可判定三地 FDI 与 IBT 的互动关系显著。

（3）进一步的对比分析表明，北、上、广 FDI 与 IBT 的互动关系具有一定的地区差异，这与三地的城市分工有关。FDI 对 IBT 的带动作用表现出广＞上＞北的地区差异，而 IBT 对 FDI 的拉动作用则表现出北＞上＞广的地区差异。广州是"千年商都"，最发达的 FDI 带来的 IBT 也最多；上海是"金融中心"，较发达的 FDI 带来的 IBT 也较多；北京是"中华国都"，有限的 FDI 带来的 IBT 也有限。反过来，广州 FDI 最发达，IBT 对其拉动作用有限；北京 FDI 欠发达，IBT 对其拉动作用最大；上海 FDI 较发达，IBT 对其拉动作用位居第二。

二 基于格兰杰因果检验的分析

（一）研究方法

本章采用协整检验、误差修正模型、格兰杰因果检验和弹性系数分析法，分五个步骤检验 FDI 和 IBT 的关系及二者间的关联带动性。第一，利用 ADF 单位根检验法对两列数据三项指标进行单位根检验；若变量间同阶单整，则可考察其中的协整关系。第二，采用 E－G 两步法建立变量间的协整方程，并进行方程残差的平稳性检验；若残差序列平稳，则说明变量间存在协整关系。第三，将协整方程的残差作为解释变量建立误差修正模型考察变量间的短期均衡关系。第四，利用格兰杰因果关系检验法检验二者之间的关系。第五，将 IBT 视为解释变量，利用弹性系数分析法分析 IBT 对外企数量、外企投资的关联带动性。

本章主要选取 FDI 主体（外企）和 IBT 两项指标的三列数据。在外企衡量方面，选取外企数量和外企投资（以下简称外企投资）两个指标，数据分别来自 1995—2013 年北、上、广三地的统计年鉴。在 IBT 衡量方面，选取 1995—2013 年《入境旅游者抽样调查》中以商务、会议和文体科技旅游为目的的比例数据之和，通过该比例数据乘以三地入境过夜游客的基数得到北、上、广 IBT 的规模。2003 年受 SARS 影响数据缺失，本章采用内插法对比进行了修正。本章选取的三个指标分别是：①外企数量，记为 n，北、上、广分别记为 Bn、Sn 和 Gn；②外企投资，记为 i，北、上、广分别记为 Bi、Si 和 Gi；③入境商务旅游，记为 ibt，北、上、广分别记为 $Bibt$、$Sibt$ 和 $Gibt$。

(二) FDI 和 IBT 关系的实证分析

1. 平稳性检验

为了防止伪回归现象的发生,在进行协整检验前应对以上三个变量进行平稳性检验。若序列不平稳,则需要进行一阶差分或二阶差分;只有在变量均同阶单整的情况下才可进行协整分析以检验变量间的长期均衡关系,随后才能构建误差修正模型以检验变量间的短期均衡关系。本章对以上三个变量进行自然对数转换,北、上、广分别对应 LBn、LBi、$LBibt$、LSn、LSi、$LSibt$、LGn、LGi、$LGibt$;利用 Eviews 6.0 软件的 ADF 单位根检验功能检验以上变量的平稳性,得到结果如表 7 - 2 所示。

表 7 - 2　　　　　　变量 ADF 检验结果

城市	变量	(C, T, K)	ADF	5%临界值	结论	变量	(C, T, K)	ADF	5%临界值	结论
北京	$LBibt$	(C, T, 1)	-1.6028	-3.6908	不平稳	$DLBibt$	(C, 0, 1)	-3.9594	-3.0521	平稳
	LBn	(C, T, 1)	-3.1482	-3.7104	不平稳	$DLBn$	(C, 0, 1)	-3.3982	-3.3982	平稳
	LBi	(C, T, 1)	-2.9902	-3.7332	不平稳	$DLBi$	(C, 0, 1)	-5.0180	-3.0521	平稳
上海	$LSibt$	(C, T, 1)	-2.0500	-3.6908	不平稳	$DLSibt$	(C, 0, 1)	-3.9484	-3.0521	平稳
	LSn	(C, T, 1)	-0.1876	-3.7597	不平稳	$DLSn$	(C, 0, 1)	-3.8445	-3.0521	平稳
	LSi	(C, T, 1)	-2.0402	-3.6908	不平稳	$DLSi$	(C, 0, 1)	-6.5610	-3.0521	平稳
广州	$LGibt$	(C, T, 1)	-1.2633	-3.6908	不平稳	$DLGibt$	(C, 0, 1)	-3.6786	-3.0521	平稳
	LGn	(C, T, 1)	-2.2538	-3.7104	不平稳	$DLGn$	(C, 0, 1)	-21.6474	-3.0521	平稳
	LGi	(C, T, 1)	-0.3407	-3.7104	不平稳	$DLGi$	(C, 0, 1)	-6.2320	-3.0810	平稳

ADF 单位根结果显示,在 5% 的显著性水平上,北、上、广三组变量均不平稳(三者的 ADF 值均小于各自的 5% 临界值)。经过一阶差分后,三组变量($DLBn$、$DLBi$、$DLBibt$),($DLSn$、$DLSi$、$DLSibt$),($DLGn$、$DLGi$、$DLGibt$)在 5% 的显著性水平上均平稳(三者的 ADF 值均大于各自的 5% 临界值),可见,北、上、广三个变量均为一阶

单整,因此,可以进行协整检验。

2. E-G 协整检验

平稳性检验结果表明北、上、广三组变量可以进行协整检验。根据检验对象的不同,协整检验分为基于回归系数的检验(如 Johansen 检验)和基于回归残差的检验(如 CRDW 检验、DF 检验和 ADF 检验等)。依据 E-G 协整检验方法,检验一组变量是否存在协整关系相当于检验二者之间回归方程的残差序列是否能构成一个平稳序列;若残差序列平稳则表示二者存在协整关系;若残差序列不平稳,即使方程估计结果很理想,这样的回归也是伪回归。因此,本节分两步进行 E-G 协整检验:第一步先进行协整回归分析;第二步利用 ADF 检验法判断残差序列的平稳性。

首先,利用 OLS 进行协整回归,分别估计出北、上、广 Ln、Li 和 Libt 之间的回归方程,如表7-3所示。方程(7-10)、方程(7-12)和方程(7-14)分别表示北、上、广外企数量和 IBT 之间的协整方程。方程调整后 R^2 分别是 0.8695、0.8384 和 0.9871,表明方程拟合效果较好。各方程的系数表示外企数量对 IBT 的弹性分别是 0.6035、1.1108 和 2.3876,表明北、上、广的外企数量每增加 1%,其 IBT 分别增长 0.6035%、1.1108% 和 2.3876%。

表7-3　　　　　FDI 与入境商务旅游的协整方程

城市	协整方程		F	DW	调整后的 R^2
北京	$LBibt = 0.6035 LBn - 5.4129$ (6.1218)　(-5.7777)	(7-10)	37.4768	1.7321	0.8695
	$LBibt = 0.5260 LBi - 5.4880$ (11.0368)　(-10.4215)	(7-11)	121.8120	1.2660	0.8703
上海	$LSibt = 1.1108 LSn - 10.8805$ (-9.2654)　(9.7156)	(7-12)	94.3937	1.7967	0.8384
	$LSibt = 1.0122 LSi - 11.7005$ (13.4474)　(-12.8660)	(7-13)	180.8317	1.9501	0.9090

续表

城市	协整方程		F	DW	调整后的 R^2
广州	$LGibt = 2.3876 LGn - 20.5957$ (37.1638)　(-33.8593)	(7-14)	138.1146	2.2623	0.9871
	$LGibt = 0.9512 LGi - 12.4985$ (-17.2231)　(19.9991)	(7-15)	39.9996	1.8823	0.9568

方程（7-11）、方程（7-13）和方程（7-15）分别表示北、上、广外企投资和 IBT 之间的协整方程。方程调整后 R^2 分别是 0.8703、0.9090 和 0.9568，表明方程拟合效果较好。各方程的系数表示外企投资对 IBT 的弹性，分别是 0.5260、1.0122 和 0.9512，表明北、上、广的外企投资每增加 1%，其 IBT 分别增长 0.5260%、1.0122% 和 0.9512%。

其次，检验各方程残差的平稳性。利用 ADF 分别对以上 6 个方程的残差 ε 进行单位根检验，其中不含常数和时间趋势，并由 SIC 准则确定滞后阶数。残差序列平稳性检验发现：方程（7-10）、方程（7-15）的 ADF 值均小于其 5% 临界值，残差（$B\varepsilon_n$、$B\varepsilon_i$）、（$S\varepsilon_n$、$S\varepsilon_i$）和（$G\varepsilon_n$、$G\varepsilon_i$）在 5% 的显著性水平下拒绝原假设，接受不存在单位根的结论，表明北、上、广的残差序列 ε 均是平稳序列，结果见表 7-4。这说明 Ln、Li 和 Libt 之间存在平稳线性组合，即北、上、广的外企数量与 IBT、外企投资和 IBT 之间均存在协整关系；由此可得，FDI 对 IBT 具有关联和带动作用，FDI 的发展为 IBT 带来了客源。

表 7-4　　　　　　　　残差的平稳性检验

城市	残差序列	(C, T, K)	ADF	5%临界值	结论
北京	$B\varepsilon_n$	(0, 0, 1)	-5.1278	-3.0522	平稳
	$B\varepsilon_i$	(0, 0, 1)	-4.2604	-3.0521	平稳
上海	$S\varepsilon_n$	(0, 0, 0)	-6.0580	-3.0522	平稳
	$S\varepsilon_i$	(0, 0, 0)	-5.9960	-3.0521	平稳
广州	$G\varepsilon_n$	(0, 0, 0)	-4.7140	-3.0403	平稳
	$G\varepsilon_i$	(0, 0, 0)	-3.3535	-3.0522	平稳

3. 误差修正模型

E-G 协整检验表明北、上、广外企数量与 IBT、外企投资和 IBT 之间存在长期的均衡关系，这种长期的均衡关系是在短期动态调整下维持的；而具有协整关系的变量都存在误差修正机制，反映其短期调节行为，因而需要建立误差修正模型以检验其中的动态关系。具体做法为：将协整方程产生的残差序列作为自变量引入，以表示在长期均衡过程中各时点上出现"偏误"的程度；同时，将协整方程中涉及的各个变量的一阶差分和二阶差分也作为自变量引入方程，以衡量各变量滞后一阶和滞后二阶对 IBT 的短期弹性，构造的误差修正模型见表 7-5。

从表 7-5 可见，模型（7-16）至模型（7-21）估计的 F 统计量的概率 P 均较小，调整后 R^2 均较大（在 0.9 以上），说明模型整体拟合效果较好。误差修正项（ECM）系数反映了对偏离长期均衡的调整力度，取值一般为负，绝对值越大表示修正能力越强；各变量一阶差分和二阶差分的系数越大表示其对 IBT 的拉动作用越大。

由模型（7-16）可知，ECM 系数为 -0.0163，说明北京外企数量和 IBT 之间的均衡关系对当期非均衡误差调整的自身修正能力较弱，符合反向修正机制，但调整力度不大。外企数量对 IBT 前一期和前两期的弹性分别是 0.0675 和 0.005，即外企数量每增加 1%，前一期和前两期 IBT 将分别增加 0.0675% 和 0.005%，均远小于长期弹性。IBT 前一期和前两期对本期具有一定的惯性推动作用，贡献幅度分别为 0.2183% 和 0.2097%。由模型（7-17）可知，ECM 系数为 -0.061，说明北京外企投资和 IBT 之间的均衡关系对当期非均衡误差调整的自身修正能力较弱，符合反向修正机制，但调整力度不大。外企投资对 IBT 前一期和前两期的弹性分别是 0.1349 和 0.0897，即外企投资每增加 1%，前一期和前两期 IBT 将分别增加 0.1349% 和 0.0897%，均远小于长期弹性。IBT 前一期和前两期对本期具有一定的惯性推动作用，贡献幅度分别为 0.2281% 和 0.2477%。

由模型（7-18）可知，ECM 系数为 -0.3648，说明上海外企数量和 IBT 之间的均衡关系对当期非均衡误差调整的自身修正能力较强，

表 7-5　　误差修正模型

城市	误差修正模型		F	DW	调整后的 R^2
北京	$DLBib_t = 0.0878 - 0.0163ECM + 0.2183DLBib_t(-1) + 0.2097DLBib_t(-2) + 0.0675DLBn(-1) + 0.005DLBn(-2)$ (3.2218)　(10.3324)　　(-4.5612)　　　(-2.5506)　　　(-0.8634)　　(-0.0655)	(7-16)	30.7532	1.4006	0.9084
	$DLBib_t = 0.0925 - 0.061ECM + 0.2281DLBib_t(-1) + 0.2477DLBib_t(-2) + 0.1349DLBi(-1) + 0.0897DLBi(-2)$ (4.8409)　(10.8665)　　(-6.2217)　　　(-2.5293)　　　(-1.1496)　　(-0.4157)	(7-17)	32.3946	1.4913	0.9128
上海	$DLSib_t = 0.0729 - 0.3648ECM + 0.3001DLSib_t(-1) + 0.3193DLSib_t(-2) + 0.3382DLSn(-1) + 0.3223DLSn(-2)$ (3.0631)　(3.8050)　　(2.8071)　　　(2.0424)　　　(1.1604)　　(-1.0966)	(7-18)	31.2812	1.5301	0.9607
	$DLSib_t = -9.8474 - 0.2851ECM + 0.2842DLSib_t(-1) + 0.2827DLSib_t(-2) + 0.2917DLSi(-1) + 0.2346DLSi(-2)$ (-7.8647)　(16.9958)　　(2.7080)　　　(-0.1574)　　　(3.9882)　　(-1.0407)	(7-19)	914.3018	1.7936	0.9965
广州	$DLGib_t = -14.4012 - 0.3903ECM + 0.3639DLGib_t(-1) + 0.3277DLGib_t(-2) + 0.6184DLGn(-1) + 0.6917DLGn(-2)$ (-2.4312)　(1.9247)　　(1.6589)　　　(-1.0947)　　　(3.4754)　　(0.1071)	(7-20)	49.3036	1.7105	0.9935
	$DLGib_t = -2.8290 - 0.4255ECM + 0.3388DLGib_t(-1) + 0.3433DLGib_t(-2) + 0.3966DLGi(-1) + 3.0408DLGi(-2)$ (-1.7230)　(3.2398)　　(1.5932)　　　(1.6361)　　　(1.0331)　　(0.2478)	(7-21)	37.6224	2.2107	0.9915

符合反向修正机制，具有较强的调整力度。外企数量对 IBT 前一期和前两期的弹性分别是 0.3382 和 0.3223，即外企数量每增加 1%，前一期和前两期 IBT 将分别增加 0.3382% 和 0.3223%，均远小于长期弹性。IBT 前一期和前两期对本期具有一定的惯性推动作用，贡献幅度分别为 0.3001% 和 0.3193%。由模型（7-19）可知，ECM 系数为 -0.2851，说明上海的外企投资和 IBT 之间的均衡关系对当期非均衡误差调整的自身修正能力较弱，符合反向修正机制，具有一定的调整力度。外企投资对 IBT 前一期和前两期的弹性分别是 0.2917 和 0.2346，即外企投资每增加 1%，前一期和前两期 IBT 将分别增加 0.2917% 和 0.2346%，均远小于长期弹性。IBT 前一期和前两期对本期具有一定的惯性推动作用，贡献幅度分别为 0.2842% 和 0.2827%。

由模型（7-20）可知，ECM 系数为 -0.3903，说明广州外企数量和 IBT 之间的均衡关系对当期非均衡误差调整的自身修正能力较强，符合反向修正机制，具有一定的调整力度。外企数量对 IBT 前一期和前两期的弹性分别为 0.6184 和 0.6917，即外企数量每增加 1%，前一期和前两期 IBT 将分别增加 0.6184% 和 0.6917%，均远小于长期弹性。IBT 前一期和前两期对本期具有一定的惯性推动作用，贡献幅度分别为 0.3639% 和 0.3277%。由模型（7-21）可知，ECM 系数为 -0.4255，说明广州外企投资和 IBT 之间的均衡关系对当期非均衡误差调整的自身修正能力较强，符合反向修正机制，调整力度较大。外企投资对 IBT 前一期和前两期的弹性分别是 0.3966 和 3.0408，即外企投资每增加 1%，前一期和前两期 IBT 将分别增加 0.3966% 和 3.0408%，均远小于长期弹性。IBT 前一期和前两期对本期具有一定的惯性推动作用，贡献幅度分别为 0.3388% 和 0.3433%。

总体而言，北、上、广的 FDI 和 IBT 之间存在短期的动态调整关系。但对比误差修正模型计算所得的短期弹性值和协整方程所得的长期弹性值发现，短期弹性＜长期弹性，说明 FDI 变化对 IBT 变化的反映在短期相对迟缓，在长期才能回到正常水平。

4. 格兰杰因果关系检验

协整检验和误差修正模型表明北、上、广FDI（外企数量、外企投资）与IBT之间存在长期的均衡关系和短期的动态调整关系，但这种均衡关系是否构成因果关系，即外企数量的增加是否带来IBT的增长或IBT的增长是否带来外企数量的增加，以及外企投资的增加是否带来IBT的增长或IBT的增长是否促进外企投资的增加，均需要进一步验证。

从表7-6的检验结果可见，FDI（外企数量、外企投资）与IBT之间存在因果关系。就北京而言，IBT分别是外企数量和外企投资的单向格兰杰原因。就上海而言，IBT是外企数量的单向格兰杰原因，IBT与外企投资互为因果关系。就广州而言，IBT与外企数量互为因果关系，IBT是外企投资的单向格兰杰原因。由此可见，IBT对FDI（外企数量、外企投资）均具有带动作用，即IBT有利于外企数量的增加、外企投资的发展。这与入境商务游客的身份特征密切相关，他们既是游客又是商务客，既有旅游需求又具有逐利性。通过商务旅游这种兼游兼商的考察过程既能满足入境商务游客求新求异的旅游需求，也能激发其兴趣并引起其对商务旅游目的地的关注，从而刺激其投资欲望或加快其投资步伐。所以，IBT发展越好的地区外企数量和外企投资越多，IBT是FDI的格兰杰原因在北、上、广三地均成立。

但FDI是IBT的格兰杰原因在北、上、广三地并不完全成立。北京外企数量和外企投资均不是其IBT的格兰杰原因，上海外企投资是其IBT的格兰杰原因但外企数量不是，广州外企数量是其IBT的格兰杰原因但外企投资不是。值得注意的是，变量之间没有必然的格兰杰因果关系并不代表FDI对IBT没有促进作用。因为格兰杰因果关系检验只是基于时间序列数据的分析，是在特定显著性水平下的一种定量判断，因而不能完全排除理论上的分析。当然，这可能也与地区发展的差异性有关，二者在三地关系的差异性也有待于进一步探讨。

表 7-6　　　　　　　　　格兰杰因果关系检验结果

城市	原假设	F 值	P 值（%）	结论
北京	LBn 不是 $LBibt$ 的格兰杰原因	0.8277	0.5112	接受
	$LBibt$ 不是 LBn 的格兰杰原因	3.2341	0.0748（10%）	拒绝
	LBi 不是 $LBibt$ 的格兰杰原因	5.3439	0.1992	拒绝
	$LBibt$ 不是 LBi 的格兰杰原因	5.8886	0.0877（10%）	拒绝
上海	LSn 不是 $LSibt$ 的格兰杰原因	0.0846	0.7752	接受
	$LSibt$ 不是 LSn 的格兰杰原因	7.03730	0.0181（5%）	拒绝
	LSi 不是 $LSibt$ 的格兰杰原因	0.67693	0.0266（5%）	拒绝
	$LSibt$ 不是 LSi 的格兰杰原因	5.1822	0.0239（5%）	拒绝
广州	LGn 不是 $LGibt$ 的格兰杰原因	7.99487	0.0062（1%）	拒绝
	$LGibt$ 不是 LGn 的格兰杰原因	4.81158	0.0292（5%）	拒绝
	LGi 不是 $LGibt$ 的格兰杰原因	1.3408	0.2982	接受
	$LGibt$ 不是 LGi 的格兰杰原因	4.0967	0.0440（5%）	拒绝

（三）IBT 对 FDI 的带动作用分析

格兰杰因果关系检验分析得出 IBT 是 FDI 的格兰杰原因，但 IBT 对 FDI 具体有多大程度的带动作用呢？这需要进一步利用弹性系数分析方法进行分析。相关分析和回归分析只能得出 IBT 是 FDI 的影响因素，无法明确影响有多大；弹性系数分析法通过求弹性系数可以解决这一问题。利用苏建军、孙根年的双对数模型求弹性系数可知，对变量求自然对数后进行 OLS 回归计算，所得回归系数即为变量间的弹性系数。本章分别以外企数量（n）、外企投资（i）为被解释变量，以入境商务旅游（IBT）为解释变量，利用 OLS 回归计算其弹性系数，判断 IBT 对 FDI 的带动作用。从计算结果（见表 7-7）可见，方程 R^2 值均在 0.85 以上，且均通过了 1% 的显著性水平，表明方程拟合效果较好。

1. IBT 对外企数量增长的带动

对于 IBT 而言，外企数量越多，外商投资利益相关者来华人数越多，为 IBT 的发展带来客源。对于外企而言，IBT 发展越好，入境商务游客越多，他们转化为外商投资者的转化率越高。因此，IBT 与外企数量的互动关系明显，二者关系密切。从弹性系数看，IBT 对北、上、广外企数量的弹性系数分别为 1.1400、0.7628 和 0.4137，即 IBT 每增长 1%，北、上、广的外企数量分别增长 1.1400%、0.7628% 和 0.4137%，IBT 对北、上、广外企数量增长的带动作用明显。

表 7−7　　　　　　　　　IBT 对 FDI 的拉动作用

变量	外企数量	Sig.	常数项	Sig.	R^2	变量	外企投资	Sig.	常数项	Sig.	R^2
LBn	1.1400	0.0000	9.1329	0.0000	0.8695	LBi	1.6682	0.0000	10.5069	0.0000	0.8703
LSn	0.7628	0.0000	9.8649	0.0000	0.8384	LSi	0.9030	0.0000	11.6026	0.0000	0.9090
LGn	0.4137	0.0000	8.6361	0.0000	0.9871	LGi	1.0085	0.0000	13.2257	0.0000	0.9568

2. IBT 对外企投资增长的带动

对于 IBT 而言，外企投资越大，外商投资利益相关者对投资项目越重视，来华次数越多，为 IBT 的发展带来客源。对于外企投资而言，IBT 发展越好，接待水平越高，越容易激发外商投资者的关注和兴趣，从而促进其加大投资力度。因此，IBT 与外企投资的互动关系明显，二者关系密切。从弹性系数看，IBT 对北、上、广外企投资的弹性系数分别为 1.6682、0.9030 和 1.0085，即 IBT 每增长 1%，北、上、广外企投资分别增长 1.6682%、0.9030% 和 1.0085%，IBT 对北、上、广外企投资增长的带动作用明显。

对比 IBT 对外企投资和外企数量的弹性系数值可见，IBT 对外企投资的弹性系数均高于 IBT 对外企数量的弹性系数，表明 IBT 对外企投资的带动作用高于对外企数量的带动作用。这与我国长期以来在吸收外商投资时更加关注招商引资的业绩（即引资金额或项目的大小）有关。而各地在发展 IBT 的过程中也以此为导向，使得 IBT 的发展也具有逐利性（关注招商引资的多少），从而使得 IBT 对外企投资的带动作用强于对外企数量的带动。

（四）三地 FDI 和 IBT 关系的对比

格兰杰因果关系检验表明，北京 IBT 是 FDI 的单向格兰杰原因；上海外企数量是 IBT 的单向格兰杰原因，其外企投资与 IBT 互为因果关系；广州外企数量与 IBT 互为因果关系，其外企投资是 IBT 的单向格兰杰原因。对比 FDI 和 IBT 在三地的关系发现，二者的互动关系在上海和广州显著，在北京不显著。弹性系数分析表明，IBT 对外企数量的弹性呈北 > 上 > 广的地区差异；IBT 对外企投资的弹性呈北 > 广 > 上的地区差异。可见，北、上、广 FDI 和 IBT 的关系具有差异性，IBT 对 FDI 的带动作用也具有地区差异性。

FDI 和 IBT 关系的地区差异、IBT 对 FDI 带动作用的地区差异与各地吸引 FDI 的城市定位以及 IBT 的发达程度均有关（见图 7-11）。城市定位越准确，IBT 越发达，则二者的互动关系越紧密，越能促进自身的良性发展，IBT 对 FDI 的带动作用越小。而 IBT 的发达程度从入境商务游客的出游半径可窥一斑。因为入境商务游客具有"四高一长"的特征，长时间的逗留增强了其多样化的出游需求，高消费扩大其出游半径的同时满足了其多样化的出游需求，高重游率使其"喜新厌旧"而不断求新求异，因此入境商务游客多样化的旅游需求表现在旅游行为上即是出游半径不断扩大。入境商务游客出游半径越大，IBT 越发达。北京旅游发展一业独大，入境商务游客出游半径有限；而上海和广州分别依托长三角和珠三角，入境商务游客出游半径较大；广州是我国最主要的 IBT 集聚和扩散中心，因此，在 IBT 的发达程度上呈北 < 上 < 广的地区差异。①

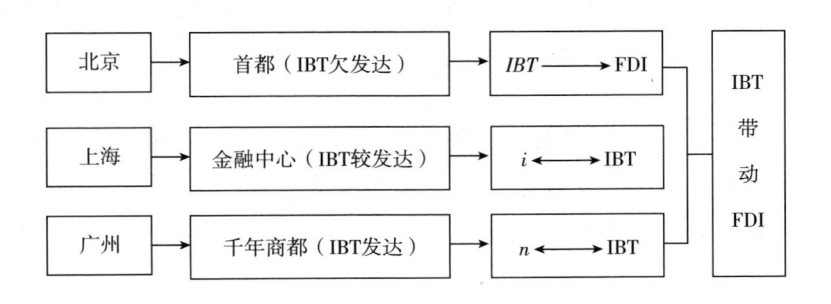

图 7-11 FDI 和 IBT 的关系对比

---

① 根据唐澜、吴晋峰等的《中国入境商务旅游流空间分布特征及流动规律研究》一文也可得出该结论。

北京作为我国的首都，承载了更多的政治功能，FDI 在国民经济中所占比例不高，能带来的 IBT 也有限，因而 FDI 对 IBT 的影响不显著；当然也与北京旅游发展一业独大、IBT 欠发达有关。正是因为北京的首都地位使得其 FDI 和 IBT 发展较为滞后（相对上海和广州而言），使得二者在北京的互动关系不显著。同时，首都的地位使其拥有良好的基础设施、科技实力、优惠政策等，这对提高入境商务游客向外商投资者的转化率具有重要作用，因此北京 IBT 对 FDI 带动作用较上海和广州更显著。

上海是我国的金融中心，在吸引外企投资方面具有先天优势，FDI 在国民经济中所占比例较高，因而外企投资对 IBT 的影响最明显；同时，上海依托长三角，旅游辐射范围较广，提高了入境商务游客向外商投资者的转化率，较发达的 IBT 也带动了外企投资的增长，使得上海外企投资与 IBT 互为因果。由于上海外企投资原本发展较好，因而 IBT 对外企投资的带动作用偏弱（较北京和广州而言）。

广州作为千年商都，商贸市场成熟，是我国重要的商贸集散中心和枢纽，外企云集、进出口贸易发达，因而外企数量对 IBT 影响显著；同时，广州依托珠三角，旅游辐射范围得以增强，提高了入境商务游客向外商投资者的转化率，发达的 IBT 也带动了外企数量的增长，使得广州外企数量与 IBT 互为因果。由于广州外企数量原本发展较好，因而 IBT 对外企数量的带动作用偏弱（较北京和上海而言）。

（五）结论

以北京、上海和广州 FDI 和 IBT 为研究对象，选取 1995—2013 年两个时间序列的三个指标数据，采用协整检验、误差修正模型、格兰杰因果检验和弹性系数分析法，定量分析 FDI 与 IBT 的关系，得出以下结论。

（1）协整分析表明，北、上、广 FDI 和 IBT 之间存在长期稳定的协整关系，说明 FDI 对 IBT 具有关联和带动作用。误差修正模型表明，北、上、广三地 FDI 和 IBT 之间存在短期的动态调整关系。短期弹性小于长期弹性，说明 FDI 对 IBT 变化的反映在短期相对迟缓，在长期才能回到正常水平。格兰杰因果分析表明，IBT 是 FDI 的格兰杰原因在北、上、广三地均成立。但 FDI 是 IBT 的格兰杰原因在三地呈现出一定的差异性：北京外企数量和外企投资均不是其 IBT 的格兰杰原因，上海外企投资是其 IBT 的格兰杰原因而外企数量不是，广州外企数量是其 IBT 的格兰杰原因而外企投资不是。

（2）弹性系数分析表明，IBT 对北、上、广外企数量的弹性系数分别为 1.1400、0.7628 和 0.4137，IBT 对北、上、广外企投资的弹性系数分别为 1.6682、0.9030 和 1.0085。对比 IBT 对外企投资和外企数量的弹性系数值可见，IBT 对外企投资的弹性系数均高于 IBT 对外企数量的弹性系数，表明 IBT 对外企投资的带动作用高于对外企数量的带动。这与我国长期以来在吸收外商投资时关注招商引资的业绩有关。

（3）对比北、上、广 FDI 和 IBT 的关系发现，二者的互动关系在上海和广州显著，在北京不显著；但北京 IBT 对 FDI 的带动作用最大，这与各城市吸引 FDI 时的定位和 IBT 的发达程度均有关。北京作为我国国都，IBT 欠发达，FDI 和 IBT 并无互动关系，但 IBT 对 FDI 的带动作用最大；上海和广州分别作为我国的金融中心和千年商都，IBT 较发达，FDI 和 IBT 的互动关系显著，但 IBT 对 FDI 的带动作用较北京偏弱。

第二节　江、浙、沪 FDI 与 IBT 的关系分析

一　基于推拉关系的对比

（一）研究方法

选取 1995—2014 年江、浙、沪 FDI 和 IBT 的时间序列数据，运用 OLS 回归分析方法，从两个层面定量分析江、浙、沪 FDI 和 IBT 的互动关系：①通过建立推拉方程，分别分析江、浙、沪外企数量对 IBT、外企投资对 IBT 的作用关系；②通过建立弹性系数方程，分析江、浙、沪外资依存度对 IBT 占比的作用关系。③通过计算江、浙、

沪 FDI 和 IBT 之间的弹性系数，进一步对比 FDI 与 IBT 互动关系在三省市的差异。外资依存度和 IBT 占比两个变量的界定如第一节所示。

（二）案例选择

选择江、浙、沪三个省市作为本节案例研究的原因：第一，江、浙、沪作为长三角经济圈的三个典型省市代表，其 FDI 和 IBT 均较为发达，这为研究二者的关系提供了较好的事实和材料支撑；第二，江（苏南模式）、浙（浙江模式）、沪（上海模式）三个省市的发展模式不同，利用 FDI 与 IBT 两者的能力和效果也不同，对比研究三个地区之间 FDI 和 IBT 的互动关系能更好地解释二者之间的互动和作用规律。

（三）FDI 与入境商务客流量的推拉关系

1. 外企数量与入境商务旅游的推拉关系

1995—2014 年江、浙、沪的外企数量和入境商务游客均处于不断增长的发展态势。1995 年江苏外企数量为 2.3 万户，1996 年增长至 2.39 万户，随后有所下滑，2000 年降至 1.81 万户，随后不断增长，2005 年已增至 3.33 万户，到 2010 年又增长至 5.17 万户，2011 年增长至 5.3 万户，之后有所回落，2014 年仍保持了 5.16 万户的规模。1995 年江苏入境商务游客为 4.28 万人次，1996 年降至 4.26 万人次后在 1997 年又增长至 7.42 万人次，2000 年增长至 11.64 万人次，2001 年下滑至 11.21 万人次，随后一直保持增长势头，2005 年已增至 39.78 万人次，到 2010 年入境商务游客已增长至 57.15 万人次，随后在 2011 年增至 57.48 万人次后有所回调，2014 年仍保持了 56.91 万人次的规模。

1995 年浙江外企数量为 1.12 万户，1996 年增长至 1.14 万户，随后有所下滑，2000 年降至 1 万户，随后不断增长，2005 年已增至 1.9 万户，到 2010 年又增长至 2.88 万户，2011 年增长至 5.3 万户，2014 年保持在 3.1 万户。1995 年浙江入境商务游客为 1.9 万人次，1996 年增长至 4.14 万人次后，2000 年又增长至 7.8 万人次，2001 年增至 9.47 万人次，随后一直保持增长势头，2005 年已增至 28.02 万人次，到 2010 年入境商务游客已增长至 54.41 万人次，2013 年和 2014 年分别增至 56.78 万人次和 57.13 万人次。

1995 年上海外企数量为 1.45 万户，2000 年增长为 1.59 万户，随后不断增长，2005 年已增至 2.9 万户，到 2010 年又增长至 5.57 万户，随后仍保持增长态势，2014 年增长至 6.89 万户。1995 年上海的入境商务游客为 11.59 万人次，1997 年增长至 14.89 万人次后在 1998 年降至 11.45 万人次，随后一直保持增长势头，2000 年增长至 16.54 万人次，2001 年继续增长至 18.64 万人次，2005 年已增至 43.37 万人次，到 2010 年入境商务游客已增长至 62.43 万人次，随后在 2011 年增至 70.44 万人次后保持平稳增长态势，2014 年仍保持了 74.18 万人次的规模。

自 1995 年以来，江苏外企数量与 IBT 呈同步增长的发展态势。由图 7-12 可知，近 20 年来二者的增长均可划分为三个阶段：第一阶段（1995—2001 年）为外企数量波动增长而 IBT 缓慢增长的阶段，年均增长率分别为 -2.36% 和 8.08%；第二阶段（2001—2008 年）为二者皆处于快速增长的阶段，年均增长率分别为 13.73% 和 24.49%；第三阶段（2008—2014 年）为二者的平稳增长阶段，年均增长率分别为 4.51% 和 1.88%。观察江苏外企数量与 IBT 的增长率可见，二者的增长和发展态势大体一致。进一步构建江苏外企数量和 IBT 的推拉方程如下：

$$IBT_J = -3.351 N_J^2 + 39.25 N_J - 57.6 \qquad (7-22)$$

其中，R^2 为 0.916；N_J 代表江苏外企数量（万户）；IBT_J 代表江苏入境商务游客数量（万人次）。

自 1995 年以来，浙江外企数量与 IBT 呈同步增长的发展态势。由图 7-13 可知，近 20 年来二者的增长均可划分为三个阶段：第一阶段（1995—2001 年）为二者均处于缓慢增长的阶段，年均增长率分别为 0.14% 和 14.89%；第二阶段（2001—2008 年）为二者均处于快速增长的阶段，年均增长率分别为 14.29% 和 25.17%；第三阶段（2008—2014 年）为二者均处于平稳增长的阶段，年均增长率分别为 5.4% 和 5.39%。观察浙江外企数量与 IBT 的增长率可见，二者的增长和发展态势大体一致。进一步构建浙江外企数量和 IBT 的推拉方程如式（7-23）所示。

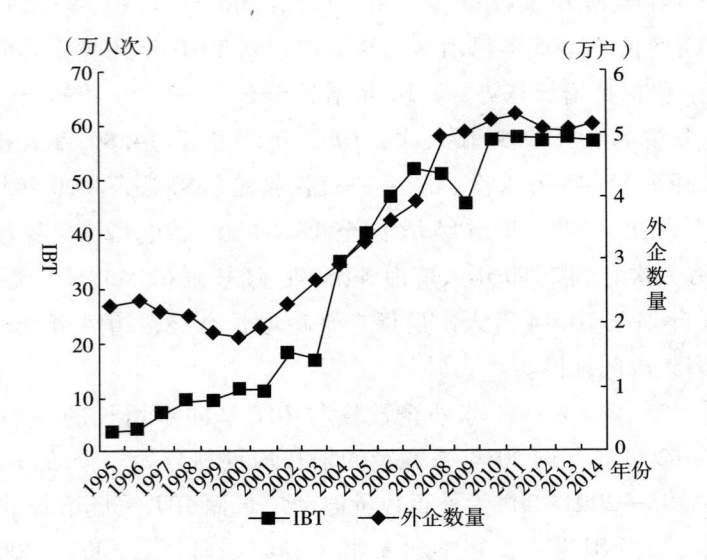

图 7-12　外企数量与 IBT（江苏）

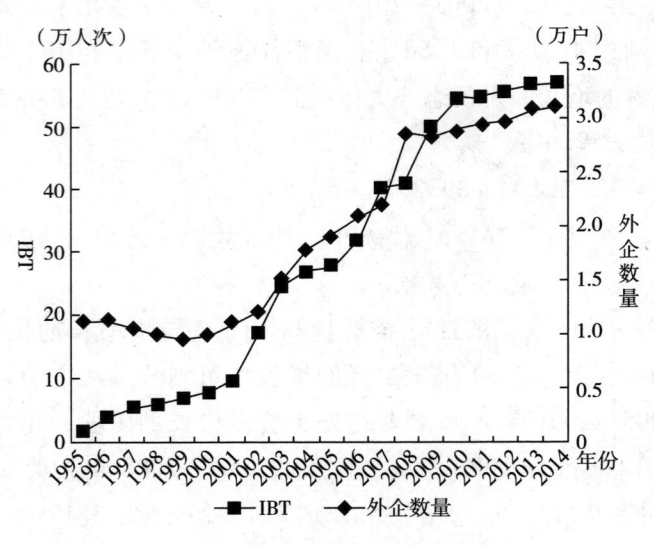

图 7-13　外企数量与 IBT（浙江）

$$IBT_z = -2.271N_z^2 + 33.42N_z - 25.65 \qquad (7-23)$$

其中，R^2 为 0.963；N_z 代表浙江外企数量（万户）；IBT_z 代表浙江入境商务游客数量（万人次）。

自 1995 年以来，上海外企数量与 IBT 呈同步增长的发展态势。由图 7-14 可知，近 20 年来二者的增长均可划分为三阶段：第一阶段（1995—2001 年）为二者均缓慢增长的阶段，年均增长率分别为 2.32% 和 11.02%；第二阶段（2001—2008 年）为二者均快速增长的阶段，年均增长率分别为 13.89% 和 12.79%；第三阶段（2008—2014 年）为二者均平稳增长的阶段，年均增长率分别为 6.69% 和 6.69%。观察上海外企数量与 IBT 的增长率可见，二者的增长和发展态势大体一致。进一步构建上海外企数量和 IBT 的推拉方程如式（7-24）所示。

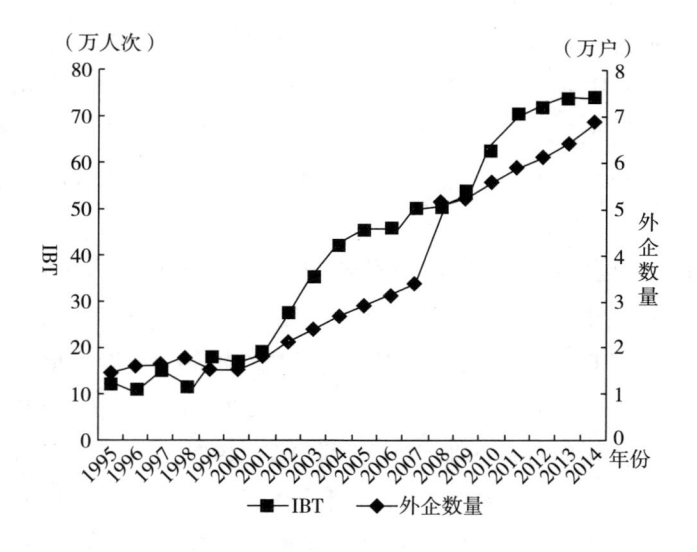

图 7-14　外企数量与 IBT（上海）

$$IBT_s = -1.726N_s^2 + 24.95N_s - 19.27 \qquad (7-24)$$

其中，R^2 为 0.941，N_s 代表上海的外企数量（万户），IBT_s 代表上海的入境商务游客数量（万人次）。

2. 外企投资与 IBT 的推拉关系

1995—2014 年江、浙、沪外企投资和 IBT 均处于不断增长的发展态势。1995 年江苏外企投资为 5.32 百亿美元,随后不断增长,2000 年增长至 7.5 百亿美元,2001 年增长至 9.2 百亿美元,随后仍保持不断增长的态势,2005 年增至 26.57 百亿美元,到 2010 年又增长至 50.81 百亿美元,2014 年已增至 71.81 百亿美元。在此期间,江苏 IBT 由 4.28 万人次不断增长至 56.91 万人次。

1995—2014 年浙江外企投资也呈不断增长的发展态势。1995 年浙江外企投资为 2.44 百亿美元,随后不断增长,2000 年增长至 2.93 百亿美元,2001 年增长至 3.41 百亿美元,随后仍保持不断增长的态势,2005 年增至 10.19 百亿美元,2010 年又增长至 18.32 百亿美元,2014 年已增至 26.29 百亿美元。在此期间,浙江 IBT 由 1.9 万人次不断增长至 57.13 万人次。

1995—2014 年上海外企投资也呈不断增长的发展态势。1995 年上海外企投资为 6.77 百亿美元,随后不断增长,2000 年增长至 9.85 百亿美元,2001 年增长至 11.7 百亿美元,随后仍保持不断增长的态势,2005 年增至 20.07 百亿美元,2010 年又增长至 33.94 百亿美元,2014 年已增至 53.05 百亿美元。在此期间,上海 IBT 由 11.59 万人次不断增长至 74.18 万人次。

自 1995 年以来,江苏外企投资与 IBT 呈同步增长的发展态势。由图 7-15 可知,近 20 年来二者的增长均可划分为三个阶段:第一阶段(1995—2001 年)为二者均缓慢增长的阶段,年均增长率分别为 10.01% 和 8.08%;第二阶段(2001—2008 年)为二者皆快速增长的阶段,年均增长率分别为 24.3% 和 24.49%;第三阶段(2008—2014 年)为二者均平稳增长的阶段,年均增长率分别为 9.47% 和 1.88%。观察江苏外企投资与 IBT 的增长率可见,二者的增长和发展态势大体一致。进一步构建江苏外企投资和 IBT 的推拉方程如下:

$$IBT_J = -0.012 I_J^2 + 1.941 I_J - 4.838 \qquad (7-25)$$

其中,R^2 为 0.952,I_J 代表江苏外企投资(百亿美元),IBT_J 代表江苏入境商务游客数量(万人次)。

自 1995 年以来,浙江外企投资与 IBT 呈同步增长的发展态势。由图 7-16 可知,近 20 年来二者的增长均可划分为三个阶段:第一阶

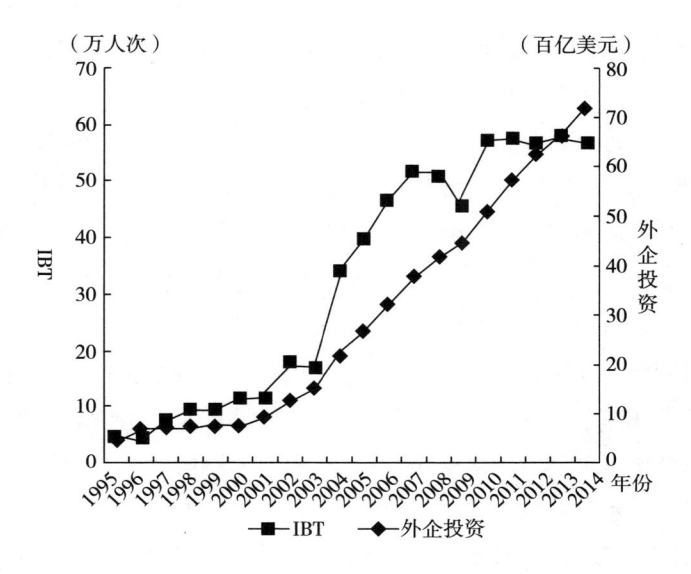

图 7-15　外企投资与 IBT（江苏）

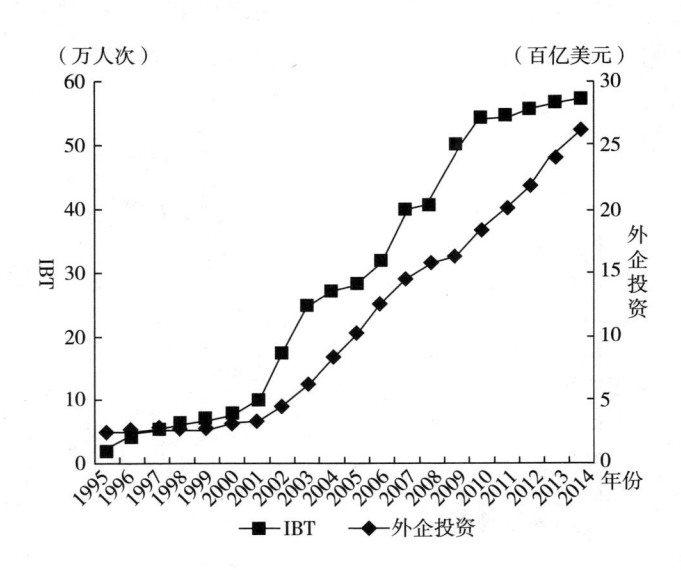

图 7-16　外企投资与 IBT（浙江）

段（1995—2001 年）为二者均缓慢增长的阶段，年均增长率分别为 5.89% 和 14.89%；第二阶段（2001—2008 年）为二者均快速增长的阶段，年均增长率分别为 23.88% 和 25.17%；第三阶段（2008—2014 年）为二者均持续增长的阶段，年均增长率分别为 8.83% 和 5.39%。观察浙江外企投资与 IBT 的增长率可见，二者的增长和发展态势大体一致。进一步构建浙江外企投资和 IBT 的推拉方程如下：

$$IBT_Z = -0.07I_Z^2 + 4.26I_Z - 4.643 \qquad (7-26)$$

其中，R^2 为 0.977，I_Z 代表浙江的外企投资（百亿美元），IBT_Z 代表浙江的入境商务游客数量（万人次）。

自 1995 年以来，上海外企投资与 IBT 呈同步增长的发展态势。由图 7-17 可知，近 20 年来二者的增长均可划分为三个阶段：第一阶段（1995—2001 年）为二者均缓慢增长的阶段，年均增长率分别为 7.95% 和 11.02%；第二阶段（2001—2008 年）为二者均快速增长的阶段，年均增长率分别为 13.07% 和 12.79%；第三阶段（2008—2014 年）为二者均持续增长的阶段，年均增长率分别为 10.38% 和 6.69%。观察上海外企投资与 IBT 的增长率可见，二者的增长和发展态势大体一致。进一步构建上海外企投资和 IBT 的推拉方程如式（7-27）所示。

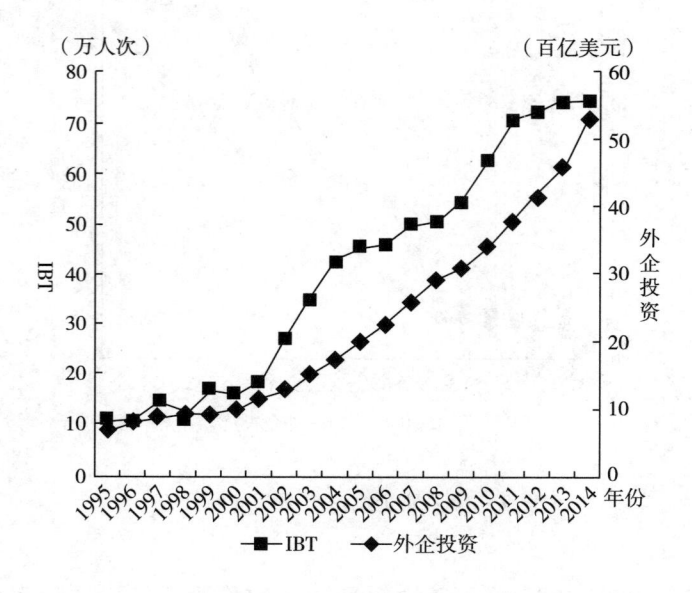

图 7-17　外企投资与 IBT（上海）

$$IBT_S = -0.029I_S^2 + 3.158I_S - 10.17 \qquad (7-27)$$

其中，R^2 为 0.977，I_S 代表上海外企投资（百亿美元），IBT_S 代表上海入境商务游客数量（万人次）。

（四）外资依存度与 IBT 占比的推拉关系

随着"西部大开发"战略的不断实施，外资和入境商务旅游也不断向我国中西部地区扩展，使得二者在东部的份额不断降低。由图 7-18、图 7-19 和图 7-20 可知，近 20 年来江、浙、沪的外资依存度和 IBT 占比均不断下滑。1995 年江苏外资依存度为 1.25%，2000 年降至 1%，随后不断降低，2005 年降至 0.86%，2010 年已降至 0.76%，随后仍保持不断下降的态势，2013 年和 2014 年分别降至 0.71% 和 0.69%。与此同时，江苏 IBT 占比也呈不断下降的发展态势。1995 年江苏 IBT 占比为 13.88%，随后不断降低，2000 年降至 9.22%，2001 年增长至 8.95%，随后又不断下滑，2005 年降至 8.41%，2010 年已降至 5.56%，随后仍保持不断下降的态势，2013 年和 2014 年分别降至 4.73% 和 3.72%。由此可见，江苏外资依存度和 IBT 占比的下滑趋势大致相同；同理，构建江苏 IBT 占比和外资依存度的推拉方程如式（7-28）所示。

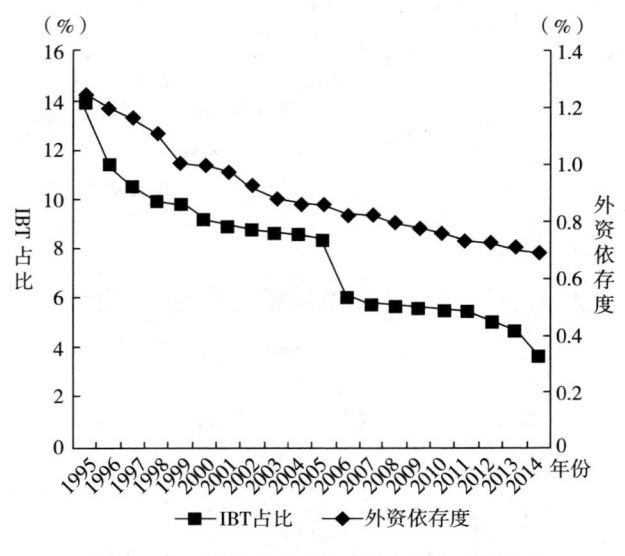

图 7-18 外资依存度与 IBT 占比（江苏）

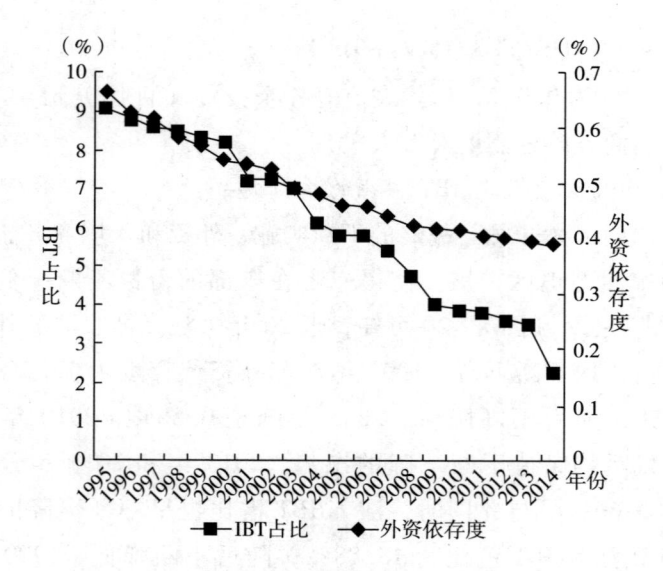

图7-19 外资依存度与IBT占比（浙江）

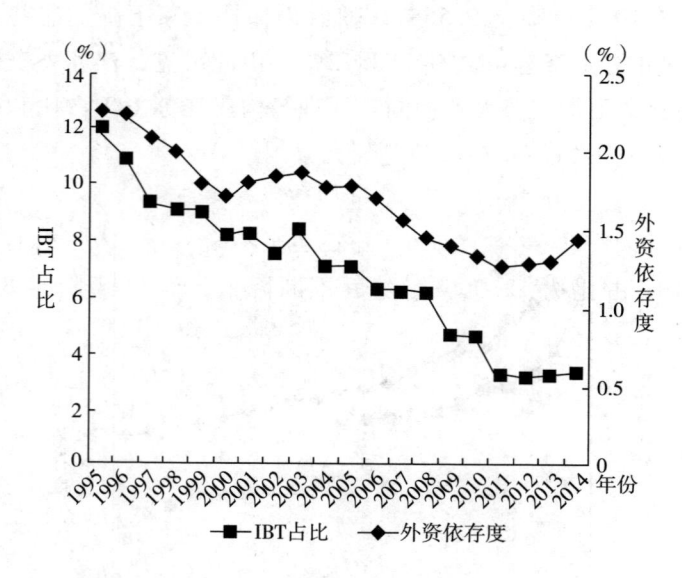

图7-20 外资依存度与IBT占比（上海）

$$FI_J = 0.001 IBT_J^2 + 0.041 IBT_J + 0.494 \tag{7-28}$$

其中，R^2 为 0.912，IBT_J 代表江苏入境商务游客数量占全国的比重（%），FI_J 代表江苏的外资依存度（%）。

1995—2014 年浙江外资依存度也呈不断下降的发展态势。1995 年浙江外资依存度为 0.67%，2000 年降至 0.54%，随后不断降低，2005 年降至 0.46%，2010 年已降至 0.42%，随后仍保持不断下降的态势，2014 年降至 0.4%。1995—2014 年浙江 IBT 占比也呈不断下降的发展态势。1995 年浙江 IBT 占比为 9.11%，随后不断降低，2000 年降至 8.2%，2001 年降至 7.21%，随后又不断下滑，2005 年降至 5.79%，2010 年已降至 3.92%，随后仍保持不断下降的态势，2013 年和 2014 年分别降至 3.53% 和 2.26%。由此可见，浙江外资依存度和 IBT 占比的下滑趋势大致相同；同理，构建浙江 IBT 占比和外资依存度的推拉方程如下：

$$FI_Z = 0.005 IBT_Z^2 - 0.028 IBT_Z + 0.433 \quad (7-29)$$

其中，R^2 为 0.972，IBT_Z 代表浙江入境商务游客数量占全国的比重（%），FI_Z 代表浙江外资依存度（%）。

1995—2014 年上海外资依存度也呈不断下降的发展态势。1995 年上海外资依存度为 2.26%，2000 年降至 1.71%，2005 年为 1.78%，2010 年降至 1.34%，随后仍保持不断下降的态势，2011 年下降至 1.27% 后开始回调，2013 年和 2014 年分别增至 1.3% 和 1.44%。1995—2014 年上海 IBT 占比也呈不断下降的发展态势。1995 年上海 IBT 占比为 12.06%，随后不断降低，2000 年降至 8.21%，2001 年增长至 8.31%，随后又不断下滑，2005 年降至 7.07%，2010 年已降至 6.6%，随后仍保持不断下降的态势，2012 年已降至 3.16%，但 2013 年和 2014 年分别回调至 3.27% 和 3.35%。由此可见，上海的外资依存度和 IBT 占比的下滑趋势大致相同；同理，构建上海 IBT 占比和外资依存度的推拉方程如下：

$$FI_S = 0.002 IBT_S^2 + 0.076 IBT_S + 1.027 \quad (7-30)$$

其中，R^2 为 0.922，IBT_S 代表上海入境商务游客数量占全国的比重（%），FI_S 代表上海外资依存度（%）。

（五）江、浙、沪 FDI 与入境商务旅游互动关系对比

推拉方程分析结果表明，江、浙、沪三省市外企数量对 IBT 均具

有拉动作用；三省市外企投资对 IBT 也具有拉动作用。因此可以得出结论，即江、浙、沪吸收的 FDI 有助于当地 IBT 的发展。同时，江、浙、沪外资依存度和 IBT 占比的推拉方程也表明，江、浙、沪 IBT 占比的降低对外资依存度的下滑具有带动作用。因此，可以得出结论，即 IBT 对 FDI 具有带动作用。综合江、浙、沪三省市 FDI 对 IBT、IBT 对 FDI 的推拉和作用关系可以判断，江、浙、沪 FDI 与 IBT 的互动关系显著。

为进一步对比江、浙、沪 FDI 与 IBT 的互动关系，本章利用弹性系数分析法分别计算出江、浙、沪外企数量、外企投资对其 IBT 的拉动系数及三省市 IBT 占比对其外资依存度的带动系数，根据江、浙、沪弹性系数的大小判断三省市 FDI 与 IBT 的互动和作用关系。由表 7-8 和表 7-9 可知，方程 R^2 值均在 0.8 以上，表明方程拟合度较好。

表 7-8　　　　江、浙、沪 FDI 对 IBT 的拉动系数

变量	外企数量	Sig.	常数项	Sig.	R^2	外企投资	Sig.	常数项	Sig.	R^2
IBT_J	0.4265	0.0000	7.6535	0.0000	0.8312	0.5512	0.0000	6.7823	0.0000	0.8745
IBT_Z	0.3526	0.0000	5.6346	0.0000	0.8643	0.3124	0.0000	8.6823	0.0000	0.8734
IBT_S	0.5424	0.0000	3.4612	0.0000	0.8534	0.6232	0.0000	7.6734	0.0000	0.8745

表 7-9　　　　江、浙、沪 IBT 对外资依存度的带动系数

变量	IBT_z	Sig.	常数项	Sig.	R^2
FI_J	0.3631	0.0000	8.5634	0.0000	0.8634
FI_Z	0.4812	0.0000	8.4573	0.0000	0.8523
FI_S	0.2153	0.0000	5.7524	0.0000	0.8543

对比江、浙、沪外企数量对 IBT 的拉动系数可见，沪(0.5424) > 江(0.4265) > 浙(0.3526)；对比江、浙、沪外企投资对 IBT 的拉动系数可见，沪(0.6232) > 江(0.5512) > 浙(0.3124)。因此，江、浙、

沪 FDI 对 IBT 的拉动呈现出沪＞江＞浙的地区差异。同时，进一步对比江、浙、沪 IBT 占比对外资依存度的带动系数可见，三省区呈现出浙(0.4812)＞江(0.3631)＞沪(0.2153)的地区差异性。可见，三省市 IBT 对 FDI 的带动作用呈现出浙＞江＞沪的地区差异。

江、浙、沪 FDI 与 IBT 互动关系的差异与三省市的经济发展重心有关。江、浙、沪三省市虽同属于我国的长三角经济区，但三省市经济重心的差异性使得三省市在吸引 FDI 时呈现出一定的地区差异（虽然在外资规模上，江＞沪＞浙，但就外商投资企业的户数而言，沪＞江＞浙①）。三省市 FDI 规模的不同使得其所带来的入境商务游客也各有不同（就 IBT 的发达程度而言，沪＞江＞浙②）。具体而言，上海不仅地处长三角，还是我国的"金融中心"，其优越的经济条件和独特区位优势有效地增强了其对 FDI 的吸引力，因此，与江苏和浙江相比，上海外企最多、外企投资较发达，使得其对 IBT 的拉动作用最大。江苏基础雄厚，在工业发展、科学研究、对外开放、交通等方面的优势突出，因此与浙江相比其吸引外资的能力较强，相对而言，由外商投资者转化的入境商务游客也较多，因此，江苏 FDI 对 IBT 的拉动作用较大。浙江的民营企业较为发达，由于浙江的本土企业发展较好，使得其对外商投资的依赖程度较小，因此，浙江外商投资企业数量和投资总额均比上海和江苏少，相应地，外商拉动的 IBT 较上海和江苏均弱。因此，江、浙、沪 FDI 对 IBT 的拉动作用呈现出沪＞江＞浙的地区差异。

正是由于三省市的经济发展重心不同，江、浙、沪 IBT 对 FDI 的带动作用呈现出浙＞江＞沪的地区差异。具体而言，上海已有的外企数量在三省市中最多，因而每年新增 IBT 对其的带动作用有限；浙江的民营企业发达，民营企业也能带动商务旅游，甚至 IBT 的发展，而商务旅游和 IBT 反过来又进一步带动了 FDI 的发展，由于浙江 FDI 规

---

① 根据 1995—2014 年三省市外企数量均值可判定，就外企数量而言，沪(3.47)＞江(3.46)＞浙(1.94)（单位：万户）。

② 根据 1995—2014 年三省市 IBT 均值可判定，就 IBT 的发达程度而言，沪(40.29)＞江(32.36)＞浙(29.05)（单位：万人次）。

模相对于上海和江苏处于较弱的状态（其外企数量和外企投资在三省市中均位于第三位），因此其FDI对于IBT的作用力更为敏感，即IBT对其FDI的弹性系数最大。江苏FDI较为发达（其外企投资最多，外企数量居中），因此，IBT对FDI的带动作用也介于上海和浙江之间。因此，三省市IBT对FDI的带动作用表现出浙>江>沪的地区差异。

综上所述，江、浙、沪FDI与IBT的互动作用关系显著；但三省市FDI与IBT的互动关系具有地区差异性：在FDI对IBT的拉动作用方面，三省市呈现出沪>江>浙的地区差异；在IBT对FDI的带动作用方面，三省市呈现出浙>江>沪的地区差异，这与江、浙、沪经济发展重心的地区差异相关（见图7-21）。

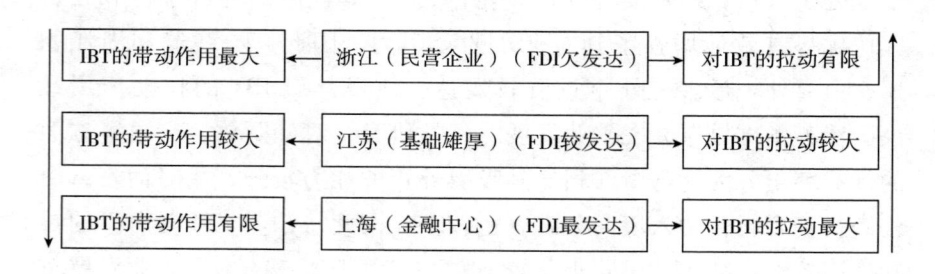

```
┌─ IBT的带动作用最大 ←── 浙江（民营企业）（FDI欠发达）──→ 对IBT的拉动有限 ─┐
│                                                                      │
│  IBT的带动作用较大 ←── 江苏（基础雄厚）（FDI较发达）──→ 对IBT的拉动较大  │
│                                                                      │
└─ IBT的带动作用有限 ←── 上海（金融中心）（FDI最发达）──→ 对IBT的拉动最大 ─┘
```

图7-21　三省市FDI和IBT的互动关系对比

（六）结论

旅游和贸易相互促进，二者之间的互动关系与"人流"和"物流"的互动关系相似；同理，FDI与IBT的互动关系可以被看成"资金流"和"人流"的互动关系，"资金"的流动和"人"的流动存在相互作用和彼此促进的关系。本节以FDI和IBT之间的关系为研究对象，选取1995—2014年二者在江、浙、沪的时间序列数据，并构建出外资依存度和IBT占比两个变量，分别定量分析了江、浙、沪三省市外企数量与IBT、外企投资与IBT、外资依存度和IBT占比之间的互动关系，证实了FDI与IBT之间的相互作用关系，并进一步对比了二者的互动关系在江、浙、沪三省市存在的地区差异性。主要的研究结论如下。

（1）江、浙、沪 FDI 与 IBT 之间呈现出同步增长的发展态势。主要表现在：江、浙、沪外企数量与 IBT 均呈现出相同的增长和发展态势；江、浙、沪外企投资与 IBT 的增长态势也相同；同时，江、浙、沪外资依存度与 IBT 占比也均呈不断下滑的发展态势。从 FDI 与 IBT 的发展态势和外资依存度与 IBT 占比的变化趋势可以初步判断，江、浙、沪 FDI 与 IBT 之间存在相互作用关系。

（2）9 个推拉方程证实，江、浙、沪 FDI 与 IBT 之间存在互动和相互作用关系。FDI 对 IBT 的推拉方程分析表明，江、浙、沪外企数量和外企投资对当地的 IBT 均具有较好的拉动作用；IBT 对 FDI 的弹性系数方程分析证实了江、浙、沪 IBT 占比对外资依存度的带动作用，即表明三省市 IBT 的发展能带动当地 FDI 的发展。通过江、浙、沪 9 个推拉方程的定量分析可以判定三省市 FDI 与 IBT 的互动关系显著。

（3）进一步对二者的互动关系进行的对比分析表明，江、浙、沪 FDI 与 IBT 之间的互动关系具有地区差异，这与江、浙、沪三省市经济发展重心的差异有关联。在 FDI 对 IBT 的拉动作用方面，三省市呈现出沪＞江＞浙的地区差异；在 IBT 对 FDI 的带动作用方面，三省市呈现出浙＞江＞沪的地区差异。上海是我国的"金融中心"，江苏的基础雄厚，浙江的民营企业发达，三省市经济重心的差异性使得所吸引的 FDI 的规模也存在一定的地区差异性，这种差异性使得 FDI 对 IBT 的作用力及 IBT 对 FDI 的反作用力也存在地区差异性。

二 基于格兰杰因果关系检验的分析

（一）数据说明

本章选取 1995—2014 年江、浙、沪 FDI 与入境商务旅游的基础数据，采用定量分析法分析 FDI 与入境商务旅游的互动关系。在 FDI 方面选取两个指标：①外企数量，记为 n，江、浙、沪分别记为 Jn、Zn 和 Sn；②外企投资，记为 i，江、浙、沪分别记为 Ji、Zi 和 Si；③入境商务旅游，记为 ibt，江、浙、沪分别记为 $Jibt$、$Zibt$ 和 $Sibt$。FDI 数据主要来自国家统计局数据库；IBT 的数据分别来自 1995—

2014年《入境旅游者抽样调查》中以入境商务、会议和文体科技旅游为目的的比例数据之和,通过该比例数据乘以三地入境过夜游客的基数得到江、浙、沪 IBT 的数据。由于受 2003 年的 SARS 疫情影响,部分数据缺失,本章采取了内插修正法。

(二) FDI 和 IBT 关系的实证分析

1. 平稳性检验

为了检验时间序列的平稳性,利用 EViews 6.0 软件对经过对数处理的江、浙、沪三省市外企数量(Jn、Zn、Sn)、外企投资(Ji、Zi、Si)、入境商务旅游($Jibt$、$Zibt$、$Sibt$)序列进行单位根检验,以判断每个序列是否为单整序列。如果序列不为单整序列则需要进行一阶差分或者二阶差分,在三个变量都为单整序列的前提下则可以进行协整分析。本章利用 ADF 单位根检验法对上述变量进行平稳性检验,滞后期的选择按照 AIC 准则进行,得到结果见表7-10。

表 7-10　　　　　　　　变量 ADF 检验结果

省市	变量	(C, T, K)	ADF	5%临界值	结论	变量	(C, T, K)	ADF	5%临界值	结论
上海	$Sibt$	(C, T, 1)	-2.1909	-3.0655	不平稳	$DSibt$	(C, T, 2)	-6.4355	-3.0403	平稳
	Sn	(C, N0)	0.0235	-3.0299	不平稳	DSn	(C, T, 2)	-4.0792	-3.0403	平稳
	Si	(C, T, 0)	0.8293	-3.0403	不平稳	DSi	(C, T, 0)	-4.5723	-3.0521	平稳
江苏	$Jibt$	(C, T, 1)	-1.6429	-3.6736	不平稳	$DJibt$	(C, T, 1)	-6.0236	-3.6908	平稳
	Jn	(C, T, 0)	-2.8603	-3.6908	不平稳	DJn	(C, T, 5)	-2.1547	-1.9614	平稳
	Ji	(C, T, 1)	-0.3351	-3.0403	不平稳	DJi	(C, T, 1)	-5.8675	-3.0521	平稳
浙江	$Zibt$	(C, T, 0)	-2.6977	-3.0299	不平稳	$DZibt$	(C, T, 0)	-4.7123	-3.0403	平稳
	Zn	(C, N, 0)	-0.0325	-3.0299	不平稳	DZn	(C, N, 1)	-2.2390	-1.9614	平稳
	Zi	(C, T, 1)	1.8057	-1.9628	不平稳	DZi	(C, T, 1)	-3.0182	-1.9628	平稳

检验结果表明:在 5% 的显著性水平上,江、浙、沪三组 ADF 值均大于各自的 5% 临界值,为非平稳时间序列;经过一阶差分后,三组变量的 ADF 值均小于各自的 5% 临界值,为平稳时间序列。因此,可进行协整检验。

2. 协整检验

由上述平稳性检验结果可知，江、浙、沪三者变量可以进行协整检验。本章将采用 E – G 两步法检验变量之间是否协整：第一步检验非平稳序列 x_t、y_t 是否是 I（1）；第二步若序列 x_t、y_t 都是 I（1），则用 OLS 法估计协整回归模型。

具体方法是：若序列 x_t、y_t 都是 I（1）单整，用一个变量对另一个变量回归，可得：

$$y_t = a_0 \hat{a}_1 + a_1 x_1 + u_t$$

用 $\hat{a}_0$ 和 $\hat{a}_1$ 表示回归系数的估计值，则模型残差估计值为：

$$\hat{u}_t = y_t - \hat{a}_0 - \hat{a}_1 x_t$$

首先，利用协整回归方程分别估算出江、浙、沪外企数量和 IBT 之间的回归方程，如表 7 – 11 所示。方程（7 – 31）、方程（7 – 33）、方程（7 – 35）分别表示江、浙、沪外企数量和 IBT 之间的协整方程。方程调节后 R^2 分别是 0.8635、0.8987、0.8038，表明方程拟合效果较好；各方程的系数表示外企数量对 IBT 的弹性，分别是 0.6592、0.6217 和 0.7280，表明江、浙、沪外企数量每增加 1%，其 IBT 分别增长 0.6592%、0.6217% 和 0.7280%。

表 7 – 11　　　　　　　　FDI 与 IBT 的协整方程

省市	协整方程		F	DW	调整的 R^2
上海	$LSibt = 0.7280 LSn + 7.7972$ （6.7939）　（20.7968）	（7 – 35）	146.1577	1.7658	0.8038
	$LSibt = 0.7181 LSi + 9.1023$ （8.0938）　（23.9790）	（7 – 36）	165.5112	1.6940	0.8724
江苏	$LJibt = 0.6592 LJn + 9.2281$ （7.8969）　（6.7260）	（7 – 31）	162.3621	1.4885	0.8635
	$LJibti = 0.7097 LJi + 9.3258$ （6.8890）　（6.8235）	（7 – 32）	185.2398	1.7917	0.9373

续表

省市	协整方程		F	DW	调整的 R^2
浙江	$LZibt = 0.6317LZn + 8.6991$ $(6.7131)\quad(5.2206)$	$(7-33)$	150.0736	1.4739	0.8987
	$LZibt = 0.6087LZi + 9.0676$ $(8.0570)\quad(3.3699)$	$(7-34)$	164.9158	1.5472	0.8708

表 7-11 中方程（7-32）、方程（7-34）、方程（7-36）分别表示江、浙、沪外企投资和 IBT 之间的协整方程。方程调节后 R^2 分别是 0.9373、0.8708、0.8724，表明方程拟合效果较好；各方程的系数表示外企投资对 IBT 的弹性，分别是 0.7097、0.6087 和 0.7181，表明江、浙、沪外企投资每增加 1%，其 IBT 分别增长 0.7097%、0.6087% 和 0.7181%。

从表 7-12 可以看出，江、浙、沪 ADF 值均小于 5% 临界值，表明江、浙、沪的残差序列是平稳的。这说明江、浙、沪外企数量、外商投资和 IBT 序列之间存在协整关系，即江、浙、沪外企数量、外商投资和 IBT 序列之间存在长期均衡关系。

表 7-12　　　　　　　　残差的平稳性检验

省市	残差序列	(C, T, K)	ADF	5%临界值	结论
上海	ε_n	(C, T, 0)	-6.4564	-3.0403	平稳
	ε_i	(C, T, 1)	-5.3471	-2.6605	平稳
江苏	ε_n	(C, T, 1)	-4.1482	-3.0403	平稳
	ε_i	(C, T, 0)	-5.7594	-3.0403	平稳
浙江	ε_n	(C, T, 1)	-5.3177	-1.9614	平稳
	ε_i	(C, T, 1)	-5.1277	-1.9614	平稳

注：检验类型中的 C、T、K 分别代表单位根检验中的常数项、时间趋势项和滞后阶数；N 表示不包括 C 或 T；滞后阶数根据 AIC 和 SC 最小原则确定；以上 ADF 值均在 5% 的置信水平上显著。

3. 误差修正模型

协整分析表明了江、浙、沪三省市外企数量、外商投资和 IBT 之间存在长期稳定的关系，而这种长期稳定的关系需要短期动态地不断调整，因此要建立误差修正模型，以检验变量的短期动态关系。以稳定的时间序列为误差修正项将其引入模型，得出江、浙、沪外企数量、外商投资对 IBT 的短期影响。用 EViews 6.0 软件建立误差修正模型，结果如表 7-13 所示。

由表 7-13 可知，模型估计结果 F 统计量的对应概率 P 均较小，调整后 R^2 的值均大于 0.9，表明模型整体拟合效果较好。

由模型（7-37）的变量系数可以看出，ECM 系数为 -0.2011，说明上海外企数量和 IBT 之间的均衡关系对当期非均衡误差调整的自身修正能力较强，符合反向修正机制，具有一定的调节力度。其中，外企数量对 IBT 前一期和前两期的弹性分别为 0.1973 和 0.1089，即外企数量每增加 1%，前一期和前两期 IBT 将分别增加 0.1973% 和 0.1089%，均远小于长期弹性。IBT 前一期和前两期对本期具有一定的惯性推动作用，贡献幅度分别为 0.5579% 和 0.2613%。由模型（7-38）可知，ECM 系数为 -0.0257，说明上海外企投资和 IBT 之间的均衡关系对当期非均衡误差调整的自身修正能力较弱，符合反向修正机制，调整力度不大。外企投资对 IBT 前一期和前两期的弹性分别是 0.1760 和 0.0956，即外企投资每增加 1%，前一期和前两期 IBT 将分别增加 0.1760% 和 0.0956%，均远小于长期弹性。IBT 前一期和前两期对本期具有一定的惯性推动作用，贡献幅度分别为 0.4424% 和 0.3942%。

由模型（7-39）的变量系数可以看出，ECM 系数为 -0.3409，说明江苏外企数量和 IBT 之间的均衡关系对当期非均衡误差调整的自身修正能力较强，符合反向修正机制，调整力度很大。外企数量对 IBT 前一期和前两期的弹性分别是 0.1789 和 0.0038，即外企数量每增加 1%，前一期和前两期 IBT 将分别增加 0.1789% 和 0.0038%，均小于长期弹性。IBT 前一期和前两期对本期具有一定的惯性推动作用，贡献幅度分别为 0.8205% 和 0.3271%。由模型（7-40）可见，ECM

表 7-13　误差修正模型

省市		误差修正模型		F	DW	调整后的 R^2
上海		$DLSibt = 2.9698 - 0.2011ECM + 0.5579DLSibt(-1) + 0.2613DLSibt(-2) + 0.1973DLSn(-1) + 0.1089DLSn(-2)$ $(2.9133)(2.0158)\quad(5.6390)\quad(5.2812)\quad(2.4716)\quad(1.0894)$	(7-37)	439.7213	1.9981	0.9761
上海		$DLSibt = 1.4526 - 0.0257ECM + 0.4424DLSibt(-1) + 0.3942DLSibt(-2) + 0.1760DLSi(-1) + 0.0956DLSi(-2)$ $(6.8315)(5.6198)\quad(5.6390)\quad(1.6642)\quad(2.2088)\quad(2.2460)$	(7-38)	537.8612	1.9581	0.9967
江苏		$DLJibt = 4.7031 - 0.3409ECM + 0.8205DLJibt(-1) + 0.3271DLJibt(-2) + 0.1789DLJn(-1) + 0.0038DLJn(-2)$ $(3.6871)(2.0402)\quad(3.4504)\quad(2.0125)\quad(3.0395)\quad(5.0591)$	(7-39)	271.8517	2.1553	0.9805
江苏		$DLJibt = 1.2071 - 0.1503ECM + 0.4190DLJibt(-1) + 0.5455DLJi(-1) + 0.1468DLJi(-1) + 0.1763DLJi(-2)$ $(4.9117)(5.4028)\quad(5.7637)\quad(2.3354)\quad(3.4107)\quad(1.6882)$	(7-40)	346.4467	1.7760	0.9901
浙江		$DLZibt = 4.4914 - 0.2418ECM + 0.7368DLZibt(-1) + 0.2536DLZibt(-2) + 0.1572DLZn(-1) + 0.0409DLZn(-2)$ $(4.3092)(2.0892)\quad(3.5851)\quad(5.4071)\quad(3.8048)\quad(1.9452)$	(7-41)	339.5887	2.2491	0.9860
浙江		$DLZibt = 2.0970 - 0.1006ECM + 0.5483DLZibt(-1) + 0.7706DLZibt(-2) + 0.1723DLZi(-1) + 0.0738DLZi(-2)$ $(2.5549)(1.5197)\quad(8.2478)\quad(4.6940)\quad(3.4051)\quad(3.4516)$	(7-42)	344.6900	1.8426	0.9954

系数为 -0.1503，说明江苏外企投资和 IBT 之间的均衡关系对当期非均衡误差调整的自身修正能力较弱，符合反向修正机制，具有一定的调整力度。外企投资对 IBT 前一期和前两期的弹性分别是 0.1468 和 0.1763，即外企投资每增加 1%，前一期和前两期 IBT 将分别增加 0.1468% 和 0.1763%，均远小于长期弹性。IBT 前一期和前两期对本期具有一定的惯性推动作用，贡献幅度分别为 0.4190% 和 0.5455%。

由模型（7-41）可见，ECM 系数为 -0.2418，说明浙江外企数量和 IBT 之间的均衡关系对当期非均衡误差调整的自身修正能力较强，符合反向修正机制，具有一定的调整力度。外企数量对 IBT 前一期和前两期的弹性分别是 0.1572 和 0.0409，即外企数量每增加 1%，前一期和前两期 IBT 将分别增加 0.1572% 和 0.0409%，均远小于长期弹性。IBT 前一期和前两期对本期具有一定的惯性推动作用，贡献幅度分别为 0.7368% 和 0.2536%。由模型（7-42）可见，ECM 系数为 -0.1006，说明浙江外企投资和 IBT 之间的均衡关系对当期非均衡误差调整的自身修正能力较强，符合反向修正机制，具有一定的调节力度。外企投资对 IBT 前一期和前两期的弹性分别是 0.1723 和 0.0738，即外企投资每增加 1%，前一期和前两期 IBT 将分别增加 0.1723% 和 0.0738%，均远小于长期弹性。IBT 前一期和前两期对本期具有一定的惯性推动作用，贡献幅度分别为 0.5483% 和 0.7706%。

4. 格兰杰因果检验

协整和误差修正模型表明了外企数量和外商投资与 IBT 之间存在长期均衡关系和短期均衡关系，但是是否构成因果关系，还需要对其进行格兰杰关系检验，检验结果见表 7-14。

表 7-14 格兰杰因果检验结果

省市	原假设	滞后阶数	F 值	P 值（%）	结论
上海	LSn 不是 $LSibt$ 的格兰杰原因	2	0.5206	0.4810	接受
	$LSibt$ 不是 LSn 的格兰杰原因	2	8.6895	0.0095	拒绝
	LSi 不是 $LSibt$ 的格兰杰原因	2	0.9382	0.0381	拒绝
	$LSibt$ 不是 LSi 的格兰杰原因	2	3.6690	0.0213	拒绝

续表

省市	原假设	滞后阶数	F值	P值（%）	结论
江苏	LJn 不是 $LJibt$ 的格兰杰原因	2	4.6340	0.0414	拒绝
	$LJibt$ 不是 LJn 的格兰杰原因	2	723.4070	0.0285	拒绝
	LJi 不是 $LJibt$ 的格兰杰原因	2	2.2989	0.0821	拒绝
	$LJibt$ 不是 LJi 的格兰杰原因	2	3.0486	0.1397	接受
浙江	LZn 不是 $LZibt$ 的格兰杰原因	2	9.3530	0.0030	拒绝
	$LZibt$ 不是 LZn 的格兰杰原因	2	2.8555	0.0938	拒绝
	LZi 不是 $LZibt$ 的格兰杰原因	2	6.0354	0.0876	拒绝
	$LZibt$ 不是 LZi 的格兰杰原因	2	2.4441	0.4540	接受

从表7-14的检验结果可以看出，FDI（外企数量、外商投资）与IBT之间存在因果关系，但各地区之间也有一定的差异。根据格兰杰因果检验结果，具体分为以下三种情况。

就上海而言，IBT与外企数量在10%的显著水平下拒绝了原假设，说明IBT是外企数量的单向格兰杰原因。外商投资与IBT、IBT和外企投资在10%的显著水平下拒绝了原假设，说明外商投资与IBT互为因果关系。由此可见，IBT的发展促进了外企数量的增多，对外商投资具有带动作用，外商投资也促进了IBT的发展。上海是我国金融中心和贸易中心，在吸引外商投资方面具有先天优势，投资者入境次数增多，也带动了酒店、交通等旅游相关产业的发展，使上海IBT与外商投资互为因果关系；在上海IBT发达的基础上，交通便利、基础设施完善和广阔的消费市场等优势吸引着外企不断入驻上海，因此IBT是外企数量的单向格兰杰原因。

就江苏而言，IBT与外企数量、外企数量和IBT之间在10%的显著水平下均拒绝了原假设，说明IBT与外企数量之间互为因果关系，即IBT带动了外企数量的增加，外企数量也促进了IBT的进步。而外商投资与IBT在10%的显著水平下拒绝了原假设，说明外商投资是IBT的单向格兰杰原因。江苏以国家优先发展工业的政策为先导，利用资源和产业的相对优势出台了一系列关于招商引资的政策，使外企和江苏建立了长期合作关系，形成了企业集聚效应，对 IBT 具有较强的带动作用；而 IBT 的发展，使更多的外国商务人员利用江苏企业集聚效应的优势让企业纷纷入驻本土以降低成本，从而带动了外企数量的增加。

就浙江而言，IBT 与外企数量、外企数量与 IBT 之间在 10% 的显著水平下均拒绝了原假设，说明 IBT 与外企数量之间互为因果关系，即 IBT 带动了外企数量的增加，外企数量也促进了 IBT 的进步。而外商投资与 IBT 在 10% 的显著水平下拒绝了原假设，说明外商投资是 IBT 的单向格兰杰原因。浙江外企投资集中程度高，拉动了入境商务客流量增长，也不断带动了外企数量的增加；而浙江企业"走出去"的能力较强，造成了一定程度的贸易顺差，使得 IBT 外商投资的作用不明显。

5. FDI 与 IBT 的互动作用分析

由格兰杰因果关系检验结果可以得出，FDI 与 IBT 之间存在着密不可分的关系，FDI 拉动 IBT 的增长，IBT 促进 FDI 的发展；但两者之间的相互带动作用也存在着一定的差异性，本章采用弹性系数分析法对此进行分析。利用 OLS 回归系数法，对 IBT 和外企数量、外商投资和 IBT 两组数据计算出弹性系数，判断出三地 FDI 与 IBT 的相互带动关系。由表 7 – 15 可知，方程 R^2 值均在 0.8 以上，表明方程拟合度较好。

表 7 – 15　　　　　　　　FDI 与 IBT 的互动作用

变量	外企数量	Sig.	常数项	Sig.	R^2	变量	IBT	Sig.	常数项	Sig.	R^2
LJibt	0.4273	0.0000	6.3624	0.0000	0.8025	LJi	0.7316	0.0000	11.1424	0.0000	0.8942
LSibt	0.6515	0.0000	9.6835	0.0000	0.8837	LSi	0.8622	0.0000	12.5831	0.0000	0.8536
LZibt	0.3164	0.0000	5.1634	0.0000	0.8161	LZi	0.5532	0.0000	11.2684	0.0000	0.8619

（1）IBT 拉动了企业数量的增长。从弹性系数可以看出，IBT 对江、浙、沪企业数量的弹性系数分别是 0.4273、0.3164、0.6515，

即 IBT 每增长 1%，江、浙、沪企业数量分别增长 0.4273%、0.3164%、0.6515%，可以看出 IBT 对江、浙、沪企业数量增长有一定的带动作用。这说明企业数量的增长，加速了企业人员间的流动，入境频次的增多为 IBT 带来了稳定的客源市场；IBT 越发达，会吸引更多的入境商务游客，而入境商务人员旅游的过程也是其间接性考察市场发展前景和预估投资风险与收益的过程，一定程度上提高了入境商务人员向投资者的转化率，进一步促进企业数量的增长。

（2）外商投资带动了 IBT 的发展。从弹性系数可以看出，外商投资对江、浙、沪 IBT 的弹性系数分别是 0.7316、0.5532、0.8622，即 IBT 每增长 1%，江、浙、沪的外商投资分别增长 0.7316%、0.5532%、0.8622%，可以看出外商投资对江、浙、沪 IBT 的带动作用明显。这说明外商投资力度越大，跨国企业建设越多，就会带来越多先进的科学技术和经营理念。借鉴外商一些切实可行的技术和理念，弥补硬件设施发展的不足，为 IBT 的发展提供全方面的保障；外商投资越多，入境考察和交流的商务人员出游频率就会越高，不但为入境商务旅游带来了稳定的客源市场，也带动了入境商务旅游的消费；从技术层面完善入境商务旅游的设施接待能力，从客源市场方面促进入境商务旅游的深层次消费，在二者的共同作用下，增强外商投资对入境商务旅游的带动作用。

对比江、浙、沪 IBT 对外企数量和外商投资对 IBT 的弹性系数可知，IBT 对外企数量的弹性系数均小于外商投资对 IBT 的弹性系数，说明 IBT 对外企数量的拉动作用均小于外商投资对 IBT 的拉动作用。江、浙、沪位于我国长三角的核心区域，经济一体化已具雏形，依赖其规模性的工业基地、过硬的科学技术水平，尤其是发挥近年来杭州湾大桥等重点交通设施的疏散枢纽作用，对外商投资的吸引力不断增强，政府对外商投资拉动经济增长的重视程度不断提高，招商引资政策不断优化，从而促进了外商投资的增长，很大程度上直接带动了 IBT 的发展；而江、浙、沪政府政策上长期对引进资本数量的重视使该地区对外商投资产生了一定的依赖性，从而在发展 IBT 的过程中也过度关注吸引外商投资，使 IBT 对外企数量的拉动作用均小于外商投资对 IBT 的拉动作用。

（三）三地 FDI 和 IBT 互动关系对比

格兰杰因果关系检验分析表明，上海 IBT 是外企数量的单向格兰杰原因，外商投资与 IBT 互为因果关系；江苏和浙江 IBT 与外企数量互为因果关系，外商投资是 IBT 的单向格兰杰原因。由弹性系数可以发现，IBT 对外企数量的弹性是沪＞江＞浙，外商投资对 IBT 的弹性是沪＞江＞浙，即 IBT 对外企数量和外商投资对 IBT 均有带动作用，但这种带动作用存在地区差异性。

上海是我国的金融中心和贸易中心，跨国公司比较多，商务人员之间的交流和合作频繁，使得上海 IBT 发展具有独特优势。也正是因为上海 IBT 发达，激发了商务人员对市场的敏感度，提高了入境商务游客的转化率，带动了企业数量的增长；相反，上海以地区生产点值、基础设施、平均工资等为代表的综合实力最强（见图 7-22、图 7-23、图 7-24），吸引外资投资企业最多，也使得商务人员入境交流和考察频率最高，对商务设施的依赖程度最高，因此上海 FDI 对 IBT 的弹性在三个地区也是最高的。

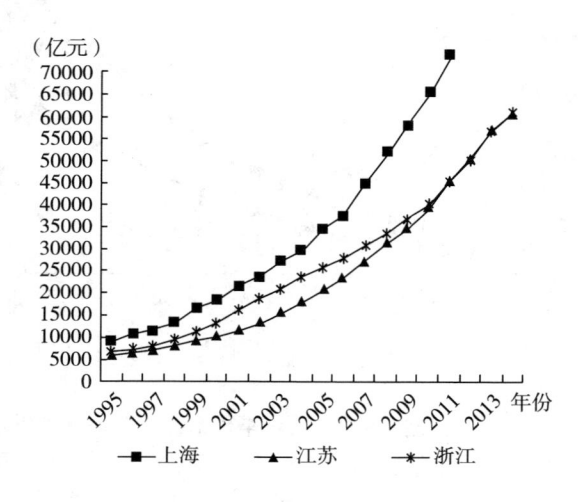

图 7-22 三地地区生产点值

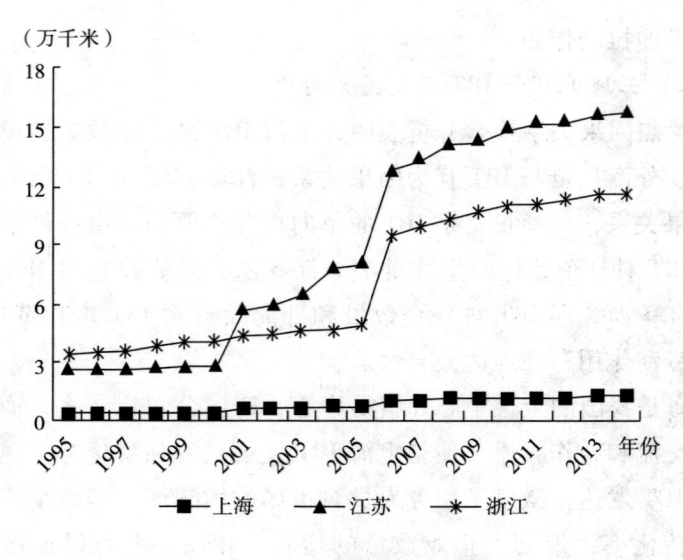

图 7-23 三地基础设施（铁路）

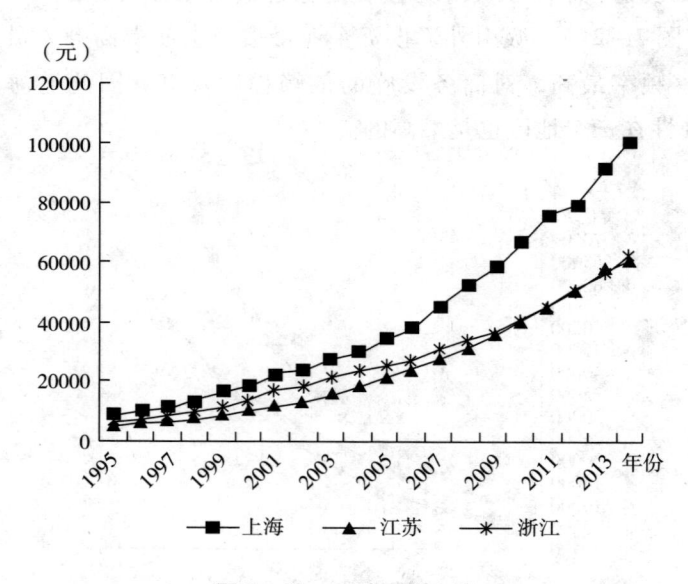

图 7-24 三地平均工资

江苏在工业基础、科学技术、对外开放程度、交通等方面占据优势，使其吸引外商投资的能力较浙江强；外商投资企业数量较多，在江苏形成了规模大、产量高的企业集聚现象，造成了商务人员入境的实地考察次数较多，带动了 IBT 的发展，一定程度上也使外商投资对 IBT 的弹性系数比浙江高；而 IBT 的发展，让江苏凭借这些优势，从而吸引更多的外企入驻本土，增加了外企数量，使得 IBT 对外企数量的弹性较浙江高。具体情况可参见图 7-22、图 7-23、图 7-24、图 7-25。

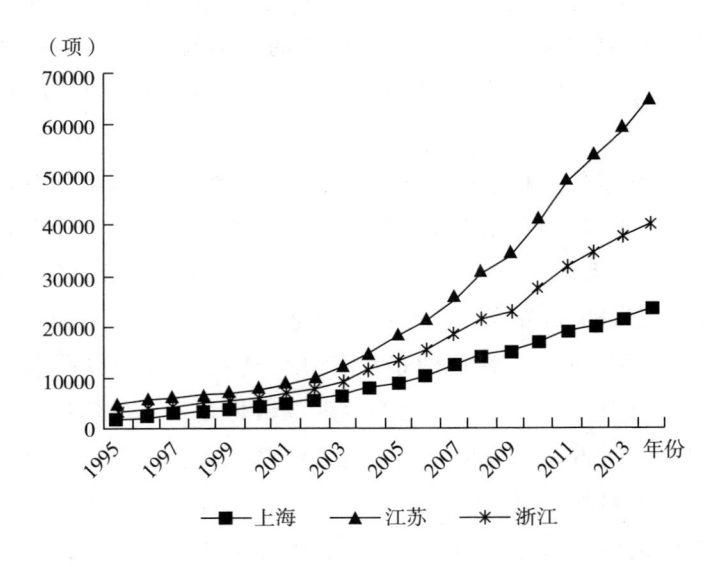

图 7-25　三地科技水平（专利受理量）

浙江的中小企业尤其是民营企业发展迅速，注重轻工业等消费产品的生产，在本土占有较大的市场，使得其对外商投资的依赖程度小，使得外商投资企业数量比上海和江苏少，外商投资对 IBT 的弹性系数较上海和江苏弱；相反，浙江自主创新和开拓市场的能力强，招商引资的能力相对不足，企业未能达到规模效应，使得 IBT 的发展对外商投资和企业数量增长的带动作用较上海和江苏弱。

（四）结论

运用协整分析、格兰杰因果关系检验和弹性系数分析等方法，以江、浙、沪 FDI 和 IBT 为对象，选取 1995—2014 年两个时间序列的三个指标数据,对江、浙、沪 FDI 与 IBT 之间的长期均衡关系进行了分析,构建了江、浙、沪 FDI 与 IBT 之间的误差修正模型,并对其互动关系进行了格兰杰因果检验,得出以下结论。

(1) 协整检验说明,江、浙、沪 FDI 与 IBT 之间存在长期的均衡关系。格兰杰因果分析说明了江、浙、沪 FDI 与 IBT 之间存在互动关系,但 FDI 与 IBT 的互动关系存在地区差异性:上海外商投资与 IBT 互为因果关系,IBT 是外企数量的单向格兰杰原因;江苏和浙江外企数量与 IBT 互为因果关系,外商投资是 IBT 的单向格兰杰原因。

(2) 弹性系数分析表明,IBT 对江、浙、沪企业数量的弹性系数分别是 0.4273、0.3164、0.6515,外商投资对江、浙、沪 IBT 的弹性系数分别是 0.7316、0.5532、0.8622。相对而言,外商投资对 IBT 的弹性系数高于 IBT 对外企数量的弹性系数,说明外商投资对 IBT 的带动作用大于 IBT 对外企数量的带动作用。受我国长期以国有企业为主,其他私营企业、外资企业等为辅的经济体制格局的影响,外企数量在我国总体所占比例较少;出于对外经济依赖程度和我国经济安全的考虑,我国对外国企业的设立有一定要求。而入境商务旅游的快速发展,使得消费市场的优势不断凸显,外商为了获取较大的市场份额和经济利益,加大了对我国部分企业的投资力度,而近年来随着政府"招商引资"的政策不断出台,对外商投资也起到一定程度的刺激作用,从而整体上使外国投资对 IBT 的带动作用高于 IBT 对外企数量的带动作用。

(3) 对比江、浙、沪 FDI 和 IBT 的关系可以发现,上海 IBT 是外企数量的单向格兰杰原因,外商投资与 IBT 互为因果关系。上海是我国的金融中心、贸易中心和港口中心,得天独厚的地理位置和经济优势使得上海 IBT 发展较好,从而带动 FDI 发展能力最强。浙江和江苏 IBT 与外企数量互为因果关系,外商投资是 IBT 的单向格兰杰原因。江苏和浙江是以工业带动经济发展模式,从三地 FDI 与 IBT 关系的对比中也可以看出,它们在基础设施、科技水平、外商投资企业数等方面具有吸引外商企业投资或者设立的良好基础,使其外商投资在江苏和浙江比较活跃，跨国企业建立得较多，入境商务人员交流较多，促进 IBT 发展的能力较强；相反，因为江苏和浙江是以企业发展为重心的，对外"招商引资"的政策出台较多，使其在入境商务旅游的接待能力和基础设施的完善上没有引起充分的重视，造成了 IBT 对吸引外商投资的效果不明显。

第八章 结论

第一节 研究结论

在FDI和IBT均不断增长且对我国经济发挥着重要作用的背景下,有关二者关系的研究却寥寥无几;虽然FDI与入境旅游的协整或格兰杰关系已经被证实,但在入境旅游的构成中,入境观光旅游是其重要组成部分,IBT也占了很大一部分的比例,而已有的研究并未探讨与FDI与IBT的关系。而在已有的相关研究中,旅游("人流")与贸易("物流")的关系已得到证实,但"人流",特别是与投资、贸易直接相关的IBT,它与FDI("资金流")是否关系紧密,是否也存在"人流"和"物流"的互动关系?特别是在经济"新常态"背景下,如何通过发展IBT以带动FDI的发展或如何通过吸收FDI促进IBT的持续发展成为亟待解决的重要问题。在上述研究缺陷和经济发展诉求的双重背景下,本书以FDI和IBT的相关研究为基础,综合运用旅游地理学、管理学、统计学等多学科理论和知识,以FDI和IBT为研究对象,以我国31个省区市作为研究区域,在收集1995—2014年FDI和IBT时间序列数据的基础上,借助Excel、SPSS、EViews、Arcgis等统计分析软件,应用文献分析法、定性与定量结合法、时间序列分析法等多种研究方法,沿着"全国—东部—中部—西部—典型省市"的思路从时间和空间视角研究FDI与IBT的关系,不仅拓宽了FDI与IBT的研究视野,也为政府更好地发展IBT、吸引FDI及促进二者的良性互动提供了一定的决策和参考。

本书的主要研究结论如下。

(1) 就全国整体而言,描述性分析表明,我国 FDI 和 IBT 具有相同的增长态势,二者均经历了三个阶段的增长历程。协整检验得出,我国 FDI 与 IBT 有长期均衡关系,即 FDI 对 IBT 具有关联和带动作用。误差修正模型表明,我国 FDI 与 IBT 有短期动态调整关系;同时,我国的外企数量、外企投资与 IBT 的均衡关系对当期非均衡误差调整的自身修正能力较强,符合反向修正机制且调整程度大。格兰杰因果检验得出,FDI 是 IBT 的格兰杰原因成立,IBT 是 FDI 的格兰杰原因也成立。可见 IBT 的发展可以带动 FDI 的发展,即 IBT 可以推动外企数量和外企投资的发展。由此可见,IBT 发展越好,我国的外企数量和外企投资也会越多,IBT 是 FDI 的格兰杰原因也成立。弹性系数分析得出,我国外企数量对 IBT 的弹性系数是 8.43,外企投资对 IBT 的弹性系数是 0.415。由此可以看出,外企数量对 IBT 的弹性系数大于外企投资对 IBT 的弹性系数,说明外企数量对 IBT 的带动作用大于外企投资对 IBT 的带动作用。重心模型计算结果表明,两类重心既空间集聚又存在一定的分离;二者在演变路径和趋势、演变幅度和速度上也有一定的差异性。两类重心的集聚态势表明 FDI 的分布与入境商务游客的分布大体一致,证实二者存在空间关联。在演变路径和趋势上,外企数量、外企投资和 IBT 重心分别呈反"∞"形向东南方向、线性向东北方向、反"N"形向西南方向演变;在演变幅度上,外企数量(61.65 千米)< IBT(65.44 千米)< 外企投资(201.05 千米);在演变速度上,外企数量(19.81 千米/年)< 外企投资(24.82 千米/年)< IBT(43.97 千米/年)。对比两类重心的演变可初步判定 FDI 和 IBT 重心形成了聚散交替的演变格局。空间重叠性模型计算结果证实,FDI 与 IBT 之间已形成聚散交替的演变态势,且具有一定的分散趋势。对比 FDI 与 IBT 的空间聚散演变态势发现,二者具有相同的空间聚散演变节奏,但二者的聚合和分离程度有所不同。两类重心演变的一致性指数表明二者的聚散频次相当,经历了"正反交替—同向聚合—正反交替"的演变。分阶段的形成机制分析表明,二者的空间聚散态势是在聚合和分离的共同作用力下形成的:相同的主体和目的是二者聚集的内驱力,东西部的政策优势是吸引二者聚集的

外部力量；外商投资和 IBT 的属性差异是二者分离的内部动力，交通巨变是二者不断分离的外部动力。

（2）就东部地区而言，描述性分析表明，我国东部地区 FDI 和 IBT 具有相同的增长态势，二者均经历了三个阶段的增长历程。推拉方程显示，二者之间具有一定的推拉关系。协整检验得出，我国东部地区 FDI 与 IBT 有长期均衡关系，即 FDI 对 IBT 具有关联和带动作用。通过协整分析得出，我国东部地区 FDI 与 IBT 在短期内存在动态调整关系，但其短期弹性系数要小于长期弹性系数，说明 FDI 变化对 IBT 变化的反映在长时间段中较短期更为明显。误差修正模型表明，我国东部地区 FDI 与 IBT 有短期动态调整关系；同时，我国东部地区外企数量、外企投资与 IBT 之间的均衡关系对当期非均衡误差调整的自身修正能力较强，符合反向修正机制并具有一定的调整力度。同时对比长期和短期弹性发现，东部地区 FDI 与 IBT 的短期弹性系数要小于长期弹性系数，说明 FDI 变化对 IBT 变化的反映在长时间段中较短期更为明显。格兰杰因果检验得出，FDI 是 IBT 的格兰杰原因在我国东部地区成立，IBT 是 FDI 的格兰杰原因也成立，东部地区 FDI 和 IBT 互为格兰杰因果关系。弹性系数分析得出，我国东部地区外企数量对 IBT 的弹性系数是 14.31，外企投资对 IBT 的弹性系数是 5.46。由此可以看出，我国东部地区外企数量对 IBT 的弹性系数大于外企投资对 IBT 的弹性系数，说明我国东部地区外企数量对 IBT 的带动作用大于外企投资对 IBT 的带动作用。就整体空间格局而言，我国东部地区两类重心位于我国几何中心的西南方向，平均空间距离为 176.84 千米。相对 FDI 重心而言，IBT 重心偏西；其中，入境会议旅游重心在其西北方向，而入境商务旅游（ibt′）重心和入境文体科技旅游重心在其西南方向。从整体演变格局和趋势来看，两类重心分别"东移北迁""东移南迁"且具有一定的分离趋势，同时，在移动距离和年际移动速度上也有差异。在直线移动距离上：入境商务旅游（ibt′）重心变动幅度最小（70.64 千米），外企投资重心变动幅度最大（259.85 千米）；在累计变动幅度上，外企数量重心（250.23 千米）变动幅度最小，入境会议旅游重心（2258.24 千米）变动幅度最大；

在年际移动速度上，外企数量重心移动最慢（17.87千米/年），入境会议旅游重心移动最快（161.3千米/年）。两类重心的演变格局和趋势是由东部地区的客观条件决定的。两类重心的内部重叠性和变动一致性表明，我国东部地区外企数量分布和外企投资分布密切相关。在经纬度的移动上，我国东部地区两类重心在经度上的移动方向一致：前者呈线性东移，后者呈波浪式东移；在纬度上向相反方向移动：外企投资重心呈线性北移，入境商务旅游（ibt'）呈波浪式南移。在经度和纬度的移动幅度上，外企投资重心变动的幅度最大（分别为110.87千米、223.9千米），入境商务旅游（ibt'）重心变动的幅度最小（分别为53.89千米、53.34千米）。从空间相关性分析来看，两类重心在经度上呈正相关关系，而在纬度上的相关性不显著，说明我国东部地区FDI与IBT的相互作用主要体现在东西方向上。

（3）就中部地区而言，描述性分析表明，我国中部地区FDI和IBT具有相同的增长态势，二者均经历了三个阶段的增长历程。推拉方程显示，二者之间具有一定的推拉关系。协整检验得出，我国中部地区FDI与IBT有长期均衡关系，即FDI对IBT具有关联和带动作用。通过协整分析得出，我国中部地区FDI与IBT在短期内存在动态调整关系，但其短期弹性系数要小于长期弹性系数，说明FDI变化对IBT变化的反映在长时间段中较短期更为明显。误差修正模型表明，我国中部地区FDI与IBT有短期动态调整关系；同时，我国中部地区外企数量、外企投资与IBT之间的均衡关系对当期非均衡误差调整的自身修正能力较强，符合反向修正机制并具有一定的调整力度。同时，对比长期和短期弹性发现，中部地区FDI与IBT的短期弹性系数要小于长期弹性系数，说明FDI变化对IBT变化的反映在长时间段中较短期更为明显。格兰杰因果关系检验得出，FDI是IBT的格兰杰原因在我国中部地区成立，IBT是FDI的格兰杰原因并不成立，因而，中部地区FDI是IBT的单向格兰杰因果关系。弹性系数分析得出，我国中部地区外企数量对IBT的弹性系数是6.32，我国外企投资对IBT的弹性系数是0.313。由此可以看出，我国中部地区外企数量对IBT的弹性系数大于外企投资对IBT的弹性系数，说明我国中部地区外企数量对 IBT 的带动作用大于外企投资对 IBT 的带动作用。就整体空间格局而言，中部地区 FDI 重心和 IBT 重心均聚集在湖北省东北部和河南省东南部，两类重心间的平均距离是 79.20 千米，相对于 FDI 重心而言，IBT 重心始终偏东；其中，入境商务旅游（ibt′）重心在其东南方向，而入境会议旅游重心和入境文体科技旅游重心在其东北方向。两类重心的空间格局既与外商投资活动和商务旅游活动的关联性相关，又与入境商务旅游者的出游特点相关，同时与社会经济发展水平密切相连。从整体演变格局和趋势来看，我国中部地区两类重心均呈现向偏南方向移动的趋势，但外企数量重心"东移南迁"，外企投资重心"先北后南"，而 IBT 重心"东移南迁"，两类重心具有一定的分离趋势；同时，两类重心在移动距离和年际移动速度上也有差异。在直线移动距离上：外企数量重心变动幅度最小（14.66 千米），入境商务旅游（ibt′）重心变动幅度最大（166.26 千米）；在累计移动距离上：外企投资重心变动幅度最小（137.29 千米），入境文体科技旅游重心变动幅度最大（1307.16 千米）；在年际移动速度上：外企投资重心变动幅度最小（8.09 千米/年），入境文体科技旅游重心变动幅度最大（76.89 千米/年）。两类重心的演变格局和趋势也是由中部地区客观条件决定的。两类重心的内部重叠性和变动一致性表明，我国中部地区外企数量分布和外企投资分布密切相关。在经纬度的移动上，两类重心在经度上的移动方向一致：前者呈线性东移，后者呈波浪式东移；在纬度上向相反方向移动：前者呈线性北移，后者呈波浪式南移。在经度的移动幅度上，外企投资重心变动的幅度最小（5.44 千米），入境商务旅游（ibt′）重心变动的幅度最大（121.85 千米）。在纬度的移动幅度上，外企数量重心变动的幅度最小（0.19 千米），入境会议旅游重心变动的幅度最大（108.93 千米）。从空间相关性分析来看，我国中部地区两类重心在经度上呈正相关关系，而在纬度上的相关性不显著，说明我国中部地区 FDI 与 IBT 的相互作用主要体现在东西方向上。

（4）就西部地区而言，描述性分析表明，我国西部地区 FDI 和 IBT 具有相同的增长态势，二者均经历了三个阶段的增长历程。推拉方程显示，二者之间具有一定的推拉关系。协整检验得出，我国西部FDI与IBT有长期均衡关系，即FDI对IBT具有关联和带动作用。通过协整分析得出，我国西部地区FDI与IBT在短期内存在动态调整关系，但其短期弹性系数要小于长期弹性系数，说明FDI变化对IBT变化的反映在长时间段中较短期更为明显。误差修正模型表明，我国西部地区FDI与IBT有短期动态调整关系；同时，我国西部地区外企数量、外企投资总额与IBT之间的均衡关系对当期非均衡误差调整的自身修正能力较强，符合反向修正机制并具有一定的调整力度。同时，对比长期和短期弹性发现，西部地区FDI与IBT的短期弹性系数要小于长期弹性系数，说明FDI变化对IBT变化的反映在长时间段中较短期更为明显。格兰杰因果关系检验得出，FDI是IBT的格兰杰原因在我国西部地区成立，IBT是FDI的格兰杰原因并不成立，因而，西部地区FDI是IBT的单向格兰杰因果关系。弹性系数分析得出，我国西部地区外企数量对IBT的弹性系数是8.12，我国外企投资对IBT的弹性系数是1.532。由此可以看出，我国西部地区外企数量对IBT的弹性系数大于外企投资对IBT的弹性系数，说明我国西部地区外企数量对IBT的带动作用大于外企投资对IBT的带动作用。就整体空间格局而言，我国西部地区FDI重心和IBT重心均聚集在四川省东北部、重庆市西部和甘肃省东南部且存在空间错位，两类重心间的平均距离是360.55千米，相对于FDI重心而言，IBT重心始终偏北；其中，入境会议旅游重心在其西北方向，而入境商务旅游（ibt'）重心和入境文体科技旅游重心在其北方。两类重心的空间格局既与外商投资活动及商务旅游活动的关联性相关，又与入境商务旅游者的出游特点相关，同时与社会经济发展水平密切相连。从整体演变格局和趋势来看，我国西部地区两类重心均呈现不同的移动趋势，FDI重心"东移北迁"，而IBT重心"南迁"，两类重心具有一定的分离趋势；同时，两类重心在移动距离和年际移动速度上也有差异。在直线移动距离上：外企数量重心变动幅度最小（160.47千米），入境商务旅游（ibt'）重心变动幅度最大（479.32千米）；在累计移动距离上：外企数量重心变动幅度最小（453.71千米），入境文体科技旅游重心变动幅度最大

(4186.485 千米); 在年际移动速度上: 外企数量重心变动幅度最小 (17.87 千米/年), 入境会议旅游重心变动幅度最大 (161.3 千米/年)。两类重心的演变格局和趋势也是由西部地客观条件决定的。我国西部地区两类重心的内部重叠性和变动一致性表明, 外企数量分布和外企投资分布密切相关。在经纬度的移动上, 我国西部地区两类重心在经度上的移动方向一致: 前者呈线性东移, 后者呈波浪式东移; 在纬度上向相反方向移动: FDI 重心呈线性北移, IBT 重心呈波浪式南移。在经度的移动幅度上, 入境会议旅游重心变动的幅度最小 (80.13 千米), 入境商务旅游 (ibt′) 重心变动的幅度最大 (269.84 千米)。在纬度的移动幅度上, 外企数量重心变动的幅度最小 (80.01 千米), 入境商务旅游 (ibt′) 重心变动的幅度最大 (355.61 千米)。从空间相关性分析来看, 两类重心在经度上呈正相关关系, 而在纬度上的相关性不显著, 说明我国西部地区 FDI 与 IBT 的相互作用主要体现在东西方向上。

(5) 北上广的典型案例分析表明, 北、上、广 FDI 和 IBT 之间存在长期稳定的协整关系, 说明 FDI 对 IBT 具有关联和带动作用。误差修正模型表明, 北、上、广三地 FDI 和 IBT 之间存在短期的动态调整关系。短期弹性小于长期弹性说明 FDI 对 IBT 变化的反映在短期相对迟缓, 在长期才能回到正常水平。格兰杰因果关系检验表明, IBT 是 FDI 的格兰杰原因在北、上、广三地均成立, 但 FDI 是 IBT 的格兰杰原因在三地呈现出一定的差异性: 北京外企数量和外企投资均不是其 IBT 的格兰杰原因, 上海外企投资是其 IBT 的格兰杰原因而外企数量不是, 广州外企数量是其 IBT 的格兰杰原因而外企投资不是。弹性系数分析表明, IBT 对北、上、广外企数量的弹性系数分别为 1.1400、0.7628 和 0.4137, IBT 对北、上、广外企投资的弹性系数分别为 1.6682、0.9030 和 1.0085。对比 IBT 对外企投资和外企数量的弹性系数值可见, IBT 对外企投资的弹性系数均高于 IBT 对外企数量的弹性系数, 表明 IBT 对外企投资的带动作用高于对外企数量的带动作用。这与我国长期以来在吸收外商投资时关注招商引资的业绩有关。对比北、上、广 FDI 和 IBT 的关系发现, 二者的互动关系在上海和广州显著，在北京不显著；但北京 IBT 对 FDI 的带动作用最大，这与各城市吸引 FDI 时的定位和 IBT 的发达程度均有关。北京作为我国国都，IBT 欠发达，FDI 和 IBT 并无互动关系，但 IBT 对 FDI 的带动作用最大；上海和广州分别作为我国的金融中心和千年商都，IBT 较发达，FDI 和 IBT 的互动关系显著，但 IBT 对 FDI 的带动作用较北京偏弱。描述性分析表明，北、上、广 FDI 与 IBT 之间存在明显的同步关联性。主要表现在：北、上、广外企数量与 IBT 之间均呈现出同步增长的特征，北、上、广外企投资与 IBT 之间也均呈现出同步增长的态势，北、上、广 IBT 占比与外资依存度之间均呈现出同步下降的特征。通过 FDI 与 IBT 之间的同步关联可初步判断二者存在一定的互动关系。依据相关统计数据建立了 9 个推拉方程，表明北、上、广 FDI 与 IBT 之间存在互动关系。通过构建推拉方程，分析了北、上、广 FDI 与 IBT 的推拉关系，结果表明 FDI（外企数量、外企投资）对其 IBT 具有不同程度的带动作用；通过构建弹性系数方程，分析了 IBT 占比对外资依存度的拉动作用，结果表明三地 IBT 对其 FDI 具有不同程度的拉动作用。通过 9 个推拉方程的定量分析可判定三地 FDI 与 IBT 的互动关系显著。进一步的对比分析表明，北、上、广 FDI 与 IBT 的互动关系具有一定的地区差异，这与三地的城市分工有关。FDI 对 IBT 的带动作用表现出广＞上＞北的地区差异，而 IBT 对 FDI 的拉动作用则表现出北＞上＞广的地区差异。广州是"千年商都"，最发达的 FDI 带来的 IBT 也最多；上海是"金融中心"，较发达的 FDI 带来的 IBT 也较多；北京是"中华国都"，有限的 FDI 带来的 IBT 也有限。反过来，广州 FDI 最发达，IBT 对其拉动作用有限；北京 FDI 欠发达，IBT 对其拉动作用最大；上海 FDI 较发达，IBT 对其拉动作用也位居第二。

（6）江、浙、沪的典型案例分析表明，江、浙、沪的 FDI 与 IBT 之间存在长期的均衡关系。格兰杰因果分析说明了江、浙、沪之间 FDI 与 IBT 之间存在互动关系，但 FDI 与 IBT 的互动关系存在地区差异性：上海外商投资与 IBT 互为因果关系，IBT 是外企数量的单向格兰杰原因；江苏和浙江外企数量与 IBT 互为因果关系，外商投资是

IBT 的单向格兰杰原因。弹性系数分析表明，IBT 对江、浙、沪企业数量的弹性系数分别是 0.4273、0.3164、0.6515，外商投资对江、浙、沪 IBT 的弹性系数分别是 0.7316、0.5532、0.8622。相对而言外商投资对 IBT 弹性系数高于 IBT 对外企数量弹性系数，说明外商投资对 IBT 的带动作用大于 IBT 对外企数量的带动作用。受我国长期以国有企业为主，其他私营企业、外资企业等为辅的经济体制格局的影响，外企数量在我国总体所占比例较少；而出于对外经济依赖程度和我国经济安全的考虑，我国对外国企业设立的门槛和关税比较严格，选择性地限制外商在我国独立设置企业；而 IBT 的快速发展，使得消费市场的优势不断凸显，外商为了获取较大的市场份额和经济利益，加大了对我国部分企业的投资力度，而近年来随着政府"招商引资"的政策不断出台，对外商投资也起到一定程度的刺激作用，从而整体上使外国投资对 IBT 的带动作用高于 IBT 对外企数量的带动作用。对比江、浙、沪 FDI 和 IBT 的关系可以发现，上海 IBT 是外企数量的单向格兰杰原因，外商投资与 IBT 互为因果关系。上海是我国的金融中心、贸易中心和港口中心，得天独厚的地理位置和经济优势使得上海 IBT 发展较好，从而带动 FDI 发展能力最强。浙江和江苏 IBT 与外企数量互为因果关系，外商投资是 IBT 的单向格兰杰原因。江苏和浙江是以工业带动经济发展的模式，从三地 FDI 与 IBT 关系的对比中也可以看出，它们在基础设施、科技水平、外商投资企业数等方面具有吸引外商企业投资或者外企设立的良好基础，使其外商投资在江苏和浙江比较活跃，跨国企业设立得较多，入境商务人员交流较多，促进 IBT 发展的能力较强；相反，因为江苏和浙江是以企业发展为重心的，对外"招商引资"的政策出台较多，使其在 IBT 的接待能力和基础设施的完善上没有引起充分的重视，造成了 IBT 对吸引外商投资的效果不明显。江、浙、沪 FDI 与 IBT 之间呈现出同步增长的发展态势。主要表现在：江、浙、沪外企数量与 IBT 均呈现出相同的增长和发展态势；江、浙、沪外企投资与 IBT 的增长态势也相同；同时，江、浙、沪外资依存度与 IBT 占比也均呈不断下滑的发展态势。从 FDI 与 IBT 的发展态势和外资依存度与 IBT 占比的变化趋势可以初步判断，江、浙、沪 FDI 与 IBT 之间存在相互作用关系。9 个推拉方程证实，江、浙、沪 FDI 与 IBT 之间存在相互作用关系。FDI 对 IBT 的推拉方程分析表明，江、浙、沪外企数量和外企投资对当地 IBT 均具有较好的拉动作用；IBT 对 FDI 的弹性系数方程分析证实了江、浙、沪 IBT 占比对外资依存度的带动作用，即表明三省市 IBT 的发展能带动当地 FDI 的发展。通过江、浙、沪 9 个推拉方程的定量分析可以判定三省市 FDI 与 IBT 的互动关系显著。进一步对二者的互动关系进行的对比分析表明，江、浙、沪 FDI 与 IBT 之间的互动关系具有地区差异，这与江、浙、沪三省市经济发展重心的差异有关联。在 FDI 对 IBT 的拉动作用方面，三省市呈现出沪＞江＞浙的地区差异；在 IBT 对 FDI 的带动作用方面，三省市呈现出浙＞江＞沪的地区差异。上海是我国的"金融中心"，江苏的基础雄厚，浙江的民营企业发达，三省市经济重心的差异性使得所吸引的 FDI 的规模也存在一定的地区差异性，这种差异性使得 FDI 对 IBT 的作用力及 IBT 对 FDI 的反作用力也存在地区差异性。

第二节　发展对策

未来我国 FDI 和 IBT 仍将保持一定的增速，在亚太地区经济快速发展的背景下，通过引进 FDI 和 IBT 促进我国产业升级和经济可持续发展是当前面临的重要问题。因此，这不仅需要学术界对二者的关系做出创新性研究，而且也需要政府根据地区发展的实际，制定利用 FDI 与发展 IBT 的有效政策。

一　国家层面

首先，优化投资环境，大力引进 FDI。基于我国的基本国情，建立完善的管理制度，为外商投资在一定程度上提供便利，增加其投资活动的效率；还可以进一步放宽进入的限制，对规模较大的外商企业可以实施绿色通道，使外商投资者更大力度地进行投资，同时还可以给予一些优惠政策扶持，提供一些信息和技术上的支持，加强对投资者市场选择的引导，对进入我国的投资进行大力支持，促使其进入第三产业，从而优化我国的产业结构，进一步增加我国市场对外商投资的吸引力，扩展我国的外商企业数量，进而形成一种良性循环，从而促进 IBT 的增长，以继续带动 FDI 的发展。

其次，将 IBT 置于相对重要的位置加以优先发展。在我国大力发展入境旅游的总方针的激励下，入境观光旅游规模一直稳居入境旅游市场的榜首；IBT 市场仅次于入境观光旅游市场而位居第二。但就二者对外商投资的作用而言，IBT 与之关联最为直接，对其作用最为明显。因为两类游客在旅游过程中关注的重心和诉求不同：前者重"观光"而侧重旅游体验，后者重"商务"而关注寻找商机。因此，IBT 相对于入境观光旅游而言，更能带动 FDI 甚至地区经济的发展。因此，各地区应该大力发展 IBT，充分认识到 IBT 对吸引 FDI 和促进经济发展的重要作用，将其置于相对重要的位置加以优先考虑，并逐步改变长期以来我国入境旅游对入境观光旅游市场的依赖格局。同时，提高对入境商务游客的服务水平，提升其转化质量。入境商务游客兼"游"兼"商"，是现实的旅游者，也是潜在的投资者（或商人）。外商投资利益相关者通过商务旅游实现投资前的考察和探路，因此，入境商务游客是外商投资的"先行者"或"探路者"。提高 IBT 的服务水平，不仅能提升商务游客的满意度，对于促进其向投资者的角色转变、促进地区 FDI 的发展甚至拉动区域经济的增长也具有重要作用。因此，提升入境商务游客的转化质量应成为地区吸引 FDI、发展经济的重要手段。

最后，大力改善交通基础设施，发挥 FDI 和 IBT 对周边地区的影响和带动作用。IBT 活动的开展依赖于"人"的移动，对交通的依赖性较强；由于入境商务游客"四高一长"属性的存在，交通的改善直接扩大其出游半径，有利于提高 IBT 对周边地区的辐射和影响。完善的交通设施不仅是吸引 FDI 的有利条件，也是决定 FDI 区位分布的重要因素之一；FDI 具有逐利性，完善的交通拓宽其"道路"，有利于其地理溢出效益的发挥。因此，应不断完善交通基础设施以增强 FDI 和 IBT 的辐射作用，使邻近地区受益。

二 地区层面

针对 FDI 和 IBT "东密西疏"的格局，东中西部应实施差异化的吸引 FDI 和 IBT 策略。东部地区经济比较发达且其吸引的 FDI 与 IBT 较多，因此对东部地区中吸收 FDI 和 IBT 较多的省区市应实施"质量提升"策略，提高东部地区 FDI 的利用率，鼓励企业进行创新，实现产业升级，形成更大范围的产业集聚，从而实现东部地区的可持续发展。

中部地区要大力调整产业结构，中部地区区位优越，发展基础良好，但是其主要产业是农业（农业是第一产业），由于农产品价格变化缓慢且价格较低，导致中部地区经济发展缓慢，人均收入较低，所以要削弱第一产业在中部地区所占比重，合理开发中部的资源，大力引进 FDI，促使越来越多的外企、港澳台企业进入中部地区（外商投资大部分是制造业和工业），解决中部地区人员的就业问题，加快产业结构由第一产业向第二、三产业的转化，同时充分发挥其当地特色，促进中部地区 IBT 的发展。

西部吸收 FDI 和 IBT 较少的地区应借助目前国家"一带一路"经济带发展契机，制定优惠政策以吸引更多的外资和入境商务游客，提升 FDI 和 IBT 的"数量"以平衡东西部地区的数量差异，缩小东西差距。通过"西部大开发"和"一带一路"的建设，对投资市场环境及对西部地区的产业结构进行优化。进一步扩大市场的对外开放程度，促进西部地区的商业合作、经济发展，改善投资环境，吸引更多的外商投资，带动 FDI 的发展。旅游业是发展最快的产业之一，与其他产业相比，旅游业可以较快地带动我国西部地区的发展。因此，可以将 FDI 引入旅游业的发展中，充分发挥 FDI 对 IBT 增长的拉动作用，带动入境旅游的发展，从而促进第三产业在西部地区的发展，吸引更多的外商企业。然后，在共建"丝绸之路经济带"的背景下，合理利用西部地区得天独厚的旅游资源，促进西部地区商务旅游的发展。西部地区是我国旅游资源最丰富的地区而经济发展比较落后，因此"一带一路"的建设，可以吸引更多的旅客和投资者对西部地区的发展注入新的投资，拉动西部的发展可以创造较大的经济效益。同时，可以与中亚各国展开合作，将旅游资源进行整合，形成区位优势，提高对入境旅游者的吸引力，促进我国经济的发展，以及西部地区的共同繁荣。

对于北上广地区而言，由于北京承载了更多的政治功能，吸引投资方面较上海和广州逊色，因而能带来的 IBT 也有限；上海是我国的"金融中心"，在吸引外企投资方面优势显著，FDI 在国民经济中所占比例较高，相对于广州和北京而言，上海外企最多、外企投资较发达，因此带来的 IBT 也较多；而广州是我国的"千年商都"，作为我国重要的商贸集散中心和枢纽，相对于上海和北京而言，广州外企较多、外企投资最发达，因此带来的 IBT 也最多。所以要针对其不同的发展状况提出建议，对北京来说，由于其政治上的特殊性，其吸引 FDI 与 IBT 的能力有限，因此要合理利用外商投资，充分发挥 FDI 以及 IBT 对经济的带动作用。对上海来说，要利用其自身的经济优势吸引更多的 FDI，同时也要大力发展 IBT，并且要不断优化其自身的经济结构，改善发展过程中出现的问题，为促进上海的发展提供新的动力；对广州来说，由于其是 FDI 与 IBT 较发达的地区且 FDI 对 IBT 的带动作用最强，因此要在现有发展的基础上优化 FDI 的利用机制，使 FDI 的发展在广东进入新的发展阶段，而不会走向衰退期，同时也要充分促进 FDI 与 IBT 之间的转化。

对于江浙沪地区而言，首先应加强与周边省区市的合作，促进优势互补。江、浙、沪 FDI 与 IBT 之间的促进作用在三地有着不同的效果，这与三地之间的经济基础、发展模式等原因有着密不可分的关系。上海作为我国的金融中心，FDI 在国民经济中发挥着重要作用，IBT 发展也占据优势；江苏和浙江 FDI 对 IBT 的带动作用明显，但 IBT 本身发展后劲不足，使得 IBT 对外商投资的带动作用相对于外企数量较弱。因此，江苏和浙江应该加强与周边地区更多更深层次的合作，依托长三角经济圈尤其是上海，扩大旅游的辐射范围，增加与入境商务人员交流和合作的频率，获取更多的资源要素和信息；加强江苏和浙江彼此之间的交流，江苏应学习浙江中小企业灵活多变的自主创新和开阔市场的能力，浙江应该学习江苏企业外向型经济模式和企业规模效应，不断优化投资环境，激发外国商务人员的兴趣和关注，提高入境商务游客向投资者的转化率，从而带动 FDI 的发展，促进江苏和浙江 FDI 与 IBT 的互惠共赢。其次，加大政府招商引资力度，发挥 IBT 战略性地位。格兰杰因果关系检验说明了 IBT 对 FDI（外企数量、外商投资）均有带动作用，但也存在地区差异性，上海 IBT 对 FDI 的带动作用相对于江苏和浙江较为明显，江苏和浙江 FDI 对 IBT 的带动作用相对于上海较为明显；弹性系数分析表明，外商投资对 IBT 的带动作用大于 IBT 对外企数量的带动作用，这在一定程度上要求政府加大对江苏和浙江的招商引资力度，通过外企的投资，使跨国企业纷纷建立起来，从而带来先进的理念和技术外溢效应，不断完善 IBT 的相关设施，提高其接待能力，从而带动 IBT 的发展。相应地，通过 IBT 的发展，不断优化投资环境，从而激发入境商务游客的兴趣，刺激其加大投资力度，促进 FDI 的增长。最后，增强 FDI 与 IBT 两者的良性互动。在 FDI 发展过程中，入境商务人员数量会不断增长，旅游目的地应利用这个广阔的商务客源市场，实行人性化管理，抓住商务人员的心理需求，不断开发新奇、有趣、冒险的旅游项目，设计具有独特性和纪念性的旅游产品，刺激商务人员的消费，从而带动 IBT 的发展；IBT 在发展过程中也可以直接利用 FDI 这一渠道，着重完善与商务旅游相关的设施设备，提高商务旅游整体的接待能力，提升外商对目的地的印象和感知，优化外商投资环境，从而激发入境商务游客的投资兴趣，促进其转化为外商投资者。

第三节 创新与不足

一 创新

本书的创新之处在于：

（1）内容创新。以往的相关研究大多集中于从时间序列证实 FDI 和旅游的关系，讨论 FDI 与 IBT 的关系的研究很少。因此，本书在选题上具有一定的新意。

（2）视角创新。前人的相关研究大多数是基于时间序列从经济学视角进行的分析，结合时间维度和空间维度从地理学视角来讨论 FDI 与 IBT 关系的研究寥寥无几。因此，本书在视角上也具有一定新意。

（3）方法创新。将重心模型引入 FDI 与 IBT 的关系研究中，关注用时空结合的方法研究二者的关系，因此，本书在研究方法的应用上也具有一定新意。

二　不足

虽然本书有多方面的创新，但依然有不足之处，具体如下：

（1）目前旅游的相关文献中所载有关商务旅游的数据非常有限，且并无直接的商务游客的规模数据。受 IBT 数据收集条件的限制，本书选用的是我国 31 个省区市的数据，因此，有可能会受到研究所选的空间尺度的影响，因而未来的研究应注意将中观研究和微观案例研究相结合，相互印证的同时又关注其中存在的差异性。

（2）在入境商务游客的构成中除了来华进行投资、考察的商务游客，还有一部分是从事进出口贸易的商务游客，虽然进出口贸易与 FDI 之间存在替代或互补关系，从事进出口贸易的 IBT 的发展也间接促进了 FDI 的发展，但本书无法将直接来华投资、考察的商务游客从总数中剥离出来，这也是本书的不足之处。未来，将通过调研问卷的方式对这部分直接作用于 FDI 的入境商务游客的规模数量进行估算，并得到相应的 IBT 规模数量以对本书的结论进行验证。

参考文献

［瑞士］若泽·塞伊杜:《旅游接待的今天和明天》,冯百才、刘振卿编译,旅游教育出版社1990年版。

［英］John Swarbrooke、Susan Horner:《商务旅游》,程尽能等译,旅游教育出版社2004年版。

［英］罗伯·戴维森、比尤拉·库佩:《商务旅行》,吕宛青、赵书虹译,云南大学出版社2006年版。

包富华、陈瑛:《FDI与入境商务旅游的关系研究》,《统计与信息论坛》2016年第4期。

包富华、陈瑛:《我国东部地区外企投资与入境商务旅游重心格局演变对比研究》,《商业研究》2015年第11期。

包富华、陈瑛、孙根年:《我国入境商务旅游与FDI的空间聚散及形成机制》,《经济管理》2015年第12期。

保继刚、刘雪梅:《广东城市海外旅游发展动力因子量化分析》,《旅游学刊》2002年第1期。

曹诗图、许黎:《对商务旅游概念的质疑与澄清》,《地理与地理信息科学》2016年第2期。

曹翔、余升国:《外商直接投资与海南入境旅游规模的实证研究》,《当代经济》2014年第6期。

陈宝良:《明代的商贸旅游》,《中州学刊》2007年第5期。

陈超、马海涛、陈楠:《中国农民旅游流网络重心轨迹的演化》,《地理研究》2014年第7期。

陈恩、王方方:《中国对外直接投资的影响因素分析——基于2007—2009年国际面板数据的考察》,《商业经济与管理》2011年第

8 期。

陈松、刘海云：《东道国治理水平对中国对外直接投资区位选择的影响——基于面板数据模型的实证研究》，《经济与管理研究》2012 年第 6 期。

陈晓静：《会议旅游目的地的选择与评估——以上海市为例》，《旅游学刊》2005 年第 1 期。

陈瑛、马斌：《中国民营企业对美国直接投资的区位选择及其影响因子分析》，《世界地理研究》2016 年第 1 期。

程惠芳、阮翔：《用引力模型分析中国对外直接投资的区位选择》，《世界经济》2004 年第 11 期。

崔玲萍、陈玲玲：《刍议我国商务旅游市场发展策略》，《经济问题》2007 年第 6 期。

旦蕊：《中国入境商务旅游研究》，硕士学位论文，首都经济贸易大学，2004 年。

邓美华、杨文娥：《中巴商务旅游关系研究——以广交会为例》，《旅游纵览》2014 年第 6 期。

董艳、张大永、蔡梅梁：《走进非洲——中国对非洲投资决定因素的实证研究》，《经济学》2011 年第 1 期。

冯颖如：《酒店商务客人营销初探》，《北京工商大学学报》2003 年第 6 期。

傅元海、史言信：《外商直接投资的旅游服务出口创造效应与区域差异——基于中国区域动态面板的研究》，《当代经济研究》2012 年第 3 期。

高爱民：《关于中国商务旅游问题的若干思考》，《北京第二外国语学院学报》2002 年第 6 期。

高明：《中国入境旅游规模与"外国直接投资"依赖》，《旅游论坛》2011 年第 1 期。

葛振宇、湛泳：《中国对美国直接投资的影响因素研究》，《亚太经济》2015 年第 2 期。

官建成、王晓静：《中国对外直接投资决定因素研究》，《中国软科学》2007年第4期。

郭胜：《论商务旅游市场价值与开发》，《社会科学家》2006年第5期。

郭栩东、武春友：《外商直接投资与旅游业竞争力的实证分析》，《经济问题探索》2011年第7期。

韩剑、徐秀军：《美国党派政治与中国对美直接投资的区位选择》，《世界经济与政治》2014年第8期。

何本芳、张祥：《我国企业对外直接投资区位选择模型探索》，《财贸经济》2009年第2期。

贺灿飞、郭琪、邹沛思：《基于关系视角的中国对外直接投资区位》，《世界地理研究》2013年第4期。

贺灿飞、梁进社：《中国外商直接投资的区域分异及其变化》，《地理学报》1999年第2期。

贺灿飞、魏后凯：《信息成本、集聚经济与中国外商投资区位》，《中国工业经济》2001年第11期。

贺书锋、郭羽诞：《中国对外直接投资区位分析：政治因素重要吗》，《上海经济研究》2009年第3期。

胡博、李凌：《我国对外直接投资的区位选择——基于投资动机的视角》，《国际贸易问题》2008年第4期。

胡平：《商务旅游目的地游客满意度的实证研究——以上海徐家汇为例》，《旅游科学》2008年第1期。

黄静波、张安民：《中国对外直接投资主要成因类型的实证研究——基于1982—2007年的外向投资流向分析》，《国际经贸探索》2009年第6期。

黄蔚艳：《旅行社会展旅游业务空间拓展途径研究》，《商业经济研究》2009年第6期。

黄肖琦、柴敏：《新经济地理学视角下的外商在华直接投资区位选择——基于中国省际面板数据的实证分析》，《管理世界》2006年第3期。

贾莲莲、朱竑：《商务旅游研究述评》，《思想战线》2004年第3期。

姜萌萌、庞宁：《技术缺口与技术寻求型对外直接投资——发展中国家对外直接投资分析》，《黑龙江对外经贸》2006年第3期。

蒋才芳、陈收：《旅游外汇收入、FDI与国内生产总值的协整分析》，《湖南大学学报》（社会科学版）2010年第4期。

蒋冠宏、蒋殿春：《中国对外投资的区位选择：基于投资引力模型的面板数据检验》，《世界经济》2012年第9期。

解永秋：《北京商务中心区发展商务旅游产业的优势、问题及对策》，《首都经济贸易大学学报》2006年第5期。

金辉：《抓住机遇、战胜挑战，大力发展商务旅游》，《旅游科学》1996年第4期。

金相郁、朴英姬：《中国外商直接投资的区位决定因素分析：城市数据》，《南开经济研究》2006年第5期。

匡林：《香港商务旅游前景的喜与忧》，《经济论坛》1996年第6期。

雷晚蓉：《外商直接投资对旅游业经济增长的影响分析》，《湖北社会科学》2011年第9期。

李创新、马耀峰、张佑印：《中国旅游热点城市入境客流与收入时空动态演化与错位——重力模型的实证》，《经济地理》2010年第8期。

李俊江、薛春龙、史本叶：《中国对美国直接投资的内在动因、主要障碍与应对策略》，《社会科学战线》2013年第12期。

李莉：《跨国公司因素对FDI进入方式的影响——基于Logistic模型的实证分析》，《经济与管理研究》2010年第11期。

李立、张仲啸：《论商务旅游市场的特点和营销策略》，《桂林旅游高等专科学校学报》2000年第2期。

李巧：《非洲投资环境的因子分析以及对中国企业对非洲直接投资决策的启示——基于"C-D缺口"模型的研究》，硕士学位论文，山东大学，2010年。

李玺：《城市商务旅游竞争力：评价体系及方法的创新研究》，《旅游学刊》2010年第4期。

李小建：《香港对大陆投资的区位变化与公司空间行为》，《地理学报》1996 年第 3 期。

厉新权、程小敏：《关于拓展我国商务旅游市场的思考》，《北京第二外国语学院学报》2004 年第 3 期。

梁明珠：《以旅游文化促商旅互动发展——对广州商旅互动发展的构思》，《商业经济文荟》2001 年第 1 期。

梁圣蓉：《FDI 的旅游服务贸易出口创汇效应与时空差异——基于贸易引力模型的实证分析》，《首都经贸大学学报》2016 年第 2 期。

刘春济、朱海森：《我国商务旅游及其市场开发策略探讨》，《旅游科学》2003 年第 3 期。

刘大可、章楹：《台湾赴大陆商务旅游市场分析》，《北京第二外国语学院学报》2009 年第 3 期。

刘华：《浅谈 FDI 与中国旅游业发展》，《市场经济研究》2003 年第 2 期。

刘佳：《城市经济活力与商务旅游的关系辨析》，《中国科技信息》2006 年第 1 期。

刘再起、王阳：《中国对欧盟直接投资的区位选择动因》，《学习与实践》2014 年第 8 期。

鲁明泓：《制度因素与国际直接投资区位分布：一项实证研究》，《经济研究》1999 年第 7 期。

马进军：《上海发展商务旅游的 SWOT 分析与对策》，《郑州航空工业管理学院学报》2006 年第 4 期。

马先仙：《我国企业对外直接投资的区位选择》，《对外经济贸易大学学报》2006 年第 1 期。

倪永华：《谈商务旅游者的心理特点》，《旅游科学》1994 年第 1 期。

彭博：《中国对美直接投资影响因素的实证研究》，《技术经济与管理研究》2013 年第 6 期。

彭华：《试论经济中心型城市旅游的商务主导模式——以汕头市为例》，《地理科学》1999 年第 2 期。

彭顺生：《新世纪中国商务旅游面临的挑战及其应对策略》，《经济地理》2009 年第 9 期。

朴杉杉:《中国对外直接投资的贸易效应研究》,硕士学位论文,山东大学,2010年。

亓科元:《人民币汇率变动对中国对外直接投资影响因素的影响及对策》,硕士学位论文,辽宁大学,2012年。

綦建红、杨丽:《中国OFDI的区位决定因素——基于地理距离与文化距离的检验》,《经济地理》2012年第12期。

邱立成、王凤丽:《外资银行进入对东道国银行体系稳定性影响的实证研究》,《南开经济研究》2011年第3期。

邱立成、赵成真:《制度环境差异、对外直接投资与风险防范:中国例证》,《国际贸易问题》2012年第12期。

盛正发:《我国商务旅游的SWOT分析及战略选择》,《商业时代》2006年第14期。

宋子千、宋志伟:《关于旅行社面向商务旅游转型的思考》,《商业经济与管理》2008年第5期。

苏建军、孙根年、徐璋勇:《旅游发展对我国投资、消费和出口需求的拉动效应研究》,《旅游学刊》2014年第2期。

谭飞燕、刘辉煌:《以技术创新为导向的我国对外直接投资形式与效应机制探讨》,《科技进步与对策》2010年第17期。

谭刚:《本土旅游企业差旅管理经营战略探析》,《旅游学刊》2006年第5期。

唐静:《旅行社开发商务旅游市场的营销策略初探》,《财贸经济》2004年第12期。

唐澜:《中国入境商务旅游市场研究》,硕士学位论文,陕西师范大学,2014年。

唐澜、吴晋峰、王金莹:《中国入境商务旅游流空间分布特征及流动规律研究》,《经济地理》2012年第9期。

王慧轩:《城市商务旅游运行系统研究》,博士学位论文,天津大学,2010年。

王疆、陈俊甫:《移民网络、组织间模仿与中国企业对美国直接投资区位选择》,《当代财经》2014年第11期。

王娟、方良静：《中国对外直接投资区位选择的影响因素》，《社会科学家》2011年第9期。

王凯、王永乐：《外商在华直接投资区位选择与产业集聚及其启示》，《武汉金融》2007年第8期。

王昆强：《我国商务旅游产业发展问题探讨》，《商业经济研究》2016年第7期。

王丽：《中国对美国直接投资的宏观经济影响因素实证分析》，《经营管理者》2012年第8期。

王璐瑶、罗伟：《中国"文化赤字"的影响因素——基于引力模型和面板数据的实证分析》，《国际经济合作》2010年第5期。

王璐瑶、罗伟：《中国企业对美国直接投资影响因素的实证分析》，《国际经贸探索》2015年第10期。

王鹏飞：《我国对外直接投资区域选择的影响因素分析》，《统计与决策》2014年第12期。

魏后凯、贺灿飞、王新：《外商直接投资动机与区位因素分析》，《经济研究》2001年第1期。

文玫：《外商直接投资及地理和市场状况对区域发展的贡献——一个基于中国地区平行数据的研究》，《经济学报》2005年第1期。

吴必虎：《区域旅游规划原理》，中国旅游出版社2001年版。

吴冰：《旅华外国商务游客旅游行为模式研究》，硕士学位论文，陕西师范大学，2005年。

吴明远、叶文、杨意莉：《云南省发展商务旅游的战略思考》，《经济问题探索》2001年第8期。

吴有斐：《服务业FDI对我国旅游出口影响的实证研究》，硕士学位论文，辽宁大学，2012年。

吴志才、彭华：《关于广州会展旅游的探讨》，《云南地理环境研究》2001年第1期。

夏李君、傅元海：《外商直接投资影响国际旅游收入的研究》，《兰州商学院学报》2012年第3期。

冼国明、杨长志：《中国外商直接投资的区位决定——基于地区数据的空间计量分析》,《世界经济研究》2009 年第 1 期。

向延平、蒋才芳:《旅游外汇收入、FDI 和 GDP 关系的脉冲响应分析》,《数理统计与管理》2013 年第 5 期。

项本武:《东道国特征与中国对外直接投资的实证研究》,《数量经济技术经济研究》2009 年第 7 期。

谢彦君:《基础旅游学》,中国旅游出版社 2004 年版。

徐峰:《商务旅游城市评价标准探讨对义乌案例研究》,《边疆经济与文化》2008 年第 3 期。

徐进:《现代旅行社运行及管理实务全书》,燕山出版社 2000 年版。

徐雪、谢玉鹏:《我国对外直接投资区位选择影响因素的实证分析》,《管理世界》2008 年第 4 期。

许小龙:《中国对外直接投资影响因素实证研究》,《合作经济与科技》2008 年第 2 期。

阎友兵、黄早水:《浅谈我国商务旅游开发》,《资源开发与市场》2000 年第 4 期。

杨成平:《我国企业对外直接投资区位选择的影响因素分析》,《黑龙江对外经贸》2009 年第 11 期。

杨国良:《四川境外游客构成及旅游流向和流量特征研究》,《人文地理》2002 年第 6 期。

杨健全、杨晓武、王洁:《我国对外直接投资的实证研究:IDP 检验与趋势分析》,《国际贸易问题》2006 年第 8 期。

杨莎莎:《广西商务旅游发展战略研究》,《甘肃农业》2003 年第 12 期。

杨秀丽、陈晓辉:《中国商务旅游市场发展战略思考》,《沈阳航空工业学院学报》2005 年第 6 期。

姚恒美:《国际会展业发展动态》,《竞争情报》2012 年第 1 期。

衣莉芹、周玉玺:《国外会展经济影响评估实证研究述评》,《旅游科学》2015 年第 4 期。

殷敏:《论北京商务旅游的发展》,《北京社会科学》2008 年第 2 期。

俞海滨:《我国商务旅游市场现状及可持续发展》,《商业时代》2005

年第 3 期。

曾国军：《外商直接投资在华区位选择的影响因素研究》，《学术研究》2005 年第 8 期。

湛泳、薛毅：《资源禀赋、技术创新与中国对美直接投资的空间布局》，《湘潭大学学报》（哲学社会科学版）2016 年第 3 期。

张安、丁登山：《中国大陆入境旅游中港澳客源市场结构分析》，《亚太经济》1998 年第 8 期。

张川川、徐程：《FDI 在山东省区位选择影响因素的实证分析》，《商场现代化》2007 年第 8 期。

张海霞：《城市商务旅游产品组合类型研究》，《义乌工商职业技术学院》2007 年第 1 期。

张惠：《中国对非洲直接投资的决定因素研究》，硕士学位论文，暨南大学，2012 年。

张建辉、毕燕、张颖：《中国城市居民旅游需求空间差异及变化研究》，《旅游学刊》2010 年第 2 期。

张娟：《中国企业对外直接投资的区位选择研究——基于价值链的视角》，博士学位论文，复旦大学，2007 年。

张丽娟、郭若楠：《中国对美国直接投资：特征、认知与成因》，《国际论坛》2015 年第 6 期。

张弢：《我国对美国的直接投资及区域选择问题探讨》，《襄樊学院学报》2002 年第 6 期。

张要民：《商务旅游发展探析》，《桂林旅游高等专科学校学报》2004 年第 1 期。

章怡、林刚、李丰生：《商务旅游需求影响因素分析》，《黄山学院学报》2005 年第 2 期。

赵长华：《论上海的商务旅游》，《旅游科学》1998 年第 4 期。

赵春明、何艳：《从国际经验看中国对外直接投资的产业和区位选择》，《世界经济》2012 年第 11 期。

赵果庆、罗宏翔：《中国 FDI 空间集聚与趋势面》，《世界经济研究》2012 年第 1 期。

郑建瑜:《上海会展业现状及发展趋势分析》,《旅游学刊》2006 年第 6 期。

郑涛:《重庆商务旅游发展 SWOT 分析与对策探讨》,《特区经济》2011 年第 4 期。

周彬:《浙江省入境旅游市场特征分析》,《宁波大学学报》(人文科学版) 2009 年第 3 期。

周健、方刚:《东道国制度环境对我国外向 FDI 的影响分析》,《经济与管理研究》2010 年第 7 期。

朱海斌:《关于我国发展商务旅游的探讨》,《旅游学刊》1990 年第 1 期。

朱其静、陆林:《商务会展旅游者视角下广州城市形象分析评价》,《旅游论坛》2016 年第 1 期。

宗芳宇、路江涌、武常岐:《双边投资协定、制度环境和企业对外直接投资区位选择》,《经济研究》2012 年第 5 期。

Agnès, B., Maylis, C., Thierry, M., "Institutional Determinants of Foreign Direct Investment", *World Economy*, Vol. 30, No. 5, 2007, pp. 764 – 782.

Asiedu, E., "On the Determinants of Foreign Direct Investment to Developing Countries: Is Africa Different?" *World Development*, Vol. 30, No. 1, 2002, pp. 107 – 119.

Baloglu, S., Love, C., "Association Meeting Planners' Perceptions and Intentions for Five Major US Convention Cities: The Structured and Unstructured Images", *Tourism Management*, Vol. 26, No. 5, 2005, pp. 743 – 752.

Biswas, R., "Determinants of Foreign Direct Investment", *Review of Development Economics*, Vol. 6, No. 3, 2002, pp. 492 – 504.

Botrić, V., Škuflić, L., "Main Determinants of Foreign Direct Investment in the Southeast European Countries", *Transition Studies Review*, Vol. 13, No. 2, 2006, pp. 359 – 377.

Brooks, D., Hasan, R., Lee, J. W., et al., "Closing Development

Gaps: Challenges and Policy Options", *General Information*, Vol. 27, No. 2, 2010, pp. 1 – 28.

Buckley, P. J., Devinney, T. M., Louviere, J. J., "Do Managers Behave the Way Theory Suggests? A Choice – Theoretic Examination of Foreign Direct Investment Location Decision – Making", *Journal of International Business Studies*, Vol. 38, No. 7, 2007, pp. 1069 – 1094.

Buckley, P. J., Clegg, L. J., Cross, A., et al., *The Determinants of Chinese Outward Foreign Direct Investment*, Edward Elgar, 2011.

Bull, A., *The Economics of Travel & Tourism*, Longmans, Green & Co. Ltd., 1995.

Chen, C., The Location Determinants of Foreign Direct Investment in Developing Countries, Ph. D. Dissertation, Australian National University, 1997.

Cheng, S., "Structure of Firm Location Choices: An Examination of Japanese Greenfield Investment in China", *Asian Economic Journal*, Vol. 21, No. 1, 2007, pp. 47 – 73.

Cheung, Y. W., Haan, J. D., Qian, X., "China's Outward Direct Investment in Africa", *Review of International Economics*, Vol. 20, No. 2, 2012, pp. 201 – 220.

Cheung, Y. W., Qian, X., "Empirics of China's Outward Direct Investment", *Pacific Economic Review*, Vol. 14, No. 3, 2009, pp. 312 – 341.

Cleeve, E., "How Effective are Fiscal Incentives to Attract FDI to Sub – Saharan Africa?" *Journal of Developing Areas*, Vol. 42, No. 1, 2008, pp. 135 – 153.

Coughlin, C. C., Terza, J. V., Arromdee, V., "State Characteristics and the Location of Foreign Direct Investment within the United States", *Review of Economics & Statistics*, Vol. 73, No. 73, 1991, pp. 675 – 683.

Culem, C. G., "The Locational Determinants of Direct Investments among Industrialized Countries", *European Economic Review*, Vol. 32, No. 4, 1988, pp. 885 – 904.

Deichmann, J. I., Eshghi, A., Haughton, D. M., "Foreign Direct Investment in the Eurasian Transition States", *Eastern European Economics*, Vol. 41, No. 1, 2003, pp. 5 – 34.

Deseatnicov, I., Akiba, H., "Reconsideration of the Effects of Political Factors on FDI: Evidence from Japanese Outward FDI", *Review of Economics & Finance*, Vol. 3, 2013, pp. 35 – 48.

Dunning, J. H., "The European Internal Market Programme and Inbound Foreign Direct Investment", *JCMS: Journal of Common Market Studies*, Vol. 35, No. 1, 1997, pp. 1 – 30.

Dunning, J. H., Rugman, A. M., "The Influence of Hymer's Dissertation on the Theory of Foreign Direct Investment", *American Economic Review*, Vol. 75, No. 2, 1985, pp. 28 – 32.

Dwyer, L. M. R., Mistilis, N. M. T., "A Framework for Assessing 'Tangible' and 'Intangible' Impacts of Events and Conventions", *Event Management*, Vol. 6, No. 3, 1999, pp. 175 – 189.

Fortanier, F., Wijk, J. V., "Sustainable Tourism Industry Development in Sub – Saharan Africa: Consequences of Foreign Hotels for Local Employment", *International Business Review*, Vol. 19, No. 2, 2010, pp. 191 – 205.

Go, F. M., Zhang, W., "Applying Importance – Performance Analysis to Beijing as an International Meeting Destination", *Journal of Travel Research*, Vol. 35, No. 4, 1997, pp. 42 – 49.

Goldberg, M. A., "The Determinants of U. S. Direct Investment in the E. E. C.: Comment", *American Economic Review*, Vol. 62, No. 4, 1972, pp. 692 – 699.

Gustafson, P., "Managing Business Travel: Developments and Dilemmas in Corporate Travel Management", *Tourism Management*, Vol. 33,

No. 2, 2012, pp. 276 – 284.

Hankinson, G., "Destination Brand Images: A Business Tourism Perspective", *Journal of Services Marketing*, Vol. 19, No. 19, 2005, pp. 24 – 32.

Haven – Tang, C., Jones, E., Webb, C., "Critical Success Factors for Business Tourism Destinations: Exploiting Cardiff's National Capital City Status and Shaping Its Business Tourism Offer", *Journal of Travel & Tourism Marketing*, Vol. 22, No. 3, 2007, pp. 109 – 120.

Head, K., Ries, J., Swenson, D., "Agglomeration Benefits and Location Choice: Evidence from Japanese Manufacturing Investments in the United States", *Journal of International Economics*, Vol. 38, No. 4, 1995, pp. 223 – 247.

Karimpoor, R., Nasiri, P., Moqaddam, Z. K., et al., "Analyze of the Effect of Exchange Rate Fluctuation on Foreign Direct Investment", *Advances in Environmental Biology*, Vol. 8, No. 11, 2014, pp. 206 – 214.

Katircioglu, S., "The Bounds Test to the Level Relationship and Causality between Foreign Direct Investment and International Tourism: The Case of Turkey", *E a M: Ekonomie a Management*, Vol. 14, No. 1, 2011, pp. 6 – 13.

Kolstad, I., Wiig, A., "What Determines Chinese Outward FDI?" *Journal of World Business*, Vol. 47, No. 1, 2009, pp. 26 – 34.

Kulendran, N., Witt, S. F., "Forecasting the Demand for International Business Tourism", *Journal of Travel Research*, Vol. 41, No. 2, 2003, pp. 265 – 271.

Lawson, F. R., "Trends in Business Tourism Management", *Tourism Management*, Vol. 3, No. 4, 1982, pp. 298 – 302.

Lecraw, D. J., "Outward Direct Investment by Indonesian Firms: Motivation and Effects", *Journal of International Business Studies*, Vol. 24, No. 3, 1993, pp. 589 – 600.

Ledyaeva, S., "Spatial Econometric Analysis of Foreign Direct Investment Determinants in Russian Regions", *World Economy*, Vol. 32, No. 4, 2009, pp. 643–666.

Loree, D. W., Guisinger, S. E., "Policy and Non-Policy Determinants of U. S. Equity Foreign Direct Investment", *Journal of International Business Studies*, Vol. 26, No. 2, 1995, pp. 281–299.

Mao, Z. X., Yang, Y., "FDI Spillovers in the Chinese Hotel Industry: The Role of Geographicregions, Star-Rating Classifications, Ownership Types, and Foreign Capital Origins", *Tourism Management*, Vol. 2, No. 1, 2016, pp. 1–12.

Medlik, S., "Dictionary of Travel, Tourism and Hospitality", *International Journal of Contemporary Hospitality Management*, Vol. 15, No. 7, 2003, pp. 413–414.

Mhlanga, N., Blalock, G., Christy, R., "Understanding Foreign Direct Investment in the Southern African Development Community: An Analysis Based on Project-Level Data", *Agricultural Economics*, Vol. 41, No. 4, 2009, pp. 337–347.

Middleton, Victor T. C., "Profile of Tourism Degree Courses in the UK 1993", *Tourism Management*, Vol. 15, No. 1, 1994, p. 79.

Mody, A., Srinivasan, K., "Japanese and United States Firms as Foreign Investors: Do They March to the Same Tune?" *Canadian Journal of Economics*, Vol. 31, No. 4, 1998, p. 778.

Mohamed, S. E., Sidiropoulos, M. G., "Another Look at the Determinants of Foreign Direct Investment in MENA Countries: An Empirical Investigation", *Journal of Economic Development*, Vol. 35, No. 2, 2010, pp. 75–95.

Morck, R., Yeung, B., Zhao, M., "Perspectives on China's Outward Foreign Direct Investment", *Journal of International Business Studies*, Vol. 39, No. 3, 2008, pp. 337–350.

Owen, C., "Changing Trends in Business Tourism", *Tourism Management, Vol. 13, No. 2, 1992, pp. 224 – 226.

Qu, H., Li, L., Chu, G. K. T., "The Comparative Analysis of Hong Kong as an International Conference Destination in Southeast Asia", *Tourism Management*, Vol. 21, No. 6, 2000, pp. 643 – 648.

Rasciute, S., Pentecost, E. J., "The Location of Foreign Direct Investment in the Central and Eastern European Countries: A Nested Logit and Multilevel Data Approach", Discussion Paper, November 2, 2008, p. 1.

Reb, L., "On the Determinants of Foreign Direct Investment: Evidence from East and Southeast Asia", *World Development*, No. 6, 1993, pp. 391 – 406.

Root, F. R., "Empirical Determinants of Manufacturing Direct Foreign Investment in Developing Countries", *Economic Development and Cultural Change*, Vol. 27, No. 4, 1979, pp. 751 – 767.

Root, F. R., Ahmed, A. A., "The Influence of Policy Instruments on Manufacturing Direct Foreign Investment in Developing Countries", *Journal of International Business Studies*, Vol. 9, No. 3, 1978, pp. 81 – 94.

Rosentraub, M. S., Joo, M., "Tourism and Economic Development: Which Investments Produce Gains for Regions?" *Tourism Management*, Vol. 30, No. 6, 2009, pp. 759 – 770.

Roy, J., Filiatrault, P., "The Impact of New Business Practices and Information Technologies on Business Air Travel Demand", *Journal of Air Transport Management*, Vol. 4, No. 2, 1998, pp. 77 – 86.

Sahu, M., "Inverted Development and Oil Producers in Sub – Saharan Africa: A Study", Working Paper, University of Mumbai, 2008.

Samimi, A. J., Sadeghi, S., "The Relationship between Foreign Direct Investment and Tourism Development: Evidence from Developing Countries", *Institutions & Economies*, Vol. 5, No. 2, 2013, pp. 59 – 68.

Schneider, F., Frey, B. S., "Economic and Political Determinants of

Foreign Direct Investment", *World Development*, Vol. 13, No. 2, 1985, pp. 161 – 175.

Selvanathan, S., Viswanathan, B., "Causality between Foreign Direct Investment and Tourism: Empirical Evidence from India", *Tourism Aanlysis*, Vol. 17, No. 1, 2012, pp. 91 – 98.

Sheldon, P. J., "The Demand for Incentive Travel: An Empirical Study", *Journal of Travel Research*, Vol. 33, No. 4, 1995, pp. 23 – 28.

Summary, R. M., Summary, L. J., "The Political Economy of United States Foreign Direct Investment in Developing Countries: An Empirical Analysis", *Quarterly Journal of Business & Economics*, Vol. 34, No. 3, 1995, pp. 80 – 92.

Tang, S. M., Selvanathan, E. A., Selvanathan, S., "The Relationship between Foreign Direct Investment and Tourism: Empirical Evidence from China", *Tourism Economics*, Vol. 13, No. 1, 2007, pp. 25 – 39.

Tatoglu, E., Glaister, K. W., "Determinants of Foreign Direct Investment in Turkey", *Thunderbird International Business Review*, Vol. 40, No. 3, 1998, pp. 279 – 314.

Tisdell, C., Wen, J., "Investment in China's Tourism Industry: Its Scale, Nature, and Policy Issues", *China Economic Review*, Vol. 2, No. 2, 1991, pp. 175 – 193.

Tolentino, P. E., "Home Country Macroeconomic Factors and Outward FDI of China and India", *Journal of International Management*, Vol. 16, No. 2, 2010, pp. 102 – 120.

Tomohara, A., "Japan's Tourism – Led Foreign Direct Investment Inflows: An Empirical Study", *Economic Modelling*, Vol. 3, No. 52, 2016, pp. 435 – 441.

Walmsley, T. L., Hertel, T. W., "Assessing the Impact of China's WTO Accession on Investment", *Pacific Economic Review*, Vol. 11, No. 3, 2006, pp. 315 – 339.

Wang, Z. Q., Swain, N., "Determinants of Inflow of Foreign Direct Investment in Hungary and China: Time – Series Approach", *Journal of International Development*, Vol. 9, No. 5, 1997, pp. 695 – 726.

Wells, L. T., Hago, W., "Third World Multinationals: An Interview with Louis T. Wells, Jr", *Harvard International Review*, Vol. 4, No. 7, 1982, pp. 44 – 45.

Westwood, S., Pritchard, A., Morgan, N. J., "Gender – Blind Marketing: Businesswomen's Perceptions of Airline Services", *Tourism Management*, Vol. 21, No. 4, 2000, pp. 353 – 362.

Wheeler, D., Mody, A., "International Investment Decisions: The Case of US Firms", *Journal of International Economics*, Vol. 33, No. 2, 1992, pp. 57 – 76.

Wilamoski, P., Tinkler, S., "The Trade Balance Effects of U. S. Foreign Direct Investment in Mexico", *Atlantic Economic Journal*, No. 2, 1999, pp. 24 – 40.

Xiang, Z., Formica, S., "Mapping Environmental Change in Tourism: A Study of the Incentive Travel Industry", *Tourism Management*, Vol. 11, No. 28, 2001, pp. 1193 – 1202.

Yamakawa, Y., Peng, M. W., Deeds, D. L., "What Drives New Ventures to Internationalize from Emerging to Developed Economies?" *Entrepreneurship Theory and Practice*, Vol. 32, No. 1, 2008, pp. 59 – 82.